古典文獻研究輯刊

十九編

潘美月・杜潔祥 主編

第11冊

群書校補（續）
——同源詞例考・古籍校注・書評（第十一冊）

蕭　旭　著

國家圖書館出版品預行編目資料

群書校補（續）——同源詞例考・古籍校注・書評（第十一冊）／
蕭旭 著 – 初版 – 新北市：花木蘭文化出版社，2014〔民 103〕
目 4+174 面；19×26 公分
（古典文獻研究輯刊 十九編；第 11 冊）
ISBN 978-986-322-871-4（精裝）
1.詞源學 2.古籍 3.校勘
011.08 103013717

古典文獻研究輯刊
十九編 第十一冊 ISBN：978-986-322-871-4

群書校補（續）—同源詞例考・古籍校注・書評（第十一冊）

作　　者 蕭　旭
主　　編 潘美月　杜潔祥
總 編 輯 杜潔祥
副總編輯 楊嘉樂
編　　輯 許郁翎
企劃出版 北京大學文化資源研究中心
出　　版 花木蘭文化出版社
社　　長 高小娟
聯絡地址 235 新北市中和區中安街七二號十三樓
電話：02-2923-1455／傳真：02-2923-1452
網　　址 http://www.huamulan.tw 信箱 hml 810518@gmail.com
印　　刷 普羅文化出版廣告事業
初　　版 2014 年 9 月
定　　價 十九編 18 冊（精裝）新台幣 32,000 元

群書校補（續）

——同源詞例考・古籍校注・書評（第十一冊）

蕭　旭　著

目次

第一冊

第二冊

第三冊

第四冊

第五冊

第六冊

第七冊

第八冊

第九冊

第十冊

第十一冊

「抹殺」考

1. 「抹殺」早期字形作「敝跬」，《莊子・駢拇》:「而敝跬譽無用之言。」《釋文》:「敝，本亦作蹩。跬，郭音屑。一云：敝跬，分外用力之貌。」郭氏跬音屑，則郭氏以「敝跬」即「嫳屑」、「徶㣯」、「撇屑」，亦即「弊摋」、「蹩躠」矣，詳下文。《集韻》跬音先結切，與「屑」同音，正本郭說。孫詒讓曰:「《說文》:『蹩，踶也。』『敝』、『弊』皆叚借字。跬，郭本當作『薛』，『薛』俗書或作『薛』，與『跬』形近。」誤矣；孫氏又曰:「『敝薛』、『蹩薛』、『弊摋』、『勃屑』聲義並相近。」〔註 1〕則得之。《釋文》:「敝，司馬云:『罷也』。跬，向、崔本作趌，向丘氏反，云:『近也。』司馬同。」林希逸曰:「敝，勞也。跬音企，蹻跂也。」並未確。

又寫作「敝撒」，《晏子春秋・內篇諫上》:「敝撒無走，四顧無告。」孫星衍曰:「敝撒，即敝躠假音字，《說文》:『躠，人不能行。』《玉篇》:『蹩躠，旋行貌。』撒又徹俗字。」〔註2〕張純一從之〔註3〕。吳則虞曰:「敝爲蹩之假借，撒即蹾字。」〔註4〕孫引《玉篇》，吳謂「敝爲蹩之假借」，並是也，餘說則非也。劉芮康謂「敝爲蔽之假借，義爲遮蔽，引申作『房屋』。撒乃其常義『毀壞』。」〔註5〕尤未爲得。疑「撒」爲「撒」形誤，「敝撒」爲「弊摋」、「蹩

〔註 1〕 孫詒讓《札迻》卷 5，中華書局 1989 年版，第 152 頁。

〔註 2〕 孫星衍《晏子春秋音義》，收入《諸子百家叢書》，上海古籍出版社影印浙江書局本 1989 年版，第 62 頁。

〔註 3〕 張純一《晏子春秋校注》，收入《諸子集成》，浙江古籍出版社 1999 年版，第 727 頁。

〔註 4〕 吳則虞《晏子春秋集釋》，中華書局 1962 年版，第 16 頁。

〔註 5〕 劉芮康《〈晏子春秋〉『敝撤無走』新解》，《古籍研究》2006 年卷下，總第 50

韉」之借字，亦詳下文。

2. 兩漢則寫作「抹殺」、「末殺」、「末鎩」、「抹摋」，《玉篇》：「抹，抹摋，滅也。」敦煌寫卷 P.2011 王仁昫《刊謬補缺切韻》、P.3694V《箋注本切韻》：「抹，抹摋，手摩。」蔣斧印本《唐韻殘卷》亦同〔註 6〕。《廣韻》：「抹，抹殺，摩也。」《集韻》：「摋，一曰抹摋，掃滅也。」《龍龕手鑑》：「抹，音末，抹摋，儳也。摋，抹摋也。」《漢書・谷永傳》：「欲末殺災異，滿讕誣天。」顏師古注：「末殺，掃滅也。」吳玉搢曰：「末殺，抹摋也。」〔註 7〕《左傳・昭公十四年》《正義》引服虔曰：「不爲末者，不爲末鎩，隱蔽之也。」郝懿行曰：「臧氏琳《經義雜記》六云：『服云「不爲末鎩」，是讀末爲抹。《集韻》引《字林》云：「抹摋，滅也。」知古但作「末鎩」矣。』余案：『末鎩』古止作『末殺』。」〔註 8〕臧、郝二氏各執一端，皆未能溯源。

又音轉爲「瀎泧」，《說文》：「瀎，拭滅貌。泧，瀎泧也。」段玉裁曰：「『末殺』、『末鎩』皆即《水部》之『瀎泧』，拭滅貌也。今京師有此語。」又「拭滅者，拂拭滅去其痕也。瀎泧，今京師人語如此，音如麻沙。末殺，《字林》作『抹摋』，即『瀎泧』也，異字而同音義。」〔註 9〕朱駿聲曰：「按：（『弊摋』）即『瀎泧』即『抹摋』即『摩挲』也，疊韻連語。」〔註 10〕黃侃曰：「今北京語謂衣既褻縐，復整理之，爲『瀎泧』，音如麻沙。古語有『摩抄』、『挼莎』，皆此一語之轉爾。」〔註 11〕《集韻》：「潲、漏、泧，瀎潲，水皃。或从屑从戌。」倒言則作「泧瀎」，《集韻》：「泧，泧瀎，拭滅。」

又音轉爲「㩮㩙」、「㩮搣」、「篾屑」、「滅屑」、「㩮揳」、「㩮揳」、「櫗楔」、「㒽偰」、「瀎潲」，《廣韻》：「㩮，㩮揳，不方正也。」《集韻》：「揳，㩮揳，不方正也。」又「櫗，櫗楔，細小皃。」又「偰，㒽偰，净也。」明・

期，第 124 頁。

〔註 6〕蔣斧印本《唐韻殘卷》，收入周祖謨《唐五代韻書集存》，中華書局 1983 年版，第 700 頁。

〔註 7〕吳玉搢《別雅》卷 5，收入景印文淵閣《四庫全書》第 222 冊，臺灣商務印書館 1986 年初版，第 755 頁。

〔註 8〕郝懿行《證俗文》卷 6，收入《續修四庫全書》第 192 冊，上海古籍出版社 2002 年版，第 512 頁。

〔註 9〕段玉裁《說文解字注》「帴」、「瀎」字條，上海古籍出版社 1981 年版，第 358、560 頁。

〔註 10〕朱駿聲《說文通訓定聲》「獘」字條，武漢市古籍書店 1983 年版，第 589 頁。

〔註 11〕黃侃《蘄春語》，收入《黃侃國學文集》，中華書局 2006 年版，第 306 頁。

陳士元《俗用雜字》:「木不方正曰機楔，作事不方正曰攙揳，人不方正曰僟偰。」〔註12〕《慧琳音義》卷54:「蔑屑:《埤蒼》:『攙揳，拭滅也。』」《法華經三大部補注》卷14:「篾屑:《經音》云:『篾屑，應作機楔。』不方正也，摩抹也，亦作僟偰，淨也。後人更宜詳辨。」《經律異相》卷50引《問地獄經》:「以瞋心滅屑殺蟣虱。」宋、元、明、宫本作「攙搧」，磧砂藏、永樂南藏等作「攙搧」,《華嚴經海印道場懺儀》卷11作「攙搧」。《佛說力士移山經》卷1:「還著掌中，三指篾屑，吹令銷澌。」《摩訶止觀》卷9:「亦名轉寂心，亦名退禪地，亦名篾屑心。」《禪宗正脈》卷5:「莫恁麼㩚揳地。」《音釋》:「㩚揳:滅屑。」《景德傳燈錄》卷25作「僟偰」。

又轉作「臓脤」、「臓脤」,《可洪音義》卷21:「臓脤:宜作『攙庚(戾)』……經意是骨節不端正也。」《道地經》卷1:「骨節不端正，或臓脤或僂或䠷或雕。」

又音轉爲「痲索」，銀雀山漢簡《聽有五患》:「痲索易詳之音，非一人之聲也；千金之裘，非一狐之白也；先王之經紀天下，非一人之口也。」缺字補「知(智)」或「略」。「痲索」形容其難解也，與「易詳」相對爲義。

又音轉爲「摩娑」、「摩抄」、「摩莎」、「摩沙」、「攠抄」、「抹摋」,《釋名》:「摩娑，猶末殺也，手上下之言也。」《玉篇》:「抄,《禮記》注:『煮鬱和以盎齊，摩抄泲之，出其香汁。』亦作莎。」今本《周禮·春官·司尊彝》鄭注作「摩莎」。《慧琳音義》卷43、54:「《聲類》:『摩抄，猶捫摸也。』亦抹摋也。」《慧琳音義》卷75:「《聲類》:『摩抄，猶捫摸也。』《釋名》:『摩抄，抹摋也。』」葉德炯曰:「凡物以手摩之，則消滅。」〔註13〕《周禮·司尊彝》:「鬱齊獻酌。」鄭玄注:「獻，讀爲摩娑之娑，齊語聲之誤也。煮鬱和相𩰪，以醆酒摩娑泲之，出其香汁也。」《儀禮·大射儀》:「兩壺獻酒。」鄭注:「獻讀爲沙，沙酒濁，特泲之，必摩沙者也。兩壺皆沙酒。」《六書故》:「沙，摩沙也。」《廣韻》:「抄，摩抄。挼，挼莎，一曰兩手相切摩也，俗作挼。莏，手挼莏也。」《龍龕手鑑》:「攠，音靡，攠抄也。」《慧琳音義》卷43、54「摩抄」條並引《聲類》:「摩抄猶捫摸也，亦抹摋也。」《希麟音義》卷3:「捫摸:案捫搎、摸揉猶摩挲也。

〔註12〕陳士元《俗用雜字》，收入《歸雲別集》卷25，明萬曆刻本，《四庫全書存目叢書·經部》第190冊，齊魯書社1997年版，第161頁。

〔註13〕轉引自畢沅、王先謙《釋名疏證補》，中華書局2008年版，第87頁。

又音轉為「挼莎」、「挼挱」、「按莎」、「按挱」、「按挲」，《集韻》：「莎，挼莎，以手切摩也。」又「挱，挼挱，澤手也，或作莎。」又「挱，挼挱，手相切摩也，通作莎、沙。」宋・楊萬里《凍蠅》：「隔窻偶見負暄蠅，雙脚按挲弄曉晴。」

又音轉為「沒娑」，敦煌寫卷 P.3211《王梵志詩・家中漸漸貧》：「長頭愛床坐，飽吃沒娑肚。」項楚曰：「沒娑，同『摩娑』，撫摩。」〔註 14〕

3. 兩漢亦寫作「弊攠」、「弊殺」、「蹩躠」、「弊鏾」。《淮南子・俶真篇》：「不與物相弊攠。」高注：「弊攠，猶雜揉也。弊，讀跋涉之跋也。攠，讀楚人言殺也。」《淮南子・精神篇》：「審乎無瑕而不與物糅。」高注：「瑕，猶釁也。其見利欲之来也，能審順之，故不與物相雜糅。」故弊攠猶雜揉也。朱謀㙔曰：「弊攠，糾亂也。」〔註 15〕楊樹達曰：「《莊子・馬蹄篇》：『蹩躠為仁，踶跂為義。』《釋文》：『躠，向、崔本作殺。』『弊攠』與『蹩躠』同。《釋名》：『摩娑，猶末殺也，手上下言之也。』『末殺』與『弊攠』亦同。」〔註 16〕譚獻曰：「弊攠猶末殺。」向宗魯曰：「《莊子・駢拇篇》：『敝跬譽無用之言。』《釋文》：『分外用力之貌。』此『弊攠』當與『敝跬』同（跬，郭音屑）。字又作『蹩躠』，《莊子・馬蹄篇》：『蹩躠為仁。』《釋文》：『李云：用心為仁義之貌。』案：用心用力，義並得通。向、崔本作『弊殺』，蓋與《淮南》所據本同。」〔註 17〕諸說並是也。《路史》卷 3：「揣丸變化，而與物相弊鏾。」

又音轉為「蹩躃」、「跋躠」、「跋躃」、「跋躄」，行動遲緩貌。《玉篇》：「跋，跋躃，行皃。」《廣韻》：「躠，跋躠，行皃也。」《說文繫傳》：「臣鍇曰：《莊子》曰：『蹩躃為仁。』小行也。」林希逸曰：「蹩躠，勉強而行之貌。」《龍龕手鑑》：「躠，音薛，跋躠，行不正貌。」《集韻》：「躄，跋躄，行不正。或作躠，通作殺。」唐・盧仝《月蝕詩》：「南方火鳥赤潑血，項長尾短飛跋躠。」

又音轉為「拔攠」，《文選・洞簫賦》：「或雜遝以聚斂兮，或拔攠以奮棄。」李善註：「拔攠，分散也。」

又音轉為「擺攠」，《集韻》：「攠，擺攠，抖搜也。」《類篇》：「攠，擺攠，

〔註 14〕項楚《王梵志詩校注》，上海古籍出版社 1991 年版，第 156 頁。
〔註 15〕朱謀㙔《駢雅》卷 1，收入《叢書集成新編》第 38 冊，新文豐出版公司 1985 年版，第 336 頁。
〔註 16〕楊樹達《淮南子證聞》，上海古籍出版社 2006 年版，第 22 頁。
〔註 17〕二說並轉引自何寧《淮南子集釋》，中華書局 1998 年版，第 109 頁。

斗揀也。」《五音集韻》:「撥,擺撥,抖揀也。」《六書故》卷 14 指出:「擺撥,俗語。」

又音轉爲「𢢒僁」、「撇㒓」,《集韻》:「𢕟,𢕟㒓,衣服婆娑皃,或从人。」又「㒓,撇㒓,衣服婆娑皃。」

又音轉爲「撇曳」、「蹩曳」,揚雄《蜀都賦》:「偃衍撇曳,絺索恍惚。」元・袁桷《天鵝曲》:「蘆根啑啑水蒲滑,翅足蹩曳難輕飛。」姜亮夫曰:「『拔撥』即《淮南子》之『弊撥』,轉爲『撇曳』。」〔註 18〕

方以智曰:「『撇屑』一作『𢕟㒓』、『蹩躠』。又脣送之爲『蹩躠』之聲,相如《賦》:『便姍撇屑。』《史記》:『媥姺𢕟㒓。』《南都賦》:『蹩躠蹁蹮。』或作重脣爲『勃屑』。郝公收《莊子》『敝跬』爲『撇屑』,非也。」〔註 19〕吳玉搢曰:「弊殺、𢕟㒓、嫳屑,蹩𧾷薛也。《莊子・馬蹄篇》:『蹩躠爲仁。』崔譔、向秀二本皆作『弊殺』。按《釋文》『躠』本悉結反,又素葛反,與『殺』音相近,故古本或通作『殺』字,以音同也,今皆讀『屑』。《廣韻・葛韻》載『躠』字,《屑韻》載『𨃴』字,『躠』爲『跋躠,行貌』。『𨃴』爲『蹩𨃴,旋行』。音義各分,其實『蹩𨃴』即『蹩躠』,『行貌』即『旋行』,一字而二音耳,足字在旁在下無異也。觀《莊子》『蹩躠』一作『弊殺』,《釋文》具兩音,可知《史記・司馬相如傳》《上林賦》:『媥姺𢕟㒓。』《漢書》、《文選》俱作『嫳屑』,音義皆與『蹩躠』通。」〔註 20〕二氏所繫同源並是也,「撇屑」《漢書》、《文選》作「嫳屑」,未知方氏何據?又方氏謂郝公以《莊子》「敝跬」爲「撇屑」非也,則失考。

4. 兩漢亦寫作「摸索」、「摸蘇」,猶言撫摩。《淮南子・俶眞篇》:「撢掞挺挏世之風俗,以摸蘇牽連物之微妙。」高誘注:「摸蘇,猶摸索。」《慧琳音義》卷 22:「捫摸:《方言》曰:『摸,撫也。』郭璞注曰:『謂指摸索之也。』宋・釋覺範《三月二十八日棗柏大士生辰》:「摸蘇緣妄心俱盡,揩拭鮮陳念已圓。」引申爲試探、尋求,《摩訶僧祇律》卷 23:「昨夜眠時有人來,處處摸索,乃至非處。」唐・段成式《酉陽雜俎》續集卷 1:「眾摸索不獲。」唐・

〔註 18〕參見姜亮夫《詩騷聯綿字考》,收入《姜亮夫全集》卷 17,雲南人民出版社 2002 年版,第 329 頁。

〔註 19〕方以智《通雅》卷 7,收入《方以智全書》第 1 冊,上海古籍出版社 1988 年版,第 294 頁。

〔註 20〕吳玉搢《別雅》卷 5,收入景印文淵閣《四庫全書》第 222 冊,臺灣商務印書館 1986 年初版,第 758 頁。

劉餗《隋唐嘉話》卷中：「許敬宗性輕傲，見人多忘之。或謂其不聰。曰：『卿自難記。若遇何、劉、沈、謝，暗中摸索著，亦可識之。』」盧文弨曰：「今俗語有『摸索』……蓋蘇、索一聲之轉，重讀則爲索耳。（『摸索』）亦與『挼莎』、『摩挲』相近………《釋名》：『摩娑，猶末殺也，手上下言之也。』『摸索』正是以手上下，此可見其義並同。『末殺』與《漢書·谷永傳》之『末殺災異』語自別，此『末殺』其語音亦正同『摸索』耳。」〔註 21〕盧氏所說是也，但謂「與《漢書》之『末殺災異』語自別」，則未達一間。《漢書》用其引申義耳。

又音轉爲「摸㨉」，《玉篇》：「㨉，摸㨉也。」敦煌寫卷 S.2071《切韻箋注》：「摸，毛博反，摸㨉。」〔註 22〕《集韻》：「㨉，摸也。」《可洪音義》卷 7：「摸索，下正作㨉。」《善見律毘婆沙》卷 11：「此比丘闇中摸索，疑是怨家。」宋、元、明、宮本作「摸㨉」。《六書故》：「俗又有『摸索』之語，謂以手循索如搓繩索狀也。別作㨉。」戴氏附會爲「繩索」，不可信。

又音轉爲「捫搎」，《慧琳音義》卷 65「摸㨉」條引《埤蒼》：「『摸㨉，捫搎也。』」《玉篇》：「搎，捫搎，猶摸㨉也。」《廣韻》：「搎，捫搎，摸索。」方以智曰：「摸㨉，捫搎也。此解見《唐韻》、《韻會》。今俗實有『捫搎』之語。《南史》：『暗中摸索。』始有此二字，戴氏譏爲俗字，余以爲即摹字。」〔註 23〕高誘注已有「摸索」之語，方氏謂《南史》始有，失考。朱駿聲曰：「捫孫即摸索之轉音。」〔註 24〕顧起元《客座贅語》卷 1《方言》：「手之捉物曰『捫搎』、『摸㨉』。」〔註 25〕《江南志書·江寧縣》同〔註 26〕。「摸蘇」即「摸㨉」、「摸索」、「捫搎」，並同義連文。引申爲作事不果斷，范寅曰：「捫搎，（音）『悗孫』。《集韻》：『摸㨉，捫搎也。』越罵優柔寡斷者。」〔註 27〕

又音轉爲「模索」、「摩索」，《錦繡萬花谷》前集卷 23 引《國史纂》：「暗

〔註 21〕盧文弨《鍾山札記》卷 4，收入《續修四庫全書》第 1149 冊，上海古籍出版社 2002 年版，第 680 頁。

〔註 22〕敦煌寫卷 S.2071《切韻箋注》，收入《英藏敦煌文獻》第 3 冊，四川人民出版社 1990 年版，第 247 頁。

〔註 23〕方以智《通雅》卷 5，收入《方以智全書》第 1 冊，上海古籍出版社 1988 年版，第 225 頁。

〔註 24〕朱駿聲《說文通訓定聲》，武漢市古籍書店 1983 年版，第 417 頁。

〔註 25〕顧起元《客座贅語》卷 1《方言》，明萬曆四十六年刻本。

〔註 26〕《江南志書·江寧縣》，收入《古今圖書集成》《字學典》卷 145，中華書局民國影本。

〔註 27〕范寅《越諺》卷上（侯友蘭等點注），人民出版社 2006 年版，第 97 頁。

中模索。」《朱子語類》卷 15：「曰：『心字卒難模索。』」今膠遼官話尚謂撫摸爲「摩索」〔註 28〕。

又音轉爲「沒索」，元・馬致遠《黃粱夢》第 4 折：「那漢子去脖項上婆娑沒索的摸。」「沒索」即「婆娑」，同詞複用也。

又音轉爲「摸挲」、「摹挲」，《金瓶梅》第 52 回：「桂姐道：『花子過去，誰理你！你大拳打了人，這回拏手來摸挲。』」清・田雯《古釵歎》：「將釵入懷袖，一日三摹挲。」

今晉語、冀魯官話、膠遼官話謂「撫摸」分別爲「摸挲」、「摸抄」、「摸擻」〔註 29〕，皆一詞之異寫。

又音轉爲「把（爬）沙」、「爬差」、「爬踏」、「爬蹉」、「扒沙」、「扒叉」〔註 30〕，宋刻本《新刊經進詳注昌黎先生文集》卷 5 韓愈《月蝕詩》：「把沙脚手鈍，誰使汝解緣青冥。」注：「把，一作爬。把沙，音巴查。」宋・魏仲舉《五百家注昌黎文集》卷 5 作「爬沙」，注：「爬沙，行貌。爬，一作杷。」宋・蘇軾《虎兒》：「蟾蜍爬沙不肯行，坐令青衫垂白鬚。」宋・黃庭堅《任從簡鏡研銘》：「握筆之指爬沙，若蛙欲食月，不能而又吐也。」《三朝北盟會編》卷 242：「鱉知主人計以殺之，勉力爬沙，竟渡。」《西遊記》第 34 回：「那大聖在樹（柱）根下爬差，忽驚動八戒。」《李卓吾批評西遊記》、《西遊證道書》、《西遊眞詮》、《通易西遊正旨》均作「爬踏」，《新說西遊記》作「爬蹉」。《西遊記》第 34 回：「你看那孫行者拴在柱上，左右爬踏，磨壞那根金繩。」又第 46 回：「你就把我鎖在鉄柱子上，我也要上下爬踏，莫想坐得住。」胡文英曰：「韓昌詩：『爬沙手脚笨。』案：爬，蟲地行也。沙，語助辭。爬沙，行地甚遲也。今吳諺於伏行之物輒目之曰爬沙。」〔註 31〕顧學頡、王學奇《元曲釋詞（一）》：「扒沙，扒扠，都是爬行的意思。或作杷沙、爬沙，如韓愈《月蝕詩》：『杷沙脚手鈍。』楊萬里《和蕭判官》：『尚策爬沙追歷塊。』或作扒叉，如明・無名氏雜劇《南極

〔註 28〕參見許寶華、宮田一郎《漢語方言大詞典》，中華書局 1999 年版，第 7141 頁。

〔註 29〕參見許寶華、宮田一郎《漢語方言大詞典》，中華書局 1999 年版，第 6466～6467 頁。

〔註 30〕《西遊記》例句及異文，胡文英、顧學頡、王學奇說，皆承陳敏博士檢示，謹此致謝。

〔註 31〕胡文英《吳下方言考》卷 4，收入《續修四庫全書》第 195 冊，上海古籍出版社 2002 年版，第 32 頁。

登仙》三折：『四脚扒叉水上遊。』義均同。宋・沈遘《沈文通集》：『四脚爬沙脚如戟。』句中的『爬沙』，是叉枒分開意。」〔註 32〕胡氏釋爲「爬行」，以「沙」爲語助，顧、王解爲「叉枒分開」，《漢語大詞典》：「爬沙，在沙土地上爬行。」〔註 33〕均非也。但胡氏又解爲「行地甚遲」，則是。諸字形皆「摸挲」、「摸搽」之音變，言手腳上下摩動也。音轉亦爲「蹣跚」等形，另詳。李維琦曰：「『爬沙』、『蹣跚』，歌寒對轉。『眼淚爬沙』就是『眼淚婆娑』。爬沙，中古麻韻字。婆娑，中古在歌戈韻。僅有前 a、後 a 的區別。」〔註 34〕

又音轉爲「貉縮」、「落索」，《爾雅》：「貉縮，綸也。」郭璞注：「綸者，繩也。謂牽縛縮貉之，今俗語亦然。」《顏氏家訓・治家篇》引諺云：「落索阿姑餐。」郝懿行曰：「貉縮，謂以縮牽連緜絡之也。聲轉爲『莫縮』，又轉爲『摸蘇』，又變爲『落索』。『落索』蓋緜連不斷之意，今俗語猶然。又變爲『莫落』，又爲『幕絡』……凡此諸文，皆與《爾雅》『貉縮』義近。」〔註 35〕盧文弨曰：「落索，當時語，大約冷落蕭索之意。」〔註 36〕王利器曰：「盧說爲長。」〔註 37〕《中文大辭典》取郝說，《漢語大詞典》取盧說〔註 38〕。宋子然曰：「落索，當是『落拓』之聲轉，即邋遢、潦倒……也即『落魄』……故知『落索』一詞，即『邋遢』之聲轉，詞義是不整潔、不能幹的意思……又作『窶數』。」〔註 39〕郝氏謂「以縮牽連緜絡」，則以「縮」爲名詞，誤。盧氏謂「冷落蕭索」，分別爲訓，亦未得語源。宋氏所說尤誤，「落索」、「落

〔註 32〕顧學頡、王學奇《元曲釋詞（一）》，中國社會科學出版社 1983 年版，第 33 頁。

〔註 33〕《漢語大詞典》（縮印本），漢語大詞典出版社 1997 年版，第 3848 頁。

〔註 34〕李維琦《祁陽方言用字考》，收入《李維琦語言學論集》，語文出版社 2011 年版，第 281～282 頁。

〔註 35〕郝懿行《爾雅義疏》，上海古籍出版社 1983 年版，第 340～341 頁。朱起鳳《辭通》卷 21 說同，上海古籍出版社 1982 年版，第 2238 頁。清・張照《爾雅注疏考證》亦指出：「『貉縮』二字亦應連讀，北魏顏之推《家訓》引時諺有『絡索阿姑餐』之語，則『貉縮』誠古諺，字轉爲『絡索』耳，不應音陌。」《顏氏家訓・治家篇》作「落索」。朱駿聲《說文通訓定聲》指出《爾雅》「貉」叚借爲「絡」，武漢市古籍書店 1983 年版，第 454 頁。

〔註 36〕盧文弨《顏氏家訓補注》，收入《叢書集成新編》第 33 冊，新文豐出版公司 1985 年印行，第 86 頁。

〔註 37〕王利器《顏氏家訓集解》（增補本），中華書局 1993 年版，第 53 頁。

〔註 38〕《中文大辭典》，華岡出版有限公司出版 1979 年版，第 12355 頁。《漢語大詞典》（縮印本），漢語大詞典出版社 1997 年版，第 5508 頁。

〔註 39〕宋子然《釋「落索」》，《四川師範大學學報》1987 年第 1 期。

拓」、「邋遢」不是同一語源〔註40〕，不得牽合之。「落索」即「摸索」，謂動作遲緩、作事不果決，由「撫摸」義引申而來。《江南志書·江寧縣》：「作事之不果決曰『摸摖』……曰『落索』。」〔註41〕光緒11年刊本《丹陽縣志》：「摸摖，手捫也。又言作事不果決。」〔註42〕今吳方言有「日不做，夜摸索」之語（日音匿），又有「摸鬼」之語，江淮官話有「摸殺」之語，東北官話有「摸故（咕）」之語，俗寫作「蘑菇」〔註43〕，皆言作事遲緩也。「蘑菇」之語源即「摸索」。落索阿姑餐，指做阿姑的餐飯磨磨蹭蹭、慢慢吞吞也。

5. 兩漢亦寫作「勃屑」。《楚辭·七諫·怨世》：「嫫母勃屑而日侍。」〔註44〕王注：「勃屑，猶媻跚，膝行貌。」洪興祖注：「勃屑，行貌。」朱謀㙔曰：「勃屑、徶㣯、嫳屑、勃窣，婆娑也。」〔註45〕姜亮夫指出「勃屑」即「勃窣」、「撲朔」、「僕遬」、「㪍僁」、「蹩屑」、「蹩躠」、「蹩躃」、「跋躠」、「拔摋」、「弊摋」〔註46〕。姜氏又曰：「蹩躠，字或作『弊薛』、『弊殺』、『蹩躃』、『蹩屑』……變爲『勃屑』，即『勃窣』，聲轉爲『㪍僁』。」〔註47〕

字又作「敎窣」、「勃窣」、「勃猝」、「勃窣」、「㪍僁」、「敎卒」、「勃崒」、「勃倅」，敦煌寫卷P.3694V《箋注本切韻》：「窣，勃窣。」P.2011《王仁昫刊謬補缺切韻》：「窣，勃窣。亦作踤。」《廣韻》：「窣，勃窣，穴中出也。」又「敎，敎卒，旋放之皃。」《集韻》：「僁，㪍僁，不安。」《古今通韻》：「窣，勃窣，動進也。」「僁」同「㣯」，見《玉篇》。姜亮夫曰：「凡短小者多不安，故聲亦相通。」〔註48〕此說未允，「不安」義當由「抖摟」、「抖動」引申。

〔註40〕另參見蕭旭《「郎當」考》，《中國語學研究·開篇》第29卷，2010年9月日本好文出版，第59～64頁。「落拓」、「邋遢」即「郎當」之聲轉。

〔註41〕《江南志書·江寧縣》，收入《古今圖書集成》《字學典》卷145，中華書局民國影本。

〔註42〕轉引自許寶華、宮田一郎《漢語方言大詞典》，中華書局1999年版，第6466頁。

〔註43〕參見許寶華、宮田一郎《漢語方言大詞典》，中華書局1999年版，第6465～6466頁。

〔註44〕《記纂淵海》卷53引誤作「勃肖」。

〔註45〕朱謀㙔《駢雅》卷2，收入景印文淵閣《四庫全書》第222冊，臺灣商務印書館1986年版，第523頁。

〔註46〕姜亮夫《楚辭通故》（第4輯），收入《姜亮夫全集》卷4，雲南人民出版社2002年版，第547～548頁。

〔註47〕參見姜亮夫《詩騷聯綿字考》，收入《姜亮夫全集》卷17，雲南人民出版社2002年版，第328頁。

〔註48〕參見姜亮夫《詩騷聯綿字考》，收入《姜亮夫全集》卷17，雲南人民出版社2002年版，第307頁。

《文選・子虛賦》:「媻姍教窣上金堤。」《史記》作「勃猝」,《漢書》作「勃窣」,《古今事文類聚》別集卷 6 引作「勃窣」。顏師古注:「媻姍勃窣,謂行於叢薄之間也。」沈欽韓曰:「『教窣』亦『蹩躠』之狀也。」〔註 49〕胡紹煐曰:「『教窣』即『勃屑』,並緩行之狀。」〔註 50〕段玉裁曰:「媻姍,謂徐行。教窣,謂急行。」〔註 51〕孫傳瑗曰:「勃窣,謂急行……今淮南北,以『急行』象氣喘貌,亦謂急行也。」〔註 52〕胡文英曰:「案:勃窣,女子無力登堤,步步頓休之貌。吳中謂搬移重物、隨地轉掇曰勃窣。」〔註 53〕沈氏、二胡氏說並是也,段、孫二氏謂「急行」,蓋古今語有改易。《世說新語・文學》:「張憑勃窣爲理窟。」《御覽》卷 229 引《郭子》作「勃倅」〔註 54〕,胡文英曰:「案:勃窣,散塵也。吳中謂散塵爲勃窣。」〔註 55〕徐震堮曰:「勃窣即婆娑之聲轉。」〔註 56〕楊勇曰:「勃窣,與『勃屑』通。《太倉州志》:『吳語:體短步澀曰勃窣。』」〔註 57〕《江南志書・嘉定縣》:「俗呼人體笨行步不輕脫者曰勃窣。」〔註 58〕洪惠疇曰:「勃窣,匍匐徐行也……今嘉定呼人體笨行步不輕脫曰勃窣。」〔註 59〕吳方言謂折騰、糾纏不清爲「勃殺」〔註 60〕,當即「勃窣」之引申義。黃庭堅《秋冬之間……戲成小詩三首》:「勃窣媻跚烝涉波,草泥出沒尙橫戈。」《錦繡萬花谷》前集卷 36、宋・高似孫《蟹略》卷 4 引作「勃崒」。宋・陳鵠《耆舊續聞》卷 2:「誰言

〔註 49〕轉引自高步瀛《文選李注義疏》,中華書局 1985 年版,第 1686 頁。

〔註 50〕胡紹煐《文選箋證》,黃山書社 2007 年版,第 247 頁。

〔註 51〕段玉裁《說文解字注》「窣」字條,上海古籍出版社 1981 年版,第 346 頁。

〔註 52〕孫傳瑗《今雅》,轉引自許寶華、宮田一郎《漢語方言大詞典》,中華書局 1999 年版,第 5270 頁。

〔註 53〕胡文英《吳下方言考》卷 12,收入《續修四庫全書》第 195 冊,上海古籍出版社 2002 年版,第 106 頁。

〔註 54〕《類聚》卷 46 引《郭子》作「勃窣」。《御覽》卷 617 引《郭子》誤作「勁粹」。

〔註 55〕胡文英《吳下方言考》卷 12,收入《續修四庫全書》第 195 冊,上海古籍出版社 2002 年版,第 106 頁。

〔註 56〕徐震堮《世說新語校箋》,中華書局 1984 年版,第 129 頁。

〔註 57〕楊勇《世說新語校箋》,中華書局 2006 年版,第 217 頁。

〔註 58〕《江南志書・嘉定縣》,收入《古今圖書集成》卷 145,中華書局民國影本。

〔註 59〕洪惠疇《明代以前之中國方言考略》,轉引自許寶華、宮田一郎《漢語方言大詞典》,中華書局 1999 年版,第 3870 頁。

〔註 60〕參見許寶華、宮田一郎《漢語方言大詞典》,中華書局 1999 年版,第 3869 頁。筆者母語北地吳語中正有此詞。

水北無人到，亦有檠珊勃崒行。」《文選·子虛賦》：「便姍嫳屑，與世殊服。」《漢書》同，顏師古注：「言其行步安詳。」《史記》作「媥姺徶循」，《集解》：「郭璞曰：『衣服婆娑貌。』」朱珔曰：「《南都賦》：『蹩躠蹁躚。』『蹁躚』與『媥姺』同，『蹩躠』與『徶循』同。」〔註 61〕

字又作「㪍揬」、「敦揬」、「悖揬」、「悖訴」、「勃塑」、「㪍愬」、「勃訴」、「勃睟」、「勃窣」，敦煌寫卷 P.2539《天地陰陽交歡大樂賦》：「後從頭而㪍揬。」《祖堂集》卷 7：「問：『目擊相扣，不言敦揬者如何？』」《祖庭事苑》卷 6：「悖訴，當作『悖揬』。悖，亂也。揬，暗取物也。悖揬，亦方言，謂摸揬。」其解云「悖，亂也」，非是。《法演禪師語錄》卷 1：「我有一雙眼，和盲悖訴瞎。」《大慧普覺禪師普說》卷 4 作「勃訴」，《五燈會元》卷 11、《古尊宿語錄》卷 7、8 作「㪍愬」，《嘉泰普燈錄》卷 13、《續古尊宿語要》卷 4 作「勃塑」，《劍關子益禪師語錄》卷 1 作「勃睟」，《古林清茂禪師語錄》卷 5 作「勃窣」。《五燈會元》卷 9：「仰曰：『正恁麼時，切忌勃訴。』」

字又作「毬毳」、「秡稡」、「稡稡」、「鵓鵽」，皆以命名或形容顫動之小物。《廣韻》：「毳，毬毳，毛皃。」又「毬，毬毳，毛短。」又「秡，秡稡，禾所秀不成叢向上皃。」又「鵓，鵓鵽鳥。」又「鵓，鵓鵽，鳥名。」「鵽」同「鵽」。《集韻》：「稡，稡稡，莠也。」又「秡，《字林》：『秡稡，禾秀（莠）。』或作稡。又「稡，秡稡，禾秀不成聚向上貌。」又「稡，稡稡，莠也。」又「毬，毬毳，毛短。」又「鵓，鵓鵽，鳥名，或從率。」又「鵽、鵓：鵓鵽，鳥名，或从率。」諸詞皆與「撲朔」同源〔註 62〕，亦與「觳觫」同源，中心詞義爲「抖動」、「搖動」、「顫抖」〔註 63〕，各詞義皆中心詞義之衍伸。

6. 又倒言音轉作「卹勿」，《集韻》：「卹，卹勿，摩也，或作捽。」《禮記·曲禮》：「國中以策彗卹勿驅塵不出軌。」鄭注：「卹勿，搔摩也。」《釋文》：「勿，音沒。」

〔註 61〕轉引自高步瀛《文選李注義疏》，中華書局 1985 年版，第 1863 頁。

〔註 62〕參見姜亮夫《詩騷聯綿字考》，收入《姜亮夫全集》卷 17，雲南人民出版社 2002 年版，第 306～308、328～329 頁。

〔註 63〕另參見趙鑫曄、蕭旭《〈孟子〉「觳觫」正詁》，《唐山師範學院學報》2009 年第 1 期；收入蕭旭《群書校補》，廣陵書社 2011 年版，第 1204～1209 頁。

「蓬勃」考

1. 《玄應音義》卷 6：「蓬勃：《廣雅》：『勃，盛也。』經文作熢炵，非也。」此條爲《妙法蓮華經》卷 2《音義》，檢經文：「臭煙熢勃，四面充塞。」宮本作「蓬勃」，《妙法蓮華經玄贊》卷 5 同；《宗鏡錄》卷 42 作「蓬垺」，元本作「蓬捊」，明本作「熢勃」。《玄應音義》卷 12「蓬勃」條爲《長阿含經》卷 19《音義》，檢經文：「灰湯湧沸，惡氣熢勃」。「熢勃」、「熢炵」、「蓬垺」、「蓬捊」同「蓬勃」，《集神州三寶感通錄》卷 1：「至覆盆香氣熢勃，如雲騰湧。」宋、元明本作「蓬勃」，亦其例。朱謀㙔曰：「熢炵，怫鬱也。」〔註 1〕

字或作「蓬誖」、「漨浡」、「蓬浡」、「熢浡」，《慧琳音義》卷 79：「蓬誖：《廣雅》：『誖誖，香煙氣盛皃也。』轉注會意字也。」此條爲《經律異相》卷 49《音義》，檢經文：「灰湯湧沸，惡氣漨浡」。宋、宮本作「蓬浡」，元、明本作「熢浡」。《諸經要集》卷 18 同文作「蓬潡」，宋本作「蓬勃」，元、明本作「熢勃」。「潡」爲「浡」形誤。《類聚》卷 61 晉・庾闡《揚都賦》：「漨浡灪滃，潢漾擁湧。」唐・趙冬曦《三門賦》：「蓬浡滑淈，霍以雲廻。」宋・薛季宣《白菊》：「端宜妝淡泊，自是香蓬誖。」

字或作「塳垺」、「颫炵」、「蓬炵」、「熢燉」，《慧琳音義》卷 53：「塳垺，王逸注《楚辭》云：『風塵起皃也。』經本從火作熢炵，俗字也。」《可洪音義》卷 5：「塳垺：煙火威貌也，正作『颫炵』也。」此條爲《起世因本經》卷 4：《音義》，檢經文：「其煙熢勃」。《集韻》：「熢，熢炵，煙鬱貌。」又「熢，

〔註 1〕 朱謀㙔《駢雅》卷 1，收入《叢書集成新編》第 38 冊，新文豐出版公司 1985 年版，第 337 頁。

熢焞，火氣。」《法苑珠林》卷 5：「香氣蓬焞。」《續高僧傳》卷 6 作「蓬勃」。《法苑珠林》卷 76：「唯見火星流出，臭煙熢焞。」宋、明、宮本作「熢燉」，元本作「熢勃」，《音釋》：「熢焞，煙起貌。」

字或作「漨渤」、「熢燉」，《可洪音義》卷 12：「漨渤：上蒲紅反，下蒲沒反，風煙起貌也，火威也，正作『颰焞』也。」又「熢燉：上蒲紅反，下蒲沒反。」《龍龕手鑑》：「燉，俗。焞，正。烟起貌。」鄭賢章曰：「熢焞、漨渤、熢燉、漨渤、塳垶，聯緜詞，與『蓬勃』同。」〔註 2〕「渤」當即「燉」，涉「漨」字類化。

字或作「䏺垶」、「熢焞」，《集韻》：「䏺，䏺垶，煙塵雜起皃。」方以智曰：「蓬勃，因有『䏺垶』、『烽焞』、『熢焞』，《韻略》曰：『䏺垶，煙塵雜起也。』俱見《集韻》、《廣韻》，詞賦家用之，總言勃鬱蓬起之狀，因義增加。『蓬勃』之聲，又轉爲『旁勃』，見《爾雅疏》。」〔註 3〕

字或作「蓬悖」、「蓬悖」，敦煌寫卷 S.2073《廬山遠公話》：「是時紅焰連天，黑煙蓬悖。」北圖新 0866《李陵變文》：「單于人從後放火，其煙蓬悖，熾焰蒸天。」徐復曰：「『蓬悖』就是『熢焞』。」〔註 4〕《無準師範禪師語錄》卷 3：「其後臭煙蓬悖，不容掩藏。」

字或作「逢勃」〔註 5〕，敦煌寫卷 P．2044V：「是日乃黑煙逢勃，看咫尺而難分；紅焰爭暉，睹飛騰而轉盛。」

字或作「蓬孛」，《漢書．文帝紀》顏師古注引文穎曰：「孛星光芒短，其光四出，蓬蓬孛孛也。」《魏書．天象志》：「六年六月，金火再入太微，犯帝座蓬孛客星及他，不可勝紀。」倒言則作「勃勃蓬蓬」，宋．林之奇《祈風文》：「勃勃蓬蓬，怒號瀛海。」

字或作「漨浡」，《慧琳音義》卷 53：「塳垶，亦作漨浡，云：『水霧氣皃也。』」《集韻》：「漨，漨浡，煩鬱也。」《文選．吳都賦》：「歊霧漨浡，雲蒸昏昧。」劉良注：「漨浡，煩鬱之狀。」

〔註 2〕鄭賢章《〈新集藏經音義隨函錄〉研究》，湖南師範大學出版社 2007 年版，第 603 頁。

〔註 3〕方以智《通雅》卷 6，收入《方以智全書》第 1 冊，上海古籍出版社 1988 年版，第 260 頁。

〔註 4〕徐復《敦煌變文詞語研究》，《中國語文》1961 年第 8 期，收入《徐復語言文字學叢稿》，江蘇古籍出版社 1990 年版，第 233 頁。

〔註 5〕參見蕭旭《〈敦煌願文集〉校補》，收入《群書校補》，廣陵書社 2011 年版，第 938 頁。

字或作「蓬浡」，明・章潢《圖書編》卷 59：「若鋪綿稍逼之，則蓬浡霧散。」《古文苑》卷 3 賈誼《旱雲賦》：「遙望白雲之蓬勃兮，滃澹澹而妄止。」《類聚》卷 100 引東方朔《旱頌》作「遙望白雲之酆淳，滃曈曈而妄止」，「酆淳」當作「蓬浡」，「澹澹」當作「曈曈」〔註 6〕，二書可互訂，涉形、聲相近而誤。

2. 又聲轉爲「旁礴」、「磅礴」、「磅礴」、「滂薄」、「旁礴」、「旁薄」、「旁魄」，《慧琳音義》卷 85：「磅礴：《集訓》云：『磅礴，廣大貌也。』」又卷 87、97 引《考聲》：「磅礴，廣大貌也。」《莊子・逍遙遊》：「之人也，之德也，將旁礴萬物以爲一。」《釋文》：「旁，字又作磅，同。礴，司馬云：『旁礴，猶混同也。』」《淮南子・俶眞篇》：「渾渾蒼蒼，純樸未散；旁薄爲一，而萬物大優。」《御覽》卷 77 引作「滂薄」。《漢書・揚雄傳下》：「旁薄群生。」顏師古注：「旁薄，猶言蕩薄也。」《太玄・玄告》：「天穹隆而周乎下，地旁薄而向乎上。」《荀子・性惡》：「齊給便敏而無類，雜能旁魄而無用。」楊倞注：「旁魄，廣博也。」郝懿行曰：「旁魄，即旁薄，皆謂大也。」〔註 7〕《文選・吳都賦》：「旁魄而論都，抑非大人之壯觀也？」劉逵注：「旁魄，取寬大之意。」李善注引司馬彪曰：「旁礴，混同也。云：「礴與魄同。」又《封禪文》：「旁魄四塞，雲布霧散。」李善注引張揖曰：「旁魄，布衍也。魄音薄。」李周翰注：「旁魄，通達也。」《漢書》顏師古注：「旁魄，廣被也。」《文選》晉・陸機《挽歌》：「旁薄立四極，穹崇放蒼天。」《御覽》卷 552、《樂府詩集》卷 27 作「磅礴」，《古今事文類聚》前集卷 59 引作「旁礴」。唐・楊炎《雲麾將軍李府君神道碑》：「磅礴於陰陽之和，同符於元命之紀。」宋・蘇洵《仲兄字文甫說》：「若一泊乎順流，至乎滄海之濱，滂薄洶湧，號怒相軋，交横綢繆。」元・吾丘衍《招雨師文》：「旁礴之有所或冷兮，皇覽告余以不成。」

又聲轉爲「滂渤」，《文選・七發》：「當觀其兩傍，則滂渤怫鬱，闇漠感突。」張銑註：「滂渤怫鬱，怒激貌。」

又聲轉爲「滂浡」，《後漢書・馮衍傳》《顯志賦》：「氣滂浡而雲披。」《御覽》卷 339 引《黃帝出軍決》：「始立牙之日，凶氣先應，旗旛皆垂，或逆風

〔註 6〕《易林・坤之旅》：「潼滃蔚薈，扶首來會。」「滃曈曈」即「潼滃」之倒文而又重言者。

〔註 7〕郝懿行《荀子補注》，收入《四庫未收書輯刊》第 6 輯第 12 冊，北京出版社 2000 年版，第 28 頁。

滂浡，牙竿摧折，旗旛絕裂，還繞繳竿，如此終日，勢弱。」朱起鳳曰：「蓬、滂雙聲，故可通用。」〔註8〕

又聲轉爲「旁泊」，《抱朴子外篇・詰鮑》：「蓋聞沖昧既辟，降濁升清，穹隆仰燾，旁泊俯停。」

又聲轉爲「傍薄」，《宋書・謝靈運傳》《山居賦》：「嶀崩飛於東峭，槃傍薄於西阡。」自注：「槃者是縣故治之所在。」

又聲轉爲「馩馞」，《廣韻》：「馩，馩馞，大香。」《集韻》：「馩，馩馞，芬芳也。」

又聲轉爲「旁悖」，《雲笈七籤》卷40：「陰陽嫉妬是一病，激厲旁悖是一病。」

又聲轉爲「般礴」、「盤礴」、「槃薄」、「盤薄」、「磐礴」、「磐薄」、「礷薄」，方以智曰：「旁薄，一作『旁礴』、『盤礴』、『旁魄』。」〔註9〕《莊子・田子方》：「公使人視之，則解衣般礴贏。」《釋文》：「般，字又作槃。」《口義》本、《纂微》本作「槃礴」，《古今事文類聚》前集卷40、《記纂淵海》卷56、87引並同。《漢書・司馬相如》《上林賦》：「瑉玉旁唐。」顏師古注引晉・郭璞曰：「旁唐，言盤礴。」《史記》《索隱》本引作「盤薄」。《晉書・五行志》：「石生地中，始高三尺，如香爐形，後如傴人，槃薄不可掘。」《宋書》作「盤薄」。《文選・江賦》：「虎牙嵥豎以屹崒，荊門闕竦而磐礴。」五臣本作「盤礴」，《水經注》卷34、《古今事文類聚》前集卷16引作「盤薄」。李善注：「磐礴，廣大貌。」張銑注：「盤礴，壯貌。」元・郝經《鄰野堂記》：「徜徉磐薄，以異于時。」明・蘇伯衡《厚德庵記》：「蜿蟺礷薄，既翕復張。」

又聲轉爲「磻礴」、「蟠薄」、「蟠礴」、「蟠泊」，《廣弘明集》卷15梁・王僧孺《禮佛發願文》：「仰願皇太子殿下，厚德體於蒼旻，廣載侔於磻礴。」晉・庾闡《揚都賦》：「嵭岪磊砢，嵬峗蟠薄。」唐・盧照鄰《釋疾文》：「蟠薄煩冤兮長憤惋。」宋・陳田夫《南嶽總勝集》卷2《衡嶽觀碑文》：「寫其曲折蟠薄在地之勢也。」朱起鳳曰：「磻、蟠與盤字同音通用，薄即礴字之省。」〔註10〕宋・蘇舜欽《石曼卿詩集序》：「獨以勁語蟠泊，會而終於篇，而復氣橫意舉，灑落章句之外。」宋・張嵲《微王山銘并序》：「其東穹崇而

〔註8〕朱起鳳《辭通》，上海古籍出版社1982年版，第2390頁。

〔註9〕方以智《通雅》卷6，收入《方以智全書》第1冊，上海古籍出版社1988年版，第255頁。

〔註10〕朱起鳳《辭通》，上海古籍出版社1982年版，第2542頁。

崮崒，其西蟠礴而渾厚。」

又聲轉爲「彭魄」，《太玄・中首》：「昆侖旁薄幽。」晉・范望注：「昆，渾也；侖，淪也，天之象也。旁薄，猶彭魄也，地之形也。幽，隱也。言天渾淪而包於地，地彭魄而在其中。」宋・方嶽《扣角》：「東家打麥聲彭魄，西家繅絲雪能白。」宋・張舜民《打麥》：「打麥打麥，彭彭魄魄。聲在山南應山北。」此用爲象聲詞，擬其盛大之聲也。

又聲轉爲「彭薄」，《淮南子・俶眞篇》：「譬若周雲之蘢蓯遼巢彭濞而爲雨。」高誘注：「遼巢彭濞，蘊積貌也。」《御覽》卷 8 引作「彭薄」，莊逵吉本作「彭濞」，云：「薄與濞聲近也。」王念孫曰：「『濞』即『薄』之誤，後人不知而改爲『濞』，莊本從之，斯爲謬矣。彭，古讀若旁，『旁薄』、『旁魄』義並與此同。」〔註 11〕

又聲轉爲「彭勃」、「彭教」、「旁勃」、「蒡葧」，《南齊書・五行志》：「風起迅急，從東方來，暴疾彭勃浪津。」《通典》卷 162：「若風不旁勃，旌旗暈暈，順風而揚舉，或向敵終日，軍行有功，勝候也。」《御覽》卷 997 引《神仙服食經》：「十一月采彭勃，彭勃，白蒿也。」《齊民要術》卷 10 引作「旁勃」。吳・陸璣《毛詩草木鳥獸蟲魚疏》卷上：「（白蒿）北海人謂之旁勃。」《廣雅》：「繁母，蒡葧也。」朱謀㙔曰：「旁勃、彭教，蒿也。」〔註 12〕馬瑞辰曰：「蘩母、旁勃，皆極狀蒿生之盛。旁勃，猶蓬勃也。旁勃又作彭勃。」〔註 13〕

又聲轉爲「坌勃」，唐・陸龜蒙《記稻鼠》：「乾符己亥歲，震澤之東曰吳興，自三月不雨，至於七月，常時汙坳沮洳者，埃壒坌勃。」《文苑英華》卷 2 唐・李邕《日賦》：「夏之日，烘彤坌勃，六合焚炙，風不能爲氣，天地變色。」

又聲轉爲「滂沛」、「霶霈」、「滂霈」，《玉篇》：「霈，霶霈，大雨貌。」《文選・吳都賦》：「經扶桑之中林，包湯谷之滂沛。」李周翰注：「滂沛，水多貌。」《文選・甘泉賦》：「雲飛揚兮雨滂沛。」《漢書》同；五臣本作「霶霈」，《類聚》卷 39 引同。《易林・坤之旅》：「津液下降，流潦滂霈。」《履之恒》作「滂沛」。《文選・文賦》：「函綿邈於尺素，吐滂沛乎寸心。」《類

〔註 11〕王念孫《淮南子雜志》，收入《讀書雜志》，中國書店 1985 年版。

〔註 12〕朱謀㙔《駢雅》卷 6，收入《叢書集成新編》第 38 冊，新文豐出版公司 1985 年版，第 345 頁。

〔註 13〕馬瑞辰《毛詩傳箋通釋》，中華書局 1989 年版，第 74 頁。

聚》卷 56 作「滂霈」，《記纂淵海》卷 75 作「霶霈」。劉良注：「滂沛，大也。」《類聚》卷 100 引《汝南先賢傳》：「其時甘雨滂霈，歲大豐稔。」《御覽》卷 35 引作「滂沛」。《文選・與廣川長岑文喻書》：「言未發而水旋流，辭未卒而澤滂沛。」《類聚》卷 100 引作「滂霈」。《類聚》卷 2 晉・潘尼《苦雨賦》：「始蒙瀎而徐墜，終滂霈而難禁。」《古儷府》卷 1 作「滂沛」，《御定歷代賦彙》卷 8 作「霶霈」。

又聲轉爲「噴勃」、「噴薄」、「噴礴」，《文選・長笛賦》：「氣噴勃以布覆兮，乍跱蹠以狼戾。」李善注：「《蒼頡篇》曰：『噴，叱也。』或作憤。勃，盛貌。」呂向注：「氣噴勃，謂氣結於笛中而聲不散也。」李注失之。曹植《卞太后誄》：「率土噴薄，三光改度。」唐明皇《喜雨賦》：「或噴薄而攢聚，或淋漓而灌注。」宋・魏了翁《鶴山集》卷 108《師友雅言上》：「陽在內，陰不得而入，則噴薄而爲雨；陰在內，陽不得而入，則發散而爲風。」此例正可與《淮南子》相證發。宋・袁燮《桂花上侯使君》：「誰知一粟中，十里香噴礴。」朱起鳳曰：「噴、蓬雙聲字，故通叚。」〔註 14〕

3. 唐・窺基《妙法蓮華經玄贊》卷 6：「臭煙繁鬱名蓬焞。蓬音薄紅反。唯有蓬、莑二字。氣如蓬亂，應爲蓬字。有作熢字。依《玉篇》即熢火之熢。亦無蓬音。焞音蒲沒反，大也，盛也。若塵起作埻，若逆作悖，若火〔大〕香作馞。今之臭氣馞馞如蓬繁亂，或氣臭大勃起如蓬。有作勃字不知所出。」《慧琳音義》卷 27 略同。窺基、慧琳謂「如蓬繁亂」、「勃起如蓬」，未爲得也。蓬，讀去聲，同「埲」，塵起貌。《莊子・秋水》：「今子蓬蓬然起于北海，蓬蓬然入於南海。」成玄英疏：「蓬蓬，風聲也，亦塵動貌也。」後說是。本字爲坋，或作坌，《說文》：「坋，塵也。」《廣韻》：「坌，塵也。亦作坋。」坋、湓、埲、浲、塳、漨、熢、韼、莑、蠭、䳬、蜂（蠭）、唪、馞、䗬、䴶並爲同源詞；《爾雅》：「浡，作也。」《廣韻》：「埻，塵起。」《集韻》：「《博雅》：『埻，塵也。』或從勃。」《集韻》：「焞，煙起皃，或作㶿。」勃、埻、浡、焞（㶿）、馞亦爲同源詞〔註 15〕。「蓬」、「勃」同義連文，亂起貌，引申則爲繁盛貌、蘊積貌、廣大貌。

〔註 14〕朱起鳳《辭通》，上海古籍出版社 1982 年版，第 2390 頁。

〔註 15〕參見蕭旭、趙鑫曄《〈伍子胥變文〉校補》，收入蕭旭《群書校補》，廣陵書社 2011 年版，第 1113～1115 頁。

「翩翩」考

《說文》:「翩，疾飛也。」翩翩，輕疾之貌。《玄應音義》卷 4:「翩翩：輕捷之皃也。經文作偏，非也。」《磧》本作「便旋輕捷之皃也」。《慧琳音義》卷 31:「翩翩：毛詩《傳》云:『翩翩，不息也。』又云:『翩翩，往來皃也。』顧野王云:『翩翩，便旋輕捷之皃。』經作偏，非此義。」《詩・四牡》:「翩翩者鵻，載飛載下。」朱子注:「翩翩，飛貌。」

《漢書・敘傳》:「魏其翩翩，好節慕聲。」顏師古注:「翩翩，自喜之貌。」《文選・鷦鷯賦》:「翩翩然有以自樂也。」李善注:「翩翩，自得之貌。」此皆引申之義。

字或作「偏偏」、「篇篇」,《易・泰》:「翩翩，不富以其鄰。」《釋文》本作「篇篇」,云:「如字，《子夏傳》作『翩翩』,向本同，云:『輕舉貌。』古文作『偏偏』。」《灌頂經》卷 1:「天雨名華，翩翩而下。」宋本作「偏偏」。敦煌寫卷 S.328《伍子胥變文》:「遂擲劍于江中，放神光而煥爛。劍乃三湧三沒，水上偏偏。」

字或作「扁扁」,《詩・巷伯》:「緝緝翩翩，謀欲譖人。」毛傳:「翩翩，往來貌。」《釋文》:「翩翩，音篇，往來貌，字又作扁。」《白帖》卷 93 引作「扁扁」。馬瑞辰曰:「翩翩，宜讀如《周書》「截截善諞言」之諞，諞、便疊韻。《說文》:『諞，便巧言也。』……翩翩，猶便便也，即『諞諞』之假借。《傳》以翩翩爲往來貌，失之。」〔註 1〕馬說翩讀爲諞是也，但馬氏謂《傳》失之，則猶未達一間。巧言即狀言之輕疾也，「諞」爲巧言義之專字。「諞」、「翩」同源。《孟子・離婁下》:「施施從外來。」漢・趙岐注:「施施，猶扁

〔註 1〕 馬瑞辰《毛詩傳箋通釋》,中華書局 1989 年版，第 662 頁。

扁，喜悅之貌。」

字或作「媥媥」，晉・陸機《羽扇賦》：「翩媥媥以微振，風颼颼以垂婉。」

字或作「顧顧」，《北史・李諧傳》：「文采與識，倰不推李諧，口頰顧顧，諧乃大勝。」字書無「顧」字，「顧」當同「翩」。

字或作「諞諞」，宋・岳珂《寶眞齋法書贊》卷 12：「一世諞諞，稚而畜之。」明・黃淮《擬古》：「諤諤良我徒，諞諞豈予伍？」

又音轉作「便便」、「辯辯」，《論語・鄉黨》：「其在宗廟朝廷，便便言，唯謹爾！」鄭玄注：「便便，辯也。」《史記・孔子世家》引作「辯辯」。《韓詩外傳》卷 9：「賜來便便，汝何使？」皆爲巧言之義，取輕疾搖動之引申義。《說文》：「諞，便巧言也……《論語》曰『友諞佞』。」段玉裁注：「諞、便疊韻。《季氏篇》文，今作便。」〔註 2〕

又音轉作「平平」、「便蕃」、「辨辨」，《詩・采菽》：「平平左右，亦是率從。」毛傳：「平平，辯治也。」孔疏引服虔曰：「平平，辯治不絕之貌。」。《釋文》：「平平，辯治也。《韓詩》作『便便』，云：『閑雅之貌。』」「辯治」即巧言之義。馬瑞辰曰：「平、便、辯三字皆一聲之轉。」〔註 3〕《左傳・襄公十一年》引作「便蕃」，杜注：「便蕃，數也。言遠人相帥來服從，便蕃然在左右。」杜注失之。方以智《通雅》卷 10 引京山曰：「《論語》『便便言』，即辯辯言。《尚書》『平章』作辯章。『剝牀以辨』，牀面版，與平同。《漢武紀》『便門橋』，即平門，古音通也。」〔註 4〕《書・洪範》：「無偏無黨，王道蕩蕩。無黨無偏，王道平平。」孔傳：「言辯治。」亦失之。《史記・張釋之馮唐列傳論》引作「便便」，《集解》：「徐廣曰：『便，一作辨。』」《漢書・敘傳》：「敞亦平平，文雅自贊。」顏師古注：「平，讀曰便。便，辯也。」

又音轉作「變變」，馬王堆漢墓帛書《五行》：「和也者，小體（體）變變然不圄於心也。」整理者讀爲「便便」，可從；池田知久謂「便便」是擬聲詞〔註 5〕，魏啓鵬釋爲「遜遜然」〔註 6〕，並未確。便便，閑雅貌。圄，讀爲患。

又音轉作「幡幡」、「番番」、「便翻」、「憣憣」，《詩・巷伯》：「捷捷幡幡，

〔註 2〕 段玉裁《說文解字注》，上海古籍出版社 1981 年版，第 98 頁。

〔註 3〕 馬瑞辰《毛詩傳箋通釋》，中華書局 1989 年版，第 662～663 頁。

〔註 4〕 方以智《通雅》卷 10，收入《方以智全書》第 1 冊，上海古籍出版社 1988 年版，第 407 頁。

〔註 5〕 池田知久《馬王堆漢墓帛書〈五行〉研究》，中國社會科學出版社、線裝書局 2005 年版，第 432 頁。

〔註 6〕 魏啓鵬《簡帛文獻〈五行〉箋證》，中華書局 2005 年版，第 114 頁。

謀欲譖言。」毛傳：「捷捷，猶緝緝也。幡幡，猶翩翩也。」馬瑞辰曰：「幡、便音近。幡幡即便便之假借，亦辯給也。」〔註7〕《舊唐書・文苑傳》：「蓋謂似信而詐，似忠而非，便便可以動心，捷捷可以亂德。」此即暗用《詩》文「捷捷幡幡」，是「便便」即「幡幡」也。《詩・賓之初筵》：「曰既醉止，威儀幡幡。」毛傳：「幡幡，失威儀也。」唐・獨孤及《送史處士歸滏陽別業序》：「於是一酌而賓禮舉，再酌而交態接，三酌而威儀憣憣。」此即用《詩》文「威儀幡幡」，是「憣憣」即「幡幡」也。《詩・瓠葉》：「幡幡瓠葉，采之亨之。」毛傳：「幡幡，瓠葉貌。」二例《六書故》釋云：「幡幡，言其輕飄也。」《說文》：「咠，聶語也。《詩》曰：『咠咠幡幡』。」〔註8〕此「幡幡」讀「翩翩」之確證。《釋名》：「旛，幡也，其貌幡幡也。」魏文帝《登城賦》：「水幡幡其長流，魚裔裔而東馳。」《魏書・景穆十二王傳》：「譬彼讒賊，膚受既通，譖潤罔極，緝緝幡幡，交亂四國。」又《陽固傳》：「番番緝緝，讒言側入。」此即用《詩》文「緝緝翩翩」，是「幡幡」、「番番」即「翩翩」也。唐・孫樵《乞巧對》：「彼巧在言，便便翻翻。出口簧然，媚於人間。」

又音轉作「旛旛」，《古文苑》卷1《石鼓文》：「左驂旛旛，右驂騝騝。」章樵註：「旛旛，取其輕舉貌。」《皇霸文紀》卷3、《風雅逸篇》作「翻翻」。

又音轉作「繙繙」，《通鑑》卷20胡三省註引《漢武故事》：「(欒）大嘗於殿前樹旌數百枚，大令旌自相擊，繙繙竟庭中，去地十餘丈，觀者皆駭然。」〔註9〕

又音轉作「瀿瀿」，唐・元結《引東泉作》：「此流又高懸，瀿瀿在長空。」

又音轉作「翻翻」、「翧翧」、「翁翁」，《廣雅》：「翧翧、翩翩、翻翻、翁翁，飛也。」朱駿聲曰：「翩，字亦作翧。」〔註10〕《楚辭・悲回風》：「漂翻翻其上下兮，翼遥遥其左右。」王逸注：「翻，一作幡，一作潘。」梁・吳均《酬別江主簿屯騎》：「寒蟲鳴趯趯，落葉飛翻翻。」《文選・贈徐幹詩》：「輕葉隨風轉，飛鳥何翻翻。」張銑注：「翻翻，孤飛皃。」《宋書・樂志三》古詞《善哉行》：「經歷名山，芝草翻翻。」《樂府詩集》卷36作「翩翩」。唐・李賀《仙人》：「彈琴石壁上，翻翻一仙人。」

又音轉作「翧翻」、「繽翻」、「覸覫（襯）」、「繽繙」，《說文》：「覸，〔覸

〔註7〕馬瑞辰《毛詩傳箋通釋》，中華書局1989年版，第662～663頁。
〔註8〕「聶」同「囁」。
〔註9〕《御覽》卷340引脱「繙繙竟」3字。
〔註10〕朱駿聲《說文通訓定聲》，武漢市古籍書店1983年版，第840頁。

䫲〕，暫見也。䫲，覶䫲也，讀若幡。」小徐本作「𧢄」。《廣韻》:「覶，覶䫲，暫見。」又「繙，繽繙，風吹旗皃。」《御覽》卷 939 引《山海經圖讚》:「鼓翮一運，十翼翩翻。」《文選・吳都賦》:「大鵬繽翻，翼若垂天。」呂延濟注：「繽翻，飛貌。」《古文苑》卷 8 魏・王粲《雜詩》:「百鳥何繽翻，振翼群相追。」宋・周紫芝《送呂右丞罷鎮宛陵》:「月樓空窈窕，風旆舞繽繙。」明・來知德《遊峨賦》:「俯仰覶䫲，去住翶翿。」

又音轉作「翸幡」、「翸翻」，《慧琳音義》卷 62：「翸翻：顧野王云：『翸翻，便旋輕捷之貌也。』」《龍龕手鑑》:「翸翻，飛也。」《史記・司馬相如傳》《上林賦》:「長嘯哀鳴，翸幡互經。」《大寶積經》卷 25：「搖裔翸翻，滿虛空中。」《晉書・隱逸傳》:「酬酢翸翻。」

又音轉作「䦜紛」、「䦜䦚」、「繽紛」、「繽翁」，《說文》:「䦚，鬭連結䦜紛相牽也。讀若繽。」《廣韻》:「䦚，鬭䦚之皃。」「鬭䦚」當作「䦜䦚」。余迺永曰：「本書從鬥者皆訛從門。」〔註 11〕《廣韻》:「翁，翻翁，飛皃。」余迺永曰：「切三、全王作『繽翁』，《廣雅》作『翸翁』，本注翸誤作翻。」〔註 12〕《集韻》:「翸，翸翁，飛皃。」《文選・離騷》:「時繽紛其變易。」呂延濟注：「繽紛，亂也。」《說苑・指武》:「鍾鼓之音，上聞乎天；旌旗翸翻，下蟠於地。」《家語・致思》作「繽紛」，《御覽》卷 390 引作「紛紛」。後魏・溫子昇《寒陵山寺碑序》:「旌旗繽紛，下盤於地。」「繽紛」即「翸翻」、「翸翻」之音轉；「紛紛」即「幡幡」、「翻翻」之音轉〔註 13〕。朱起鳳曰：「紛、翻雙聲字，故通用。」又「『繽紛』作『翸翻』，亦聲之轉。」〔註 14〕《文苑英華》卷 135 唐・李白《大鵬賦》:「繽翻乎八荒之間，隱映乎四海之半。」注：「翻，《集》作紛。」《文選・東京賦》:「戈矛若林，牙旗繽紛。」薛綜注：「繽紛，風吹貌。」《金光明最勝王經》卷 10：「天雨名華及妙香末，繽紛亂墜，遍滿林中。」

又音轉作「邠盼」，漢・揚雄《蜀都賦》:「朱緣之畫，邠盼麗光。」朱起鳳曰：「邠、繽同音通叚。盼當作盼，亦與紛同音。」〔註 15〕張震澤曰：「邠

〔註 11〕余迺永《新校互注宋本廣韻》，上海辭書出版社 2000 年版，第 112 頁。

〔註 12〕余迺永《新校互注宋本廣韻》，上海辭書出版社 2000 年版，第 112 頁。

〔註 13〕《荀子・君道篇》:「善藩飾人者也。」《韓詩外傳》卷 5 作「粉飾」。此「紛」、「翻」相通之證。

〔註 14〕朱起鳳《辭通》，上海古籍出版社 1982 年版，第 504 頁。

〔註 15〕朱起鳳《辭通》，上海古籍出版社 1982 年版，第 504 頁。

盼，與『繽紛』同音，多文采貌。」〔註 16〕張說是，不必以爲誤。鄭文曰：「邠通『彬』。盼，動目。」〔註 17〕失之。

又音轉作「般紛」，漢・賈誼《弔屈原賦》:「般紛紛其離此尤兮，亦夫子之故也。」

又音轉作「偏反」、「翩反」，《論語・子罕》:「唐棣之華，偏其反而。豈不爾思？室是遠而。」何晏註：「逸詩也。」《董子・竹林》亦引此詩。明・何景明《織女賦》:「被翠羽之翩反兮，雌蜺爚兮函光。」明・楊慎《古音餘》卷 1:「反音翻，『偏反』即『翩翻』。」

又音轉作「翩儐」、「翩繽」、「翩擯」，《後漢書・張衡傳》《思玄賦》:「哀二妃之未從兮，翩儐處彼湘瀕。」李賢注：「翩，連翩也。儐，棄也。」李注失之。《文選》作「翩繽」，李周翰注：「翩繽，美貌。」《通志》卷 111 作「翩擯」。

又音轉作「紛紛」、「芬芬」、「棼棼」、「分分」，《書・呂刑》:「泯泯棼棼。」《逸周書・祭公解》:「泯泯芬芬。」《漢書・敘傳》:「湎湎紛紛。」顏師古注：「紛紛，雜亂也。」《論衡・寒溫》同。《管子・樞言》:「紛紛乎若亂絲，遺遺乎若有從治。」朱起鳳曰：「棼即紛之叚，芬芬即棼棼。」〔註 18〕《淮南子・繆稱篇》:「福之萌也緜緜，禍之生也分分。」方以智曰：「『分分』同『紛紛』，或以『分分』去聲，猶忿忿不平貌。」〔註 19〕前說是也，後說未得。朱起鳳曰：「紛省爲分，其音義同。」〔註 20〕《文子・微明》正作「紛紛」。「緜緜分分」即「泯泯棼棼」、「湎湎紛紛」也。王念孫謂「分分」爲「介介」之誤，已爲李慈銘所駁〔註 21〕。《淮南子・俶眞篇》:「孰肯分分然以物爲事也？」高註：「分分猶意念之貌。」高註讀爲「忿忿」，失之。《荀子・儒效篇》:「分分乎其有終始也。」

〔註 16〕張震澤《揚雄集校注》，上海古籍出版社 1993 年版，第 37 頁。

〔註 17〕鄭文《揚雄文集箋注》，巴蜀書社 2000 年版，第 323 頁。

〔註 18〕朱起鳳《辭通》，上海古籍出版社 1982 年版，第 504 頁。

〔註 19〕方以智《通雅》卷 9，收入《方以智全書》第 1 冊，上海古籍出版社 1988 年版，第 374 頁。

〔註 20〕朱起鳳《辭通》，上海古籍出版社 1982 年版，第 505 頁。

〔註 21〕王念孫《淮南子雜志》，收入《讀書雜志》，中國書店 1985 年版。李慈銘《越縵堂讀書簡端記》(由雲龍輯)，中華書局 2006 年版，第 35～36 頁。

「崎嶇」考

《玄應音義》卷 4：「崎嶇：《廣雅》：『崎嶇，傾側也。』《埤蒼》：『不安也。』經文從足作『踦䡱』，非體也。」

「崎嶇」同「踦䡱」，《六書故》：「崎嶇，險阻詰屈也。通亦作『踦䡱』。」《漢書・陸賈傳》：「今王眾不過數萬，皆蠻夷崎嶇山海間。」《說苑・奉使》作「踦䡱」。《文選・西征賦》：「倦狹路之迫隘，軌踦䡱以低仰。」李善注引《廣雅》：「踦䡱，傾側也。」六臣本、《類聚》卷 27 作「崎嶇」。

本字作「鼭䧢」、「踦區」，《說文》：「鼭，鼭䧢也。」又「區，踦區，藏匿也。」段玉裁曰：「踦區猶危部、𠂤部之鼭䧢，彼言傾側不安也，此言委曲包蔽也。」〔註 22〕李維琦曰：「『踦區即『區』，區從品在匸中，即有藏匿義。『踦，一足也。』在『踦區』一詞中，『踦』沒有實際意義。」〔註 23〕李氏拘於形，其說非也。《玄應》卷 11「鼭倒」條引《說文》：「鼭䧢，傾側不安也。」《宋書・廬江王禕傳》：「徼倖鼭䧢，僅得自免。」唐・湛然《止觀輔行傳弘決》卷 7：「區區者，踦區屈曲終日故也。」正用本字。

或作「䵢䧢」，「䵢」爲「鼭」形誤。《玄應》卷 18「欹仄」條引《說文》：「䵢䧢，傾側不安也。」

或作「陭䧢」，《史記・司馬相如傳》：「民人登降移徙，陭䧢而不安。」《漢書》作「崎嶇」。

或作「踦嶇」，《廣弘明集》卷 29《檄魔文》：「人天踦嶇，何足致隔想。」

〔註 22〕段玉裁《說文解字注》，上海古籍出版社 1981 年版，第 635 頁。

〔註 23〕李維琦《合音詞例》，收入《李維琦語言學論集》，語文出版社 2011 年版，第 20 頁。

宋、元、明、宮本作「崎嶇」。明・朱謀㙔《駢雅》卷 1：「踦嶇，傾倒也。」

或作「攲隔」，《玄應》卷 16「皺側」條引《說文》：「攲隔，傾側不安也。」

或作「敧嶇」，《宋書・恩倖傳》：「敧嶇姦矯。」或作「敧區」，周・庾信《小園賦》「敧區兮狹室，穿漏兮茅茨。」《文苑英華》卷 97 作「敧隔」，《類聚》卷 65 作「崎嶇」。

或作「崎隔」，《玉篇》：「隔，崎隔，或作嶇。」

或作「踦鮔」、「崎岠」、「踦驅」，敦煌寫卷 S.1441《鳳歸雲》：「不旦踦鮔，中朝沙磧裏。」P.2838 作「崎岠」。S.4571：「可塵億數之煩惱踦驅，分毫弁（辨）別。」

或作「崎嶇」，《集韻》：「嶇，崎嶇，山峻。」《增韻》卷 1：「嶇，崎嶇，山路。亦作嶇。」

或作「欹區」，宋・蘇轍《還潁川》：「欹區寄汝南，落泊反長社。」

或作「崎岠」，《清平山堂話本・陳巡檢梅嶺失妻記》：「前面梅嶺望著好生嶮峻崎岠，凹凸難行。」

或倒作「隔陭」，《隸釋》卷 4 漢《桂陽太守周憬功勳銘》：「增陵陗兮甚隔陭。」明・焦竑《俗書刊誤》卷 7《略記字始》：「『隔陭』即『嶇崎』字。」黃生說同〔註 24〕。

或倒作「嶇崎」，《廣韻》：「嶇，嶇崎，山路。」

《文苑英華》卷 97 唐・王勣《遊北山賦》：「遂披林樾，進陟敧隔。」注：「一作『嵒區』。」《東皋子集》作「峞嶇」。二本異文恐後人妄改。

〔註 24〕黃生《義府》卷下，收入《字詁義府合按》，中華書局 1954 年版，第 232 頁。

「熱烔烔」考

《玄應音義》卷 4：「烔烔：《埤蒼》：「烔烔然，熱皃也。」經文作燑，非體也。」《廣韻》：「烔，熱氣烔烔，出《字林》。」《龍龕手鑑》：「烔，音同，熱也，又赤烔烔也。」胡文英曰：「烔烔，音同。《韓詩》：『蘊隆烔烔。』案：烔烔，熱意。今諺有『熱烔烔』、『煖烔烔』之說。」〔註 1〕范寅曰：「煖烔烔，『同』。」〔註 2〕毛奇齡曰：「越人呼……煖之至曰煖烔烔。」〔註 3〕翟灝曰：「俗以煖之至曰煖烔烔。」〔註 4〕《杭州府志》卷 75《風俗二・諺語》：「謂煖曰煖烔烔。」〔註 5〕「熱氣烔烔」、「熱烔烔」、「煖烔烔」之語，尚可徵之今日吳語。又有「暖熱烔烔」之語〔註 6〕。

本字爲融，徐復曰：「烔爲融之後起字。《說文》：『融，炊氣上出也。以戎切。』喻四歸定，故讀舌頭矣。」〔註 7〕「融融」亦熱皃也。《左傳・隱公元年》：「大隧之中，其樂也融融！」杜預注：「融融，和樂也。」此則爲引申義。

〔註 1〕胡文英《吳下方言考》卷 1，收入《續修四庫全書》第 195 冊，上海古籍出版社 2002 年版，第 16 頁。

〔註 2〕范寅《越諺》卷下（侯友蘭等點注本），人民出版社 2006 年版，第 288 頁。「同」爲「烔」之直音。

〔註 3〕毛奇齡《越語肯綮錄》，收入《續修四庫全書》第 194 冊，上海古籍出版社 2002 年版，第 135 頁。

〔註 4〕翟灝《通俗編》卷 34，收入《續修四庫全書》第 194 冊，上海古籍出版社 2002 年版，第 618 頁。

〔註 5〕民國鉛印本。

〔註 6〕參見許寶華、宮田一郎《漢語方言大詞典》，中華書局 1999 年版，第 6522 頁。

〔註 7〕徐復《方言溯源》，收入《語言文字學叢稿》，江蘇古籍出版社 1990 年版，第 216 頁。

字或作「爞爞」，又省作「蟲蟲」，《爾雅》:「爞爞，熏也。」郭注:「旱熱熏炙人。」《詩・雲漢》:「旱既大甚，蘊隆蟲蟲。」《傳》:「蟲蟲而熱。」《釋文》:「蟲，《韓詩》作烔。」王念孫曰:「烔、爞、蟲竝聲近義同。」〔註8〕錢大昕曰:「古無舌頭舌上之分……『蟲』與『同』音不異。」〔註9〕桂馥曰:「同、虫聲相近，故烔或作爞。」〔註10〕汪東曰:「今人狀熱氣騰騰曰熱爞爞，或曰爞爞滾。」〔註11〕朱起鳳曰:「蟲即爞字之省……今俗語言煖烔烔，本此。」〔註12〕徐復、蔣禮鴻說同〔註13〕。

字或作「燑燑」、「曈曈」，《集韻》:「烔，熱氣烔烔，出《字林》。或作燑、爞。」《全唐詩》卷864徐衍《雪溪夜宴詩》:「珠光龍耀火燑燑，夜接朝雲宴渚宮。」又卷22王建《白紵歌》:「青蛾彈瑟白紵舞，夜天燑燑不見星。」《王司馬集》卷2作「曈曈」。《太平廣記》卷53引《神仙感遇傳》:「既撒油帊，氣燑燑然，尚未可辨。」

字或作「懺懺」、「忡忡」，《爾雅》:「忡忡，憂也。」《廣雅》:「懺懺，憂也。」《集韻》:「忡、懺:《說文》:『憂也。』引《詩》:『憂心忡忡。』《楚辭》作『懺懺』。」《楚辭・九歌・雲中君》:「思夫君兮太息，極勞心兮懺懺。」《文選》五臣本作「忡忡」。王逸注:「懺懺，憂心貌。懺，一作忡。」朱子註:「懺懺，心動貌。」方以智曰:「『懺懺』同『忡忡』，猶衝衝也。心之懺懺，亦謂炎熏上衝。」〔註14〕《詩・草蟲》:「未見君子，憂心忡忡。」毛傳:「忡忡，猶衝衝也。」

字或省作「同同」，晉・劉涓子《劉涓子鬼遺方》卷1:「首疽發熱八十日……身熱同同如沸者，皮頗腫，淺刺之。」沈澍農謂「同同」即「烔烔」，

〔註8〕王念孫《廣雅疏證》，收入徐復主編《廣雅詁林》，江蘇古籍出版社1998年版，第131頁。

〔註9〕錢大昕《十駕齋養信錄》卷5《舌音類隔之說不可信》，收入《嘉定錢大昕全集（七）》，江蘇古籍出版社1997年版，第137頁。

〔註10〕桂馥《札樸》卷1，中華書局1992年版，第24頁。

〔註11〕汪東《吳語》，附於《章太炎全集（七）》，上海人民出版社1980年版，第147頁。

〔註12〕朱起鳳《辭通》，上海古籍出版社1982年版，第47頁。

〔註13〕徐復《〈廣韻〉音義箋記》，收入《徐復語言文字學晚稿》，江蘇教育出版社2007年版，第167頁。蔣禮鴻《義府續貂》，收入《蔣禮鴻集》卷2，浙江教育出版社2001年版，第241頁。

〔註14〕方以智《通雅》卷9，收入《方以智全書》第1冊，上海古籍出版社1988年版，第375頁。

是也；而又謂「是先有記音之『同同』，還是先有『烔烔』再借寫爲或省寫爲『同同』，委實很難確知」〔註 15〕，則尚不知二者皆「融融」之借字也。隋・巢元方《巢氏諸病源候總論》卷 32：「首疽發背，發熱八十日……身熱同同如沸者，皮澤頗腫處淺刺之。」

音轉則爲「疼疼」、「烙烙」，敦煌寫卷 P.2578《開蒙要訓》「疼」注直音「同」。《釋名》：「疼，卑（痺－痹）氣疼疼然煩也。」《廣韻》：「烙，火威貌。」〔註 16〕《元包經》卷 3：「離炎烙烙焱烘烘。」唐・蘇源明《傳》：「炎烙烙，火之烈也。焱烘烘，炬之熾也。」敦煌寫卷 P.2931《佛說阿彌陀經講經文》：「忽涌身於霄漢，頭上火焰而烙烙，或隱質於地中，足下清波而浩浩。」

音轉又爲「終融」，敦煌寫卷 S.2614《大目乾連冥間救母變文》：「大火終融滿地明，煙霧滿滿帳（帳）天黑。」徐復曰：「『終融』就是『烙融』。」〔註 17〕「烙融」亦即「烙烙」、「融融」。

音轉又爲「騰騰」，明・賈鳧西《木皮散人鼓詞・開場》：「他想着我這寶位原是我帝摯哥哥的，我將他熱騰騰的寶位坐了七八十年，於今髮白齒落，也算快活彀了。」〔註 18〕《金瓶梅詞話》第 37 回：「自古養兒人家熱騰騰，養女人家冷清清。」《西遊記》第 53 回：「遂此四人分吃那飯，那飯熱氣騰騰的。」丁惟汾曰：「熱騰騰，熱蟲蟲也，熱烔烔也。天氣酷熱謂之『熱氣騰騰』。『騰騰』字當作『蟲蟲』。」〔註 19〕吳小如亦云：「烔之今音可轉爲騰也。」〔註 20〕皆是也。至如應鍾謂「炗音變爲烔」〔註 21〕，未可信。

〔註 15〕沈澍農《中醫古籍用字研究》，南京師範大學 2004 年博士學位論文，第 45 頁。

〔註 16〕《集韻》「威」作「盛」。

〔註 17〕徐復《敦煌變文詞語研究》，《中國語文》1961 年第 8 期，收入《語言文字學叢稿》，江蘇古籍出版社 1990 年版，第 233 頁。

〔註 18〕收入葉德輝《雙梅景闇叢書》。

〔註 19〕丁惟汾《俚語證古》卷 1，齊魯書社 1983 年版，第 4 頁。

〔註 20〕吳小如《字詞叢札》，《中華文史論叢》第 37 輯，上海古籍出版社 1986 年版，第 75 頁。

〔註 21〕應鍾《甬言稽詁・釋食》，轉引自許寶華、宮田一郎《漢語方言大詞典》，中華書局 1999 年版，第 4763 頁。

「忐忑」考

1. 「忐忑」一詞，最早收錄於金·韓道昭《五音集韻》:「忐，忐忑，心虛也，怯也，懼也。」又「忑，忐忑，心中懼怯之，出《玉篇》，昌黎子添於此。」徐渭《南詞敘錄》:「忐忑：上卯□切，下呑勒切。心不定貌。俗字也。」《校勘記》:「卯□切，據『忐』字字音，當作『呑卯切』」〔註1〕《宋元戲文輯佚·張資鴛鴦燈》:「吃了萬千控持，諳了無限磨難，受了多少忐上忑下。」元·楊朝英《樂府新編陽春白雪》後集卷5:「做時休忐忑。」《西遊記》第45回:「八戒聞言，心中忐忑。」明·屠垠《金剛經註解鐵鋑錎》卷1:「小人聞而心忐忑。」明·廣眞《吹萬禪師語錄》卷10:「萬惟光降，臨穎忐忑。」重言作「忐忐忑忑」，元·佚名《抱妝盒》第4折:「急的俺忐忐忑忑，把花言巧語謾支吾。」明·毛晉《北西廂》第5齣:「我從來駁駁劣劣，世不曾忐忐忑忑。」倒言則作「忑忑忐忐」，元·王實甫《西廂記》第2本楔子:「我從來駁駁劣劣，世不曾忑忑忐忐。」元·喬吉《一枝花·私情》套曲:「不能夠偷工夫恰喜喜歡歡，怕蹶撒也卻忑忑忐忐。」馬麥貞謂「忐忑」最早見於明代小說，來源於形容心跳的擬聲詞「忒忒」〔註2〕，是爲失考。龍小同謂「忐忑」源自3000年前的古希臘Tantalos，公元5世紀進入古漢語〔註3〕，當爲無根之談。皆不可信從。

2. 「忐忑」當是宋元時代的一種俗寫。在宋代韻書中，記錄成「憛忒」

〔註1〕徐渭《南詞敘錄》，收入《中國古典戲曲論著集成》第3集，中國戲劇出版社1959年版，第248、256頁。此例由陳敏博士檢示，謹致謝忱！

〔註2〕馬麥貞《試論後起聯綿字的形成》，《太原師範學院學報》2007年第6期。

〔註3〕龍小同《「忐忑」的由來》，《咬文嚼字》2008年第10期。又佚名《「忐忑」的形成》，《人才資源開發》2009年第5期。二文相同，當爲同一作者。

或「譚誠」，《集韻》：「憛，他感切，憛忎，心不寧。」又「譚，他感切，譚誠，言不定。」〔註 4〕《類篇》、《五音集韻》同。「憛忎」、「譚誠」同源，言不定故字從言作「譚誠」，心不定故字從心作「憛忎」。《廣韻》「襑」音他感切，亦憛、忐同音之比。

3. 「忐忑」的結構，當爲同義連文。

3.1. 「忐」爲「憛」的後起俗字。「忐」是會意字，而「憛」是形聲字，「憛」出現的時代早於「忐」。《五音集韻》二字皆讀吐敢切。字或作尋，尋古讀覃音〔註 5〕。《方言》卷 1：「尋、延，長也。海岱大野之閒曰尋，自關而西，秦晉梁益之閒，凡物長謂之尋。」《廣雅》：「覃、尋，長也。」王念孫《疏證》：「尋，亦覃也。」〔註 6〕《淮南子·繆稱篇》：「不能使無憂尋。」許愼注：「憂尋，憂長也，仁念也。」又「其憂尋推之也。」許注：「憂尋，憂深也。」于省吾曰：「尋應讀作憛。憂憛即憂思。」〔註 7〕字或作覃，《慧琳音義》卷 49：「覃思：《字書》云：『深也。』《考聲》：『長也。』下司恣反，《考聲》：『憂也。』」「覃」指憂思之深。字或作憛，《廣雅》：「憛，思也。」又「悇覃，懷憂也。」王念孫改作「悇憛」，《疏證》云：「憂與思同義。」〔註 8〕錢大昭《疏義》：「憛者，悇憛，亦憂思也。」〔註 9〕《集韻》：「憛，徒南切，憂意。」《梁書·裴子野列傳》：「性不憛憛，情無汲汲。」字或作㥏，「撢」或體作「探」，是其比。《集韻》：「憛、㥏：《博雅》：『思也。』一

〔註 4〕《漢語大字典》引「誠」誤從「感」作「諴」，《漢語大字典》（縮印本），湖北辭書出版社、四川辭書出版社 1992 年版，第 1674 頁。

〔註 5〕「潯」同「潭」，「燖」同「燂」，「鱘」同「鱏」，皆其證。《爾雅》：「流，覃也。覃，延也。」《釋文》：「覃，本又作𧟰字。孫叔然云：『古覃字。』同。」《淮南子·原道篇》：「雖游於江潯海裔。」高注：「潯讀葛覃之覃也。」又《天文篇》：「火上蕁，水下流。」高注：「蕁讀葛覃之覃。」《御覽》卷 869、935 引作「尋」。《齊俗篇》：「譬若水之下流，煙之上尋也。」亦作「尋」字。又《本經篇》：「呼吸侵潭。」于省吾曰：「潭應讀作尋。」于省吾《雙劍誃諸子新證》，上海書店 1999 年版，第 412 頁。亦其證。《漢書·揚雄傳》《反離騷》：「馳江潭之汎溢兮。」顏師古注：「潭，音尋。」

〔註 6〕王念孫《廣雅疏證》，收入徐復主編《廣雅詁林》，江蘇古籍出版社 1998 年版，第 144 頁。

〔註 7〕于省吾《雙劍誃諸子新證》，上海書店 1999 年版，第 416 頁。

〔註 8〕王念孫《廣雅疏證》，收入徐復主編《廣雅詁林》，江蘇古籍出版社 1998 年版，第 170 頁。

〔註 9〕錢大昭《廣雅疏義》，收入徐復主編《廣雅詁林》，江蘇古籍出版社 1998 年版，第 171 頁。

曰：憛悇，憂惑也。一曰：惶遽也。一曰：禍福未定意。或作惈。」《五音集韻》：「憛、惈，憛悇，懷憂。」字或作潭、譚，《韓詩外傳》卷 1：「逢天之暑，思心潭潭。」《列女傳》卷 6 作「譚譚」。字或作慘，《爾雅》：「慘，憂也。」《玄應音義》卷 22「慘烈」條引《說文》：「慘，憂皃也。」《集韻》、《類篇》：「慘，七紺切，憂戚。」字或作瞀，《方言》卷 1：「慎、瞀，憂也，宋、衛或謂之慎，或曰瞀。」郭注：「瞀者，憂而不動也，作念反。」《廣雅》：「瞀，憂也。」《廣韻》：「瞀，閉目內思。」《集韻》：「瞀，閉目思也，一曰憂也。」王念孫曰：「慘與瞀聲近義同。」〔註 10〕本字蓋爲憯，《說文》「憯，痛也。」引申訓憂。《文選・風賦》：「故其風中人狀，直憯悽惏慄。」李善注引鄭玄曰：「憯，憂也。」朱駿聲曰：「憯，字亦作瞀。」〔註 11〕「憯」與「慘」古音相通，與「尋」、「覃」古音也相通。

3.2.「忑」、「忒」亦同音借字，本字當作忒〔註 12〕。《說文》：「忒，失常也。」《玉篇》：「忒，他得切，疑也。」字或作忑，《廣韻》：「忑，它德切，忑忑，快（伏）也。」〔註 13〕《集韻》：「忑，惕得切，心懼。」《類篇》：「忑，惕德切，心懼。」《字彙》：「忑，忑忑，動心。」與「忒」同音。黃侃《廣韻》批語云：「《說文》有『忒』字，云：『失常也。』他得切，此書有忑無忒，當補。」〔註 14〕俗字作「忒忒」、「突突」，形容驚懼，即「忑忑」，初非擬聲之詞也。元・鄭光祖《傷梅香》第 3 折：「見了小姐，不由的我忒忒的怕將起來。」字或作悇，《玉篇》：「悇，丑慮切，憂也，又他姑、余庶二切。」《廣韻》：「悇，他胡切，懷憂也。」又「悇，羊洳切，憂懼。」又「悇，抽據切，憛悇，憂也。」《集韻》：「悇，通都切，憛悇，禍福未定也，一曰：

〔註 10〕王念孫《廣雅疏證》，收入徐復主編《廣雅詁林》，江蘇古籍出版社 1998 年版，第 45 頁。

〔註 11〕朱駿聲《說文通訓定聲》，武漢市古籍書店 1983 年版，第 83 頁。

〔註 12〕羅振玉《三代吉金文存》卷 18《雜器》收錄戰國楚國的一個銅勺上的銘文有「秦[illegible]之」四字，即「秦忑爲之」，龐光華《論漢語上古音無複輔音聲母》引述李家浩說，這個「忑」是同形異字，中國文史出版社 2005 年版，第 161 頁。

〔註 13〕余迺永曰：「《玉篇》：『忑，怯也。』疑快乃怯之訛字。」又「《五代刊本 P.2014》：『驚忑忑，亦作慝。』……『快也』疑當作『怯也』。《玉篇》『忑』字訓心懼，其『怯』字云：『懼也，畏也。』」今謂「快」當作「伏」，形之譌也。余說未確。《廣韻》：「懾，懾怖也，心伏也，失常也。」又「慴，伏也，懼也，怯也。」余迺永《新校互注宋本廣韻》，上海辭書出版社 2000 年版，第 529、1025 頁。

〔註 14〕黃侃《黃侃手批廣韻》，中華書局 2006 年版，第 615 頁。

憂也。」又「悇，同都切，苦憂也。」字或作慮，《集韻》：「悇、慮：楮御切，憂也，或从慮。」亦作瘉、癒、庾、瘐、愈。《詩・正月》：「父母生我，胡俾我瘉？」毛傳：「瘉，病也。」又「莠言自口，憂心愈愈。」毛傳：「愈愈，憂懼也。」朱熹《集傳》：「愈愈，益甚之意。」按：高本漢採用朱傳〔註15〕，非也。王應麟《詩攷》謂「愈愈」一作「瘐瘐」。《爾雅》：「瘐瘐，病也。」郭注：「賢人失志懷憂病也。」《釋文》：「本或作庾庾。」何楷曰：「愈與愉同字，於義難通，當依徐鍇作悆。《說文》云：『忘也，嘾也。』嘾者，含深也。蓋含憂之深而至於善忘也。」〔註16〕胡承珙曰：「何說近之。」〔註17〕陳啓源曰：「案《釋訓》云：『瘐瘐，病也。』『愈愈』字異義同，憂病義亦相通。」又云：「『愈愈』當依《爾雅》作『瘐瘐』。」〔註18〕陳奐曰：「愈即瘉之假借字。『瘐瘐』、『庾庾』即《詩》『愈愈』之異文。」〔註19〕馬瑞辰曰：「『瘐瘐』即《詩》『愈愈』之異文。《漢書・宣帝紀》：『瘐死獄中。』師古注：『瘐，字或作癒。』此詩『愈愈』即『癒癒』之省借。」〔註20〕字又作「悆」，《說文》：「悆，忘也，嘾也。」上引材料，諸家說云：

（1）朱謀㙔曰：「憛悇，貪婪也。」〔註21〕

（2）段玉裁曰：「嘾者，含深也。含深者，欲之甚也。《淮南・修務訓》高注云：『憛悇，貪欲也。』賈誼《新書・勸學篇》：『孰能無悇憛養心而顚一視之？』《匈奴篇》：『一國聞之者、見之者，垂羨而相告人，悇憛其所自。』〔註22〕按：嘾、憛，悆、悇皆古今字。悇憛猶憛悇也。若《廣雅》云：『悇憛，懷憂也。』此則其引申之義。凡求得未有不患失者。」〔註23〕

〔註15〕高本漢《詩經注釋》（董同龢譯），中華叢書編審委員會，中華民國49年版，第528頁。

〔註16〕何楷《詩經世本古義》卷18，收入景印文淵閣《四庫全書》第81冊，臺灣商務印書館1986年版，第557頁。

〔註17〕胡承珙《毛詩後箋》，黃山書社1999年版，第952頁。

〔註18〕陳啓源《毛詩稽古編》卷26、27，收入景印文淵閣《四庫全書》第85冊，臺灣商務印書館1986年版，第704、734頁。

〔註19〕陳奐《詩毛氏傳疏》，中國書店1984年據漱芳齋1851年版影印。

〔註20〕馬瑞辰《毛詩傳箋通釋》，中華書局1989年版，第601頁。

〔註21〕朱謀㙔《駢雅》卷2，收入景印文淵閣《四庫全書》第222冊，臺灣商務印書館1986年版，第522頁。

〔註22〕《賈子》「羨」作「漾」，段氏引誤。

〔註23〕段玉裁《說文解字注》，上海古籍出版社1981年版，第509頁。

（3）王念孫曰：「錢氏獻之曰：『憚，注讀探，必非憚字。據《楚辭》及馮衍賦，應作「憛悇」爲是。形之譌耳。』念孫案：錢謂謂憚當作憛，是也。然《楚辭・七諫》：『心悇憛而煩冤兮。』王注云：『悇憛，憂愁貌。』《後漢書・馮衍傳》：『終悇憛而洞疑。』李賢注引《廣蒼》云：『悇憛，禍福未定也。』皆與高注『貪欲』之義不同，唯《賈子・勸學篇》『孰能無悇憛養心』義與此同。《廣韻》：『悇，抽據切，憛悇，愛也。』義蓋本於《淮南》。」〔註 24〕按洪興祖《楚辭補注》：「悇，他胡切。憛，他闇切。一曰禍福未定。」

（4）《賈子・匈奴》吉府本、子匯本、王謨本「悇」並誤作「徐」〔註 25〕，吉府本有注：「憛，他甘切，思也，憂也。」盧文弨曰：「悇憛，《淮南子》作『憛悇』，高誘注云：『貪欲也。音探豫。』文弨案：當讀爲貪圖，今人猶有此語。」〔註 26〕《淮南子・修務篇》作「則雖王公大人有嚴志頡頏之行者，無不憚悇癢心而悅其色矣」，高注：「憚悇，貪欲也。憚悇，讀慘探之探也。」景宋本作「憛悇」，《記纂淵海》卷 60 引同。洪頤煊曰：「《廣雅》：『悇覃，懷憂也。』『悇覃』、『憚悇』皆即『悇憛』之譌。」〔註 27〕魏茂林曰：「高讀〔憚〕音與憛近，疑當作憛。」〔註 28〕

（5）承培元謂《說文》當作「悆，嘾悆也」，云：「嘾悆爲含意深念也。憚蓋憛之譌，憛悇皆俗體。」〔註 29〕

（6）桂馥曰：「嘾當爲憛，寫者以本書闕憛字，改爲嘾。《集韻》：『憛，憂意。』《類篇》：『憛，遑遽也。』……或省作覃，《廣雅》：『覃悇，懷憂也。』」〔註 30〕

〔註 24〕王念孫《淮南子雜志》，收入《讀書雜志》，中國書店 1985 年版。

〔註 25〕方向東《賈誼集匯校集解》，河海大學出版社 2000 年版，第 171 頁。

〔註 26〕《賈誼新書》盧文弨校本，收入《諸子百家叢書》，上海古籍出版社影印浙江書局本 1989 年版，第 31 頁。

〔註 27〕洪頤煊《讀書叢錄》卷 15，收入《續修四庫全書》第 1157 冊，上海古籍出版社 2002 年版，第 695～696 頁。

〔註 28〕魏茂林《駢雅訓纂》卷 3，收入《續修四庫全書》第 193 冊，上海古籍出版社 2002 年版，第 685 頁。

〔註 29〕承培元《廣說文答問疏證》，收入丁福保《說文解字詁林》，中華書局 1988 年版，第 2197 頁。

〔註 30〕桂馥《說文解字義證》，收入丁福保《說文解字詁林》，中華書局 1988 年版，第 10413 頁。

（7）毛際盛曰：「『憛悇』即『嘾悆』也。」〔註 31〕

（8）馬敘倫曰：「『嘾也』乃校者以為『憛悇』字而加之。本書無憛，故作嘾也。『憛悇』古雙聲連語。」〔註 32〕

（9）金其源曰：「憚，驚也。《說文》：『悆，喜也。』悆即悇字。憚悇者，驚喜也。」〔註 33〕

（10）朱起鳳《辭通》：「憛悇，讀若貪圖。憚即憛字之誤，今俗言『貪圖』，宜從《廣韻》作『憛悇』。《廣韻》釋『憛悇』為『愛』，《玉篇》訓『憛悇』為『憂』，疑憂亦愛字之訛。」〔註 34〕

（11）符定一曰：「憚悇，本字作『憛悇』，聲近。」〔註 35〕

（12）趙少咸曰：「（憛悇）實沿《手鑑》誤倒『悇憛』。」又云：「此『憛悇』二字倒。」〔註 36〕

（13）胡吉宣曰：「『憛悇』雙聲字，應先憛後悇，『悇』下正云『憛悇也』，倒言之為『悇憛』。《說文》當連篆文讀為『悆嘾』，即悇憛也。」〔註 37〕

（14）方向東曰：「『悇憛』疑當作『憛悇』，即『貪圖』之本字。」〔註 38〕

按：金其源說非是，符定一說是也。「覃」、「憚」並讀為「憛」，而非譌字。「鱣」或體作「鱓」，是其比。洪頤煊、錢坫（獻之）、王念孫、承培元、魏茂林、朱起鳳謂「憚」字譌，非也。「悇憛」即「憛悇」之倒言，二作均可。同義連文之詞，固可倒作也。《篆隸萬象名義》：「憛，蜍蟬也。」「蜍蟬」即「悇憚」，亦即「憛悇」之倒文。趙少咸謂「憛悇」為「悇憛」誤倒，方向東謂「悇憛」為「憛悇」誤倒，並非也。宋本《廣韻》作「愛」，當為「憂」字形誤〔註 39〕，朱起鳳說傎矣。貪欲之甚為「憛

〔註 31〕毛際盛《說文解字述誼》，收入丁福保《說文解字詁林》，中華書局 1988 年版，第 10413 頁。

〔註 32〕馬敘倫《說文解字六書疏證》，收入李圃主編《古文字詁林》第冊，上海教育出版社 2003 年版，第 1011 頁。

〔註 33〕金其源《讀書管見》，（上海）商務印書館 1957 年初版，第 405 頁。

〔註 34〕朱起鳳《辭通》，上海古籍出版社 1982 年版，第 376 頁。

〔註 35〕符定一《聯緜字典》卯集，中華書局 1954 年版，第 161 頁。

〔註 36〕趙少咸《廣韻疏證》，巴蜀書社 2010 年版，第 581、3093 頁。

〔註 37〕胡吉宣《玉篇校釋》，上海古籍出版社 1989 年版，第 1718 頁。

〔註 38〕方向東《賈誼集匯校集解》，河海大學出版社 2000 年版，第 316 頁。

〔註 39〕周祖謨曰：「愛，北宋本、巾箱本、楝亭本、景宋本作『憂』，與敦煌王韻合，當據正。」余迺永曰：「《王一》、《全王》、《廣韻》各本云：『憂也。』」蔡夢

悇」，憂思之深亦爲「憛悇」，從「覃」之字多有深長之義〔註40〕，王念孫謂二義不同，猶隔一間。胡氏前說是也，謂連篆文讀爲「悆嘾」則非。《說文》「嘾」前有「忘也」二字，不得謂連篆文讀也。「悆」、「嘾」同義，是「憛」、「悇」亦同義連文也。《玉篇》：「憛，他紺切，憛悇，懷憂也。」凡求得而患失，是爲心不寧也。《龍龕手鑑》：「憛，憛除（悇），懷憂也。」「除」爲「悇」形誤。「憛悇」音轉爲「怹忒」或「譠䛫」，俗作「貪圖」。

4. 「憛悇」、「悇憛」最早出現於《淮南子》、《賈子》，蓋南楚方言。其本義爲深長，有二用：一爲貪欲之甚，一爲憂思之深。在北方語系，「憛悇」之下字「悇」音轉爲他得切，俗寫作「怹忒」、「譠䛫」、「忐忑」之形，其義則專指心不寧，由憂思之深引申而來。

5. 附帶辨正二條韻書及諸家校說的得失。

（1）《廣韻》：「憛，他紺切，憛悷，懷憂。」周祖謨曰：「悷，北宋本、巾箱本、黎本作悇，與敦煌《王韻》及《玉篇》合。案《御韻》抽據切『悇』下云：『憛悇，憂也。』當據正。」〔註41〕

按：周說是也，《五音集韻》正作「憛悇，懷憂」。

（2）《廣韻》：「悷，蘇紺切，憛悷，失志。」《五音集韻》同。余迺永曰：「按正文及注文『悷』均即悇字之誤，且應乙倒爲『悇憛』。周校：『此字《集韻》作怺。』龍校：『悷字、怺字並不詳所出，《全王》、《王一》、《王二》無此字。《集韻》收悷爲憛字或體。本書「憛」

麒曰：「憂，原訛作『愛』，據《廣韻》各本改。」周祖謨《廣韻校本（下）》，中華書局 2004 年版，第 373 頁。余迺永《新校互注宋本廣韻》，上海辭書出版社 2000 年版，第 363 頁。蔡夢麒《廣韻校釋》，嶽麓書社 2007 年版，第 809 頁。余氏校本晚於周書，而不作按斷，所謂後出轉粗也。

〔註40〕《說文》：「覃，長味也。」又「嘾，含深也。」又「瞫，深視也。」又「燂，火熱也。」又「醰，酒味苦也。」《玉篇》：「譚，大也。」《廣韻》：「撢，深取。」又「膻，食味美。」又「潭，深水貌。」又「鷤，長味。」《集韻》「醰、膻，厚味，或作膻。」又「譚，大也。」又「驔，馬豪骭曰驔。」《玄應音義》卷 5：「楚人名深曰潭。」又卷 7：「潭，深也。」皆其例。另參見蕭旭《〈史記·陳涉世家〉「沈沈」疏證》，《澳門文獻信息學刊》第 7 期，2012 年 10 月出版。《玉篇》、《廣韻》：「醰，酒味不長。」段玉裁、胡吉宣並謂「不」字爲衍文。段玉裁《說文解字注》，上海古籍出版社 1981 年版，第 748 頁；胡吉宣《玉篇校釋》，上海古籍出版社 1989 年版，第 5848 頁。

〔註41〕周祖謨《廣韻校本（下）》，中華書局 2004 年版，第 479 頁。

下云：「憛⿰忄罙，懷憂。」「憛⿰忄罙」爲「悇憛」之誤。出《廣雅》。疑此「⿰忄罙」即「悇」之誤字。失志與懷憂義通。《集韻》作⿰忄宋者，蓋又依⿰禾頁、俕諸字改之。其注云：「憛⿰忄宋，憂惑也。」正是本書「憛」下訓義。』」〔註42〕

按：「⿰忄罙」本「憛」字或體，非此之誼。余氏謂應乙倒爲「悇憛」，非也。龍氏、余氏謂此條「⿰忄罙」爲「悇」字之誤，乃據釋義「失志」以說之。《廣韻》明明指出「⿰忄罙」讀蘇紺切，以音求之，則「⿰忄罙」當據《集韻》作「⿰忄宋」，《集韻》、《類篇》並云：「⿰忄宋，蘇紺切，憛⿰忄宋，憂惑也。」字本作「俕」。《玉篇》：「僋，他紺切，僋俕，老無宜適也。」又「俕，先紺切，僋俕。」《廣韻》：「僋，他紺切，僋俕，癡皃。」又「俕，蘇紺切，僋俕。」又「僋，僋伸皃。又僋俕，不淨。」徐復曰：「按俕從宋聲，因受僋字同化，故改讀爲勘韻之音。」〔註43〕胡吉宣曰：「《切韻》云：『僋俕，癡皃。』又云：『僋俕，非清潔。僋亦作撢。』《集韻》：『僋俕，老無宜適，一曰癡皃。』又『癡謂之僋傪。』本書：『傝偛，惡也。』『儑，不慧也。』《切韻》云：『傝儑，不著事。』『傝儑』、『傝偛』並與『僋俕』同。」〔註44〕胡說是也。《集韻》：「僋，郎紺切，僋俕，癡皃。」又「俕，蘇紺切，僋俕，老無宜適，一曰痴皃。」《類篇》：「俕，桑感切，僋俕，無儀。又蘇紺切，僋俕，老無宜適。一曰癡皃。」朱謀㙔曰：「僋俕，不慧也。」〔註45〕《路史》卷3：「叔末之人，佔侸僋俕，綦溪利跂。」「僋」、「憛」音同，「憛⿰忄宋」即「僋俕」。音轉又爲「答颯」、「踏趿」、「垃圾」等數十形〔註46〕。音轉又作「僋傪」〔註47〕，《集韻》：「僋，他含切，癡謂之僋傪。」

〔註42〕余迺永《新校互注宋本廣韻》，上海辭書出版社2000年版，第945頁。

〔註43〕徐復《變音疊韻詞纂例》，收入徐復《語言文字學叢稿》，江蘇古籍出版社1990年版，第131頁。

〔註44〕胡吉宣《玉篇校釋》，上海古籍出版社1989年版，第525頁。

〔註45〕朱謀㙔《駢雅》卷2，收入景印文淵閣《四庫全書》第222冊，臺灣商務印書館1986年版，第522頁。

〔註46〕參見蕭旭《「垃圾」考》，《中國語學研究·開篇》第28卷，日本好文2009年出版，收入《群書校補》，廣陵書社2011年版，第1383～1392頁。

〔註47〕《廣韻》、《集韻》「⿰米宋」、「⿰扌宋」二字並音桑感切，與糝同音。《廣韻》：「⿰禾頁，顉⿰禾頁，搖頭皃。」又「⿰參頁，顉⿰參頁，搖頭皃。」又「⿰彳參，顉⿰彳參。」《集韻》：「傪、⿰彳參：桑感切，顉傪，動也，或从彳。」又「⿰參頁，顉⿰參頁，首動皃。」「顉⿰禾頁」即「顉⿰參頁」、「顉⿰彳參」、「顉傪」也。趙少咸曰：「⿰禾頁，按此與⿰參頁聲義俱同，蓋音有上去之別，

朱謀㙔曰：「傖儳，不慧也。」〔註 48〕毛奇齡曰：「越俗以……䏘縮不達曰打傖傢，音探糝去聲。」〔註 49〕《廣韻》、《集韻》、《類篇》「憛傺（悇）」釋爲「失志」、「憂惑」，並非。李維琦謂「傖儳」合音爲「憨」〔註 50〕，亦無所據。

遂將從參得聲之字變作去聲之宋。」《篇海類編》：「𢓭，蘇紺切，音傢，抵𢓭也。」此皆「傢」音轉作「儳」之證。𩑵、䫲訓搖頭皃，今吳語猶然，如說「頭不要𩑵」；引申之，他物之搖動，亦曰𩑵，如說「𩑵動」。字亦作㨝，《集韻》：「㨝，撼㨝，搖也。」《鉅宋廣韻》、《五音集韻》、《龍龕手鑑》並云：「㨝，撼㨝，搖動也。」趙少咸《廣韻疏證》，巴蜀書社 2010 年版，第 3093～3094 頁。

〔註 48〕朱謀㙔《駢雅》卷 2，收入景印文淵閣《四庫全書》第 222 冊，臺灣商務印書館 1986 年版，第 522 頁。

〔註 49〕毛奇齡《古今通韻》卷 10，收入景印文淵閣《四庫全書》第 242 冊，臺灣商務印書館 1986 年版，第 232 頁。

〔註 50〕李維琦《合音詞例》，收入《李維琦語言學論集》，語文出版社 2011 年版，第 14 頁。

「煒爗」考

《玄應音義》卷 1：「煒爗：《方言》：『曝，盛貌也。』經文作瑋曄，非體也。」按：《慧琳》卷 17「煒爗」作「煒燁」，引《方言》作「燁，盛也。」今本《方言》卷 12 作「焜、曅，晠也。」郭璞注：「韡曅、焜燿，晠貌也。」「曝」爲「燁」之誤，「燁」同「曅」、「曄」。「煒爗」即「韡曅」。敦煌寫卷 S.1086《兔園策府》：「王褒韡曅而秀發，揚雄含章而挺生。」

字或作「煒燁」，《龍龕手鑑》：「煒，煒燁，火光威盛貌也。」

或作「瑋曄」，《可洪音義》卷 3：「瑋曄：上云鬼反，下云輒反。」《改併五音類聚四聲篇海》：「曄，於涉切，瑋曄也。」

字或作「暐曄」，《廣韻》：「暐，暐曄。」敦煌寫卷 P.3906《碎金》：「暐曄：于鬼、于劫反。」《玄應音義》卷 2：「煒爗：《方言》：『煒爗，盛貌也。』」此條爲《大般涅槃經》卷 38《音義》，檢經文作「顏色暐曄」。

字或作「煒曄」，《文選・七命》：「觀聽之所煒曄也。」李善注引《方言》：「煒，盛也。」郭璞曰：「煒曄，盛貌也。」《可洪音義》卷 2：「煒曄：上云鬼反，下云輒反。」

字或作「煒曅」，《可洪音義》卷 13：「煒曅：上云鬼反，下云輒反。」

「邂逅」考

「邂逅」字或作「解覯」、「解遘」、「邂遘」，《詩・野有蔓草》：「邂逅相遇，適我願兮。」毛傳：「邂逅，不期而會，適其時願。」《釋文》：「遘，本亦作逅。」陳奐曰：「案傳文『邂逅』下奪『相遇適我願兮』六字……是『不期而會』謂之『遇』，非『不期而會』謂之『邂逅』也。『邂逅』有『適願』之義，《穀梁傳》云：『遇者志相得也。』『志相得』即《詩》所謂『適我願』也。《綢繆》傳云：『邂逅，解說也。』『解說』猶說懌，亦是適我願之意……此徑（經）轉寫者刪去複句未盡，遂誤以傳文『不期而會』四字專釋『邂逅』二字，沿譌至今，直以『邂逅』爲塗遇之通稱，學者失其義久矣。『邂逅』當依《綢繆》《釋文》作『解覯』，《淮南子・俶眞篇》：『孰肯解構人間之事。』高注云：『解構，猶合會也。』構與覯通。」《詩・綢繆》：「見此邂逅。」毛傳：「邂逅，解說之貌。」陳奐曰：「《韓詩》云：『(邂覯)，不固之貌。』固，蔽也。不固，不蔽見也……解說者，志相得也。」〔註 1〕王先謙曰：「陳說是，『解說』乃相悅以解之意，思見其人，求而忽得，則志意開豁，歡然相迎，即所謂『邂逅』矣。」〔註 2〕「邂逅」，指志相合，亦即「適願」、「悅懌」之義；《韓詩》云：「邂逅，不固之貌。」「不蔽見」即「會合」也。諸義並相會。胡承珙曰：「『邂逅』字只當作『解構』，但爲『會合』之意……蓋凡君臣、朋友、男女之遇合，皆可言之。《魏志・崔季珪傳》注：『大丈夫爲有邂逅耳。』亦是遇合之意。《傳》云『解說之貌』，即因會合而心解意說耳。」〔註 3〕二氏

〔註 1〕陳奐《詩毛氏傳疏》，中國書店 1984 年據漱芳齋 1851 年版影印。
〔註 2〕王先謙《詩三家義集疏》，中華書局 1987 年版，第 371 頁。
〔註 3〕胡承珙《毛詩後箋》，黃山書社 1999 年版，第 528～529 頁。

說甚確，足以發千載之覆。馬瑞辰曰：「逅與姤同，古文作遘……『邂逅』通作『解覯』，《綢繆》《釋文》云『本作「解覯」』，是也。又作『解構』……古『邂逅』字正作『解遘』，『邂逅』爲後作字，『覯』與『構』皆假借字也。《爾雅》：『薢茩，芙光。』郭注引或曰：『蔆也。關西謂之薢茩。』則『薢茩』又菱角之別名。」又曰：「《傳》云『解說之貌』者，《釋文》：『邂，本亦作解。逅，本又作覯。說，音悅。』《廣雅》：『解，悅也。』……其實此詩『邂逅』亦爲遇合。」〔註4〕姜亮夫曰：「艸木之棱然角者亦曰『薢茩』。」〔註5〕蓋以命名交構成角之植物爲「薢茩」。宋・馬永卿《嬾眞子》卷4：「蓋謂可以解去垢穢，或恐以此得名。」馬說未得。高本漢謂「《莊子》『解垢』、《淮南子》『解遘（構）』，意義都是『假造』，他們和《詩經》裏的『邂逅』沒有關係」〔註6〕，則誤矣，「假造」亦引申義。

字或作「迦逅」，《集韻》：「邂，邂逅，解說皃，或作迦。」《太玄・迎》：「迎父迦逅。」晉・范望注：「迦逅，邂逅，解脫之貌也。」「解脫」即「解說」、「悅懌」之義。《別雅》卷4：「迦逅、邂遘，邂逅也。」姜亮夫曰：「『邂逅』聲轉爲『解構』，字亦作『迦逅』。」〔註7〕

字或作「解后」，《六書故》：「邂逅，行適相直也。古借用『解后』。」後世誤爲「不期而會」義，宋・釋道潛《慕容居士雙楠軒》：「故人解后相逢遇，指點婆娑索新句。」宋・范成大《送江朝宗歸括蒼》：「半生三解后，相看成老翁。」

字或作「解垢」、「解詬」，《莊子・胠篋篇》：「解垢同異之變。」敦煌寫卷S.796作「解詬」。《釋文》：「解垢，或云：『詭曲之辭。』」成玄英疏：「解垢，詐僞也。」《集韻》：「解垢，詭曲也。」洪頤煊曰：「《天地篇》：『使喫詬索之而不得也。』《釋文》：『司馬云：「喫詬，多力也。」』」〔註8〕武延緒謂「解垢」即《淮南子》、《後漢書》之「解構」，云「垢讀若構，解垢猶間

〔註4〕馬瑞辰《毛詩傳箋通釋》，中華書局1989年版，第287、346頁。

〔註5〕參見姜亮夫《詩騷聯綿字考》，收入《姜亮夫全集》卷17，雲南人民出版社2002年版，第289頁。

〔註6〕高本漢《詩經注釋》（董同龢譯），中華叢書編審委員會，中華民國49年版，第250頁。

〔註7〕參見姜亮夫《詩騷聯綿字考》，收入《姜亮夫全集》卷17，雲南人民出版社2002年版，第288頁。

〔註8〕洪頤煊《莊子叢錄》，收入《讀書叢錄》卷14，《續修四庫全書》第1157冊，上海古籍出版社2002年版，第681頁。

構也。」〔註 9〕馬其昶曰：「『解垢』即『喫詬』，《集韻》：『喫詬，力諍也。』」〔註 10〕馬敘倫曰：「解借爲謑，垢借爲詬。《說文》：『謑詬，恥也。』」〔註 11〕鍾泰曰：「『解垢』猶『邂逅』，不期而遇合曰邂逅，引申之，無因而造說亦曰邂逅。逅一作遘……邂逅、解垢、解構、解搆，用字雖殊，取義則一也。」〔註 12〕用爲名詞，指捏造之辭、交構之言，故舊解爲「詐僞」、「詭曲之辭」。《釋文》：「司馬、崔云：『解垢，隔角也。』」林希逸說同。朱謀㙔曰：「解垢，違忤也。」〔註 13〕羅勉道曰：「解，散也。垢，身後之塵也。」〔註 14〕陳壽昌曰：「解，辯之晰也。垢，語之汙也。」〔註 15〕楊柳橋曰：「解，疑借爲乖。垢，疑借爲隔。」〔註 16〕並非也。

字或作「解構」，《淮南子・俶眞篇》：「孰肯解構人間之事，以物煩其性命乎？」高注：「解構，猶合會也。煩，辱也。」洪頤煊曰：「《後漢書・隗囂傳》：『勿用傍人解構之言。』《竇融傳》：『亂惑眞心，轉相解搆。』《莊子・胠篋篇》：『解垢同異之變。』《詩・野有蔓草》：『邂逅相遇。』《綢繆》：『見此邂逅。』其音義並同。」〔註 17〕朱駿聲曰：「構，叚借爲遘。」〔註 18〕鈕樹玉曰：「邂逅，通作『解覯』，亦作『解構』。」〔註 19〕鄭珍曰：「邂逅，又借作『解構』。」〔註 20〕《淮南子・詮言篇》：「行所不得已之事，而不解構耳。」俞樾曰：「『解垢』即『邂逅』也。『邂逅』二字各自爲義，邂之言解散也，逅

〔註 9〕武延緒《莊子札記》卷 2，永年武氏壬申歲刊所好齋札記本（民國 21 年），第 7 頁。

〔註 10〕馬其昶《莊子故》，黃山書社 1989 年版，第 70 頁。

〔註 11〕馬敘倫《莊子義證》卷 10，收入《民國叢書》第 5 編，商務印書館中華民國 19 年版。

〔註 12〕鍾泰《莊子發微》，上海古籍出版社 2002 年版，第 216～217 頁。鍾說「不期而遇合曰邂逅」稍失之。

〔註 13〕朱謀㙔《駢雅》卷 1，收入景印文淵閣《四庫全書》第 222 冊，臺灣商務印書館 1986 年版，第 517 頁。

〔註 14〕羅勉道《南華眞經循本》卷 11，收入《續修四庫全書》第 956 冊，上海古籍出版社 2002 年版，第 181 頁。

〔註 15〕陳壽昌《南華眞經正義》，光緒十九年怡顏齋刊本。

〔註 16〕楊柳橋《莊子譯詁》，上海古籍出版社 1991 年版，第 183 頁。

〔註 17〕洪頤煊《淮南子叢錄》，收入《讀書叢錄》卷 16，《續修四庫全書》第 1157 冊，上海古籍出版社 2002 年版，第 697 頁。

〔註 18〕朱駿聲《說文通訓定聲》，武漢市古籍書店 1983 年版，第 352 頁。

〔註 19〕鈕樹玉《說文新附考》，鈕氏非石居本。

〔註 20〕鄭珍《說文新附考》，巵進齋叢書本。

之言構會也。故亦作『解構』。構爲合會，解非合會而連言之曰解構，古人之辭往往如此。」〔註21〕俞氏謂「邂之言解散」，而分訓之，非也。

字或作「解搆」，《淮南子・人間篇》：「或明禮義、推道體而不行；或解搆妄言而反當。」「解構（搆）」爲兩漢前成語，猶言合會、遇合、交構，《淮南子》3例是也；引申爲「紛亂」、「離間」、「揑造」，《後漢書》2例是也。《後漢書・隗囂傳》李賢注：「解構，猶間構也。」此解與高注並是也。桂馥引此例以證《說文》「講，和解也」〔註22〕，失之。《後漢書・竇融傳》李賢注：「解搆，相解說而結搆。」以「解」爲「解說」，此說失之。

字或作「解果」、「蟹螺」、「蟹堁」、「蟹堁」，《荀子・儒效篇》：「是俗人者，逢衣淺帶，解果其冠。」楊倞註：「解果，未詳。或曰：解果，狹隘也。左思《魏都賦》曰：『風俗以韰倮爲嫿。』韰下界反，倮音果，嫿音獲，靜好也。或曰：《說苑》：『淳于髡謂齊王曰：「臣笑鄰圃之祠田，以一壺酒、三鮒魚，祝曰：蟹螺者宜禾，汙邪者百車。」』蟹螺，蓋高地也。今冠蓋亦比之，謂彊爲儒服而無其實。」「韰倮」與「解果」、「蟹螺」義不同〔註23〕。楊氏所引《說苑》見《尊賢篇》，今本作「蟹堁者宜禾，洿邪者百車」，又《說苑・復恩篇》：「下田洿邪，得穀百車，蟹堁者宜禾。」《御覽》卷837引作「蟹堁」。姜亮夫曰：「解果其冠，言間構其冠也。『間構』即『結構』、『交構』，蓋又『糾纏紛援』之引申也。」〔註24〕「蟹螺」、「蟹堁」、「蟹堁」即「解果」，交構也，故以喻高。《御覽》卷391引《說苑》作「雞堁」，有注：「雞堁，雞肝黑土。」「雞」當作「谿」，「谿堁」即「谿詬」、「謑詬」，參下文。彼注「雞肝」，望文生訓。楊倞註引或說解爲「狹隘」，《駢雅》卷1：「解果，狹小也。」孫詒讓曰：「堁，塵壓也。此蟹即解之借字。解堁，言土散解如灰塵者。《荀子》注作『蟹螺』，乃聲之誤；《御覽》作『雞堁』，尤繆，不足據。」〔註25〕又曰：「蟹即解之叚字，蟹堁即粉解也。」〔註26〕朱駿聲

〔註21〕俞樾《群經平議》，收入王先謙《清經解續編》，鳳凰出版社2005年版，第6854頁。

〔註22〕桂馥《説文解字義證》，齊魯書社1987年版，第203頁。

〔註23〕方以智《通雅》卷17：「解果，猶蟹螺也。韰倮，言狹而果也，音義全與『解果』、『蟹螺』不同。」收入《方以智全書》第1冊，上海古籍出版社1988年版，第614頁。

〔註24〕參見姜亮夫《詩騷聯綿字考》，收入《姜亮夫全集》卷17，雲南人民出版社2002年版，第289頁。

〔註25〕孫詒讓《札迻》，中華書局1989年版，第256頁。

曰：「果者累之誤字。」〔註 27〕俞樾曰：「解果，古語也……《荀子・富國篇》：『和調累解。』又《韓非子・揚推篇》：『若天若地，是謂累解。』『累解』亦即『蟹螺』也……語有倒順耳。《說苑》以『蟹螺』、『汙邪』對文，則『蟹螺』猶平正也。」〔註 28〕劉師培曰：「案『蟹螺』，今《說苑》作『蟹堁』，《史記・滑稽傳》則作『甌窶』，《正義》以爲高地狹小之區。蓋『蟹螺』倒文爲『螺蟹』，與『甌窶』一聲之轉……『甌窶』即『岣嶁』、『痀僂』，山巓爲岣嶁，曲脊爲岣嶁。凡物之中高而旁下者，其音皆近於『甌窶』。」〔註 29〕王天海曰：「解果，當讀作『懈墮』。懈墮其冠，猶言冠纓不繫，其冠鬆懈欲脫之狀。」〔註 30〕日本學者桃氏曰：「蟹甲中隆，比地不平。堁當作螺，與蠃通，蜯屬。」〔註 31〕或曰：「蟹螺，音傴僂。」〔註 32〕並失之。

字或作「䜖詬」、「譙詬」、「謑詬」、「謑詢」、「謑啕」，《漢書・賈誼傳》：「䜖詬無節。」顏師古注：「䜖詬，無志分。」《呂氏春秋・誣徒》：「草木雞狗牛馬不可譙詬遇之，譙詬遇之則亦譙詬報人。」《原本玉篇殘卷》「謑」字條引作「謑詬」，又引《說文》：「謑詬，恥辱也。」高誘注：「譙詬，猶禍惡也。」畢沅曰：「『譙詬』疑即『䜖詬』，謂遇之不如其分也。彼顏注『無志分』，此注云『禍惡』，亦各以意解耳。」〔註 33〕《說文》：「謑，恥也；䜖，謑或從奊。詬，謑詬，恥也。」《楚辭・九思・遭厄》：「起奮迅兮奔走，違群小兮謑詢。」王注：「謑，恥辱垢陋之言也。詢，一作啕。」姜亮夫曰：「『䜖詬』、『解垢』亦聲轉也……『謑詬』、『䜖詬』義亦相同。」〔註 34〕諸詞中心詞義皆爲「交構」，引申爲「辱罵」、「羞辱」。高氏、顏氏順文爲解，義亦相會。

〔註 26〕孫詒讓《周禮正義》，中華書局 1987 年版，第 1184 頁。
〔註 27〕朱駿聲《說文通訓定聲》，武漢市古籍書店 1983 年版，第 529 頁。
〔註 28〕俞樾《古書疑義舉例》，收入《古書疑義舉例五種》，中華書局 1956 年版，第 138 頁。
〔註 29〕劉師培《荀子補釋》，收入《劉申叔遺書》，江蘇古籍出版社 1997 年版，第 952 頁。
〔註 30〕王天海《荀子校釋》，上海古籍出版社 2005 年版，第 316 頁。
〔註 31〕轉引自左松超《說苑集證》，（臺）國立編譯館 2001 年版，第 360 頁。
〔註 32〕《古今圖書集成》《字學典》卷 36《音義部彙考》二十六《釋適之金壺字考・諸字音釋》，中華書局民國影本。
〔註 33〕轉引自王利器《呂氏春秋注疏》，巴蜀書社 2002 年版，第 454 頁。
〔註 34〕參見姜亮夫《詩騷聯綿字考》，收入《姜亮夫全集》卷 17，雲南人民出版社 2002 年版，第 289 頁。

字或作「謑髁」，《莊子・天下》：「謑髁無任。」《釋文》：「謑髁，訛倪不正貌。王云：『謂謹刻也。』」成玄英疏：「謑髁，不定貌。」林希逸曰：「謑髁，不正不定之貌。」朱謀㙔曰：「謑髁、訛倪，欹邪也。」〔註35〕宣穎曰：「謑髁，不正貌。蓋圓轉不任職事也。」〔註36〕譚戒甫曰：「謑髁，《說文》、《呂覽・誣徒》作『謑訽』，《荀子・非十二子篇》作『謑詢』，《漢書・賈誼傳》又省作『奊詬』，與下文『縱脫』義同，均謂委曲隨順也。」〔註37〕高步瀛曰：「《說文》：『謑詬，恥也。』重文作『謨』，《漢書・賈誼傳》：『奊詬無節。』以奊爲之。詬、髁一聲之轉。」〔註38〕「謑髁」亦詭曲、不正之義。郭嵩燾曰：「《說文》：『謑詬，恥也。』《釋名》：『踝，〔确也〕，居足〔兩〕旁磽确〔然也〕。』謑髁，謂堅确能忍恥辱。」〔註39〕羅勉道曰：「謑，忍恥。髁，獨行。」〔註40〕馬敘倫曰：「謑髁，即『懈惰』之借。」〔註41〕楊柳橋曰：「朱駿聲：謑，借爲奊，《說文》：『奊，頭衺骫奊態也。』髁，當借爲竵，《說文》：『竵，不正也。』即今之『歪』字。」〔註42〕並失之。

字或作「謑詬」、「㗱詬」、「契溝」、「偞詬」，《莊子・天地》：「使㗱詬索之而不得也。」《類聚》卷84引作「契溝」，《初學記》卷27引作「偞詬」，王叔岷曰：「並聲近相通。」〔註43〕《釋文》：「㗱，口懈反。詬，口豆反。司馬云：『㗱詬，多力也。』」《胠篋篇》《釋文》：「解，苦懈反。垢，苦豆反。」讀音正同，是「㗱詬」即「解垢」也。成玄英疏：「㗱詬，言辨（辯）也。」郭嵩燾曰：「《集韻》云『㗱詬，力諍』者是也。司馬云：『㗱詬，多力也。』

〔註35〕朱謀㙔《駢雅》卷2，收入景印文淵閣《四庫全書》第222冊，臺灣商務印書館1986年版，第523頁。

〔註36〕宣穎《南華經解》，同治五年半畝園刊本。

〔註37〕轉引自沙少海《莊子集注》，貴州人民出版社1987年版，第353頁。

〔註38〕高步瀛《先秦文舉要》，中華書局1991年版，第140頁。

〔註39〕轉引自郭慶藩《莊子集釋》，中華書局1961年版，第1089頁。缺字據今本《釋名》補。

〔註40〕羅勉道《南華眞經循本》卷27，收入《續修四庫全書》第956冊，上海古籍出版社2002年版，第286頁。

〔註41〕轉引自方勇、陸永品《莊子詮評》，巴蜀書社1998年版，第895頁。馬氏後修訂爲：「謑者，《說文》與『謨』爲一字，此借爲奊。踝借爲骫。」馬敘倫《莊子義證》卷33，收入《民國叢書》第5編，商務印書館中華民國19年版。另參見馬敘倫《讀書續記》卷4，中國書店1985年版，第23頁。馬氏自訂舊說「懈惰」之誤。

〔註42〕楊柳橋《莊子譯詁》，上海古籍出版社1991年版，第709頁。

〔註43〕王叔岷《莊子校詮》，中華書局2007年版，第423頁。

誤。」〔註 44〕洪頤煊曰：「『喫詬』當作『雟詬』。」〔註 45〕馬敘倫曰：「喫為謑之譌也。」〔註 46〕皆不必認為字誤。《廣雅》：「謑詬，恥也。」王念孫曰：「『謑詬』、『謑訽』、『謨詬』、『雟詬』，竝字異而義同。」錢大昭說略同〔註 47〕。姜亮夫曰：「司馬云『多力也』，義亦可相成。」〔註 48〕鍾泰曰：「『喫詬』即《胠篋篇》之『解垢』，故《初學記》引此即作『僻詬』，謂巧辯也。」〔註 49〕劉文典曰：「喫詬，疑即『謨詬』，謨即謑字。《荀子·非十二子篇》：『無廉恥而任謑詬。』謂詈罵也。亦即本書《天下篇》之『謑髁』。」〔註 50〕《廣韻》：「諰詬，巧言才也。」《文苑英華》卷 100 賈餗《百步穿楊葉賦》：「克中之時，諰詬不能以施力；造微之處，離婁不得以爭明。」宋·彭叔夏《文苑英華辨證》卷 1：「《莊子》本作『喫詬』。喫，口僻反。喫詬，多力也。」姜亮夫曰：「巧言才，言有善為間構之言之才也。聲義皆相近。」〔註 51〕諸說並得之。羅勉道曰：「喫詬，喫人詬罵，無能者也，是巧者之反。」〔註 52〕《淮南子·人間篇》：「使離朱捷剟索之。」許注：「捷剟，疾利。」又《修務篇》：「雖有離朱之明，攫掇之捷。」劉文典曰：「『喫詬』疑是『捷剟』、『攫掇』之聲轉，皆疾利、捷疾之義。司馬注非。」〔註 53〕「捷剟」

〔註 44〕轉引自郭慶藩《莊子集釋》，中華書局 1961 年版，第 415 頁。郭氏謂司馬說誤，可謂知二五而不知一十，失之一間。又引郭嵩燾曰：「《廣韻》『喫，同『𪐴』。』𪐴，聲也。詬，怒也。怒亦聲也。」失之。

〔註 45〕洪頤煊《莊子叢錄》，收入《讀書叢錄》卷 14，《續修四庫全書》第 1157 冊，上海古籍出版社 2002 年版，第 681 頁。

〔註 46〕馬敘倫《莊子義證》卷 12，收入《民國叢書》第 5 編，商務印書館中華民國 19 年版。

〔註 47〕王念孫《廣雅疏證》、錢大昭《廣雅疏義》，並收入徐復主編《廣雅詁林》，江蘇古籍出版社 1998 年版，第 309 頁。《廣雅》「詬」誤作「話」，從王念孫、錢大昭說訂正。

〔註 48〕參見姜亮夫《詩騷聯綿字考》，收入《姜亮夫全集》卷 17，雲南人民出版社 2002 年版，第 289 頁。

〔註 49〕鍾泰《莊子發微》，上海古籍出版社 2002 年版，第 254 頁。

〔註 50〕轉引自錢穆《莊子纂箋》，臺灣東大圖書股份有限公司 1985 年第 5 版，第 94 頁。然劉氏《莊子補正》、《三餘札記》並無此語，疑錢氏誤錄，待檢。

〔註 51〕參見姜亮夫《詩騷聯綿字考》，收入《姜亮夫全集》卷 17，雲南人民出版社 2002 年版，第 290 頁。

〔註 52〕羅勉道《南華眞經循本》卷 13，收入《續修四庫全書》第 956 冊，上海古籍出版社 2002 年版，第 191 頁。

〔註 53〕劉文典《莊子補正》，收入《劉文典全集（2）》，安徽大學出版社、雲南大學出版社 1999 年版，第 334 頁。

即「攫掇之捷」，與「喫詬」判然不同。楊柳橋曰：「喫，當借爲挈。詬，當借爲鉤，實借爲捉。」〔註 54〕並未確。

〔註 54〕楊柳橋《莊子譯詁》，上海古籍出版社 1991 年版，第 217 頁。

「抑鬱」考

1. 「抑鬱」最早見於《漢書》，共 2 見。《司馬遷傳》《報任少卿書》：「顧自以爲身殘處穢，動而見尤，欲益反損，是以抑鬱而無誰語。」又《谷永傳》《與譚書》：「以大將軍在，故抑鬱於家，不得舒憤。」

字或作「堙鬱」、「壹鬱」，《史記・賈誼傳》《弔屈原賦》：「獨堙鬱兮其誰語。」《賈子》、《漢書》作「壹鬱」，顏師古注：「壹鬱，猶抑鬱也。」

字或作「伊鬱」、「伊蔚」，《文選・北征賦》：「諒時運之所爲兮，永伊鬱其誰訴。」張銑注：「伊鬱，憂怨也。」又《景福殿賦》：「感乎溽暑之伊鬱，而慮性命之所平。」李善注：「伊鬱，煩熱貌。」呂向注：「伊鬱，氣不通也。」《後漢書・崔寔傳》李賢注引《楚詞》：「獨伊蔚而誰語也。」《通鑑》卷 53 胡三省註引《楚詞》作「伊鬱」。

字或作「縕寃」，《文選・長笛賦》：「蚡緼蟠紆，縕寃蜿蟺。」呂向注：「蚡緼蟠紆、縕寃蜿蟺，聲相糾亂之貌。」李善注：「縕寃蜿蟺，盤屈搖動貌。」李注不確。明・盧柟《天目山賦》：「颼瀏慷慨，縕寃隕抑。」

字或作「湮鬱」，《抱朴子內篇・暢玄》：「舒闡湮鬱。」

字或作「禋鬱」，明・楊慎《丹鉛餘錄》卷 17 引《大禹岣嶁碑》：「禋鬱塞昏徙。」

字或作「絪縕」、「氤氳」、「壹縕」，《易・繫辭下》：「天地絪縕，萬物化醇。」《釋文》：「絪，本又作氤，同，音因。緼，本又作氳。」孔穎達疏：「絪緼，相附著之義。」《白虎通義・嫁娶》、《御覽》卷 15、360 引《易》並作「氤氳」。《漢書・揚雄傳》《河東賦》：「絪緼玄黃，將紹厥後。」顏師古注：「絪緼，天地含（合）氣也。」《隸釋》卷 10《幽州刺史朱龜碑》：「星精壹縕。」

洪适曰：「碑以壹縕爲絪縕。」《路史》卷 1：「天地壹縕。」

字或作「烟熅」，《廣雅》：「烟烟、熅熅，元氣也。」《後漢書・班固傳》《東都賦》：「降烟熅，調元氣。」李賢注：「《易》曰：『天地絪縕。』」又《張衡傳》：「歌曰：『天地烟熅，百卉含蘤。』」

字或作「紆鬱」，《楚辭・九歎・憂苦》：「志紆鬱其難釋。」王逸注：「紆，屈也。鬱，愁也。」失之。《玉臺新詠》卷 4 王素學《阮步兵體》：「沈情發遐慮，紆鬱懷所思。」明・朱謀㙔《駢雅》卷 1：「紆鬱，曲深也。」

字或作「泱鬱」、「鞅鬱」，《漢書・息夫躬傳》《絕命辭》：「玄雲泱鬱，將安歸兮。」顏師古注：「泱鬱，盛貌。」梁・江淹《横吹賦》：「其聲也，則鞅鬱有意，摧萃不群。」

字或作「浥鬱」，《齊民要術》卷 1：「凡五穀種子浥鬱則不生。」又卷 3：「收葱子，必薄布陰乾，勿令浥鬱。」

字或作「噎鬱」，唐・范攄《雲谿友議》卷中：「明其盛衰有數，稍抑其噎鬱乎？」唐・張說《上官昭容集序》：「知氣有噎鬱，非巧辭莫之通。」

字或作「菴菸」，《廣韻》：「菴，菴菸，茹熟。」

字或作「抑惌」，明・楊慎《古音駢字》卷下：「抑惌：惌古鬱字也。」

本字爲「壹壺」，《說文》：「壺，壹壺也。從凶從壺。不得泄凶也。《易》曰：『天地壹壺。』於雲切。」段玉裁曰：「今《周易》作『絪縕』，他書作『烟熅』、『氤氳』……許據《易》孟氏作壺，乃其本字也。許釋之曰不得泄也者，謂元氣渾然，吉凶未分，故其字從吉凶在壺中，會意。合二字爲雙聲疊韻，實合二字爲一字。……其轉語爲『抑鬱』。」〔註 1〕朱駿聲曰：「按『壹壺』者雙聲連語，亦作『絪縕』、作『氤氳』、作『烟熅』，氣凝聚充塞之狀。音轉而爲『抑鬱』、爲『於邑』，又愁思蘊結之狀。」〔註 2〕桂馥曰：「壹通作絪……壺通作縕。」〔註 3〕「壹壺」形容氣體渾然一體、凝聚不分之貌，故又有盛貌、蘊積貌、閉塞、紛亂貌之義。皆一義之引伸。

明・楊慎《古音駢字》卷上：「壹壺、烟熅、絪縕，三同。」自注：「絪縕，《說文》引《易》。」明・方以智《通雅》卷 6：「堙鬱，一作『抑鬱』、『抑惌』、『壹鬱』、『泱鬱』、『湮鬱』、『伊鬱』。皆此『堙鬱』音義也。」又卷 7：

〔註 1〕段玉裁《說文解字注》，上海古籍出版社 1981 年版，第 495 頁。
〔註 2〕朱駿聲《說文通訓定聲》，武漢市古籍書店 1983 年版，第 782 頁。
〔註 3〕桂馥《說文解字義證》，齊魯書社 1987 年版，第 879 頁。

「絪緼，一作『烟煴』、『氤氲』、『絪緼』、『壹壺』。」清・吳玉搢《別雅》卷 1 :「壹壺、烟煴、絪緼、壹緼、氤氲，絪緼也。壹讀平聲，則如絪矣。」又卷 5 :「堙鬱、壹鬱、伊鬱、禋鬱、鬱湮、抑怨，抑鬱也。堙、湮、禋、伊、抑、壹皆一聲相通轉。」黃侃曰 :「煙，煙煴，與『壹壺』同義。」〔註 4〕

2. 黃侃曰 :「雙聲疊韻連語，倒言與正言同。」〔註 5〕「抑鬱」有多種倒言字形，皆取其聲耳。

字或倒作「鬱邑」、「鬱悒」，《急就篇》卷 4 :「解鬱悒。」《楚辭・離騷》:「曾歔欷余鬱邑兮，哀朕時之不當。」王逸注 :「鬱邑，憂也。邑，一作悒。」又「忳鬱邑余侘傺兮。」王逸注 :「邑一作悒。」洪興祖《補注》:「鬱邑，憂貌。五臣以『忳鬱』爲句絕，誤矣。」又《九章・惜誦》:「心鬱邑余侘傺兮。」王逸注 :「鬱邑，愁貌也。邑，一作悒。」洪興祖《補注》:「鬱邑，愁貌也。」上引司馬遷《報任少卿書》「抑鬱」，《文選》作「鬱悒」，李善注 :「鬱悒，不通也。」《類聚》卷 31 梁・陸倕《感知己賦》:「忳鬱悒其誰語，獨撫抱而增傷。」

字或倒作「鬱湮」、「鬱堙」、「鬱烟」、「鬱煙」，《左傳・昭公二十九年》:「物乃坻伏，鬱湮不育。」〔註 6〕杜預注 :「鬱，滯也；湮，塞也。」孔穎達疏 :「『鬱，滯也；湮，塞也』，賈逵云然，杜用之也。」《釋文》作「鬱堙」，注 :「堙，音因，塞也。」諸家分訓，並未確。清・沈廷芳《十三經注疏正字》卷 67 云 :「堙誤從水旁作，從《釋文》挍。」亦未得。南朝・宋・鮑照《松柏篇》:「鬱湮重冥下，煩寃難具說。」《樂府詩集》卷 64 作「鬱烟」。《說文》:「煴，鬱煙也。」〔註 7〕段玉裁曰 :「鬱當作欝，欝與煴聲義皆同。煙煴猶壹壺也。」段氏改字未確。唐・劉禹錫《奏記丞相府論學事》:「言者謂天下少士，而不知養材之道，鬱堙而不揚，非天不生材也。」《舊唐書・文宗本紀》:「陰陽鬱堙，有傷和氣。」

字或倒作「於邑」，《六書故》:「於邑，猶鬱邑也。」《楚辭・九章・悲回風》:「傷太息之湣憐兮，氣於邑而不可止。」王逸注 :「氣逆憤懣，結不下也。」

〔註 4〕 黃侃《說文同文》，收入黃侃《說文箋識》，中華書局 2006 年版，第 68 頁。

〔註 5〕 黃焯《訓詁學筆記》，收入黃侃《黃侃國學講義錄》，中華書局 2006 年版，第 279 頁。

〔註 6〕 《論衡・龍虛篇》「坻伏」作「低伏」。

〔註 7〕 段玉裁《說文解字注》，上海古籍出版社 1981 年版，第 484 頁。

字或倒作「菸邑」、「菸萴」，《楚辭・九辯》：「葉菸邑而無色兮。」王逸注：「顏容變易而蒼黑也。邑一作萴。」劉良注：「言草木殘瘁也。菸萴，傷壞也。」《玄應音義》卷10「菸瘦」條云：「菸邑，無色也。」明・彭大翼《山堂肆考》卷236：「菸萴，言草木之葉殘瘁也。」姜亮夫曰：「按『菸邑』即『於邑』。『於邑』訓憤懣冤苦，則枝葉之紛亂萎黃者，亦得引人之憤懣冤苦以形之。」〔註8〕明・俞允文《蟋蟀賦》：「淥灑沮洳，埃藹菸萴。」明・孟思《悲秋雨賦》：「林菸萴以收蔭，山嶙峴而歛愁。」

字或倒作「於悒」，《楚辭・七諫・哀命》：「涕泣流乎於悒。」王逸注：「於悒，增難貌也。悒，一作邑。」又《九歎・憂苦》：「長噓吸以於悒兮。」王逸注：「噓吸、於悒，皆啼泣貌也。」姜亮夫曰：「按『於悒』即『於邑』。」〔註9〕

字或倒作「鬱浥」，《隸釋》卷4《漢桂陽太守周憬功勳銘》：「虵龍蛣屈，澧隆鬱浥。」俞樾曰：「鬱浥，亦作『鬱邑』。」〔註10〕《齊民要術》卷5：「燥載聚打取子。」原注：「濕戴子則鬱浥。」又卷6：「初草實成時，收刈雜草，薄鋪，使乾，勿令鬱浥。」

字或倒作「阿邑」、「阿匼」，楊愼曰：「阿邑：阿匼。邑音匼。阿匼，諂與合也。《張湯傳》。阿匼，同上，《唐書・蕭復傳》。」〔註11〕焦竑、方以智說並同〔註12〕。「阿邑」即「於邑」、「於悒」之音轉，鬱塞氣短貌，引申爲不敢直言表達己見也。王觀國曰：「凡此言於邑者，於讀爲烏，邑讀爲遏，其義則氣鬱而不舒之貌也……（阿邑）邑字讀音遏，其義則鬱塞也。」〔註13〕「阿邑」倒言則作「婠阿」、「婠娿」、「婠婀」、「譫阿」、「婠妸」等〔註14〕。

〔註8〕姜亮夫《楚辭通故（一）》，收入《姜亮夫全集》卷1，雲南人民出版社2002年版，第493頁。

〔註9〕姜亮夫《楚辭通故（一）》，收入《姜亮夫全集》卷1，雲南人民出版社2002年版，第491頁。

〔註10〕俞樾《曲園雜纂》卷32，收入《春在堂全書》，清光緒二十三年重訂本（石印本）。

〔註11〕楊愼《古音駢字》卷5，收入《叢書集成新編》第39冊，新文豐出版公司1985年印行，第336～337頁。

〔註12〕焦竑《俗書刊誤》卷6《略記駢字》，收入景印文淵閣《四庫全書》第228冊，臺灣商務印書館1986年版，第568頁。方以智《通雅》卷7、10，收入《方以智全書》第1冊，上海古籍出版社1988年版，第280、391頁。

〔註13〕王觀國《學林》卷9，中華書局1988年版，第310頁。

〔註14〕參見蕭旭《敦煌寫卷〈碎金〉補箋》，收入《群書校補》，廣陵書社2011年版，

字或倒作「鬱殪」,《淮南子・精神篇》:「雖情心鬱殪，形性屈竭，猶不得已，自強也。」高誘注:「義以自防，故情心鬱殪不通，形性屈竭也。」

字或倒作「鬱攸」,《左傳・哀公三年》:「鬱攸從之。」杜注:「鬱攸，火氣也。」

字或倒作「鬱悠」,《方言》卷 1:「鬱悠，思也。晉宋衛魯之閒謂之鬱悠。」明・朱謀㙔《駢雅》卷 2:「鬱悠，思念也。」唐・皮日休《九諷・正俗》:「乃指天而鬱悠兮，將天奪乎國之祐。」

字或倒作「郁繇」,《新唐書・張九齡傳》:「聖化從此銷鬱繇。」

字或倒作「鬱閼」,《呂氏春秋・古樂》:「其原民氣鬱閼而滯著，筋骨瑟縮不達，故作爲舞以宣導之。」高誘注:「閼讀曰遏止之遏。」失之。

姜亮夫曰:「鬱邑（鬱悒），字又作『鬱殪』，聲轉爲『於邑』，……聲轉爲『鬱悠』，乃晉宋魯衛間方言耳……字又作『鬱攸』，又轉爲『鬱怏』，又轉爲『鬱湮』，又爲『鬱閼』。『鬱殪』又可倒言爲『殪鬱』，聲又轉爲『伊鬱』，爲『紆鬱』。」〔註 15〕

字或倒作「郁伊」,《世說新語・言語》梁・劉孝標注引《大智度論》:「佛在陰庵羅雙樹間，入般涅槃，臥北首，大地震動。諸三學人，僉然不樂，郁伊交涕。」

字或倒作「鬱伊」,《初學記》卷 16 漢・蔡邕《瞽師賦》:「天何蒙昧之瞽兮，心窮忽以鬱伊。」《後漢書・崔寔傳》:「是以王綱縱弛於上，智士鬱伊於下。」李賢注:「鬱伊，不申之貌。」黃侃曰:「鬱伊，倒言之曰伊鬱。」〔註 16〕

字或倒作「鬱紆」,《文選・贈白馬王彪》:「玄黃猶能進，我思鬱以紆。鬱紆將難進，親愛在離居。」李周翰註:「鬱紆，愁思繁也。」

字或倒作「鬱抑」，周・庾信《擬連珠》:「蓋聞性靈屈折，鬱抑不揚。」《北史・文苑傳序》:「道轗軻而未遇，志鬱抑而不申。」《梁書・文學傳》:「無鬱抑之虞，不遭向時之患。」

字或倒作「鬱噎」，唐・元稹《故萬州刺史劉君墓誌銘》:「氣成鬱噎，必

第 1320 頁。

〔註 15〕姜亮夫《楚辭通故（四）》，收入《姜亮夫全集》卷 4，雲南人民出版社 2002 年版，第 611～612 頁。

〔註 16〕黃焯《訓詁學筆記》，收入黃侃《黃侃國學講義錄》，中華書局 2006 年版，第 279 頁。

爲風雲。有志不洩，死當能神。」又《酬鄭從事》：「欲將滑甘柔藏府，已被鬱噎衝喉嚨。」

字或倒作「鬱尼」，漢・蔡邕《琴操・拘幽操》：「文王在羑里時，演八卦以爲六十四卦，作鬱尼之辭。」〔註17〕《竹書紀年》卷上：「王殺季歷。」梁・沈約注：「執王季於塞庫，羈文王於玉門，鬱尼之情，辭以作歌，其傳久矣。」

字或倒作「鬱壹」，元・揭傒斯《故叔父常軒五府君哀辭》：「夫子終不可留兮，徒使我旦莫鬱壹而增憂。」明・李夢陽《始至白鹿洞》：「鬱壹眷名跡，久注匡山陲。」

字或倒作「鬱快」、「鬱映」、「鬱泱」、「鬱鞅」，《易林・噬嗑之艮》：「鬱快不明，爲陰所傷。」《巽之噬嗑》作「鬱映」。又《無妄之蒙》：「鬱快不明，陰積無光。」〔註18〕《北史・盧觀傳》：「（盧詢祖）自負其才，內懷鬱快，遂毀容服如賤役者以見楊愔。」唐・高適《效古贈崔二》：「長歌增鬱快，對酒不能醉。」《後漢書・李固傳》：「比無雨潤，而沈陰鬱泱。」李賢注：「鬱泱，雲起貌。」又《馬融傳》《廣成頌》「寥豁鬱泱。」李賢注：「鬱泱，廣大貌。」《文選・吳都賦》：「國有鬱鞅而顯敞，邦有湫阨而踡跼。」李周翰注：「鬱，茂也。鞅，鞅掌也。皆盛貌不舒也。」李氏「鬱」、「鞅」分訓未得；但謂「盛貌不舒」則是。明・朱謀㙔《駢雅》卷1：「鬱鞅，茂盛也。」高步瀛曰：「鞅，泱之借字。《漢書・息夫躬傳》：『玄雲泱鬱。』顏注曰：『泱鬱，盛貌。』案：『鞅鬱』雙聲，故亦可作『鬱鞅』。李周翰注釋鞅爲鞅掌，非也。」〔註19〕

3. 《玉篇》：「嗢，嗢咽也。」胡吉宣曰：「《說文》：『嗢，咽也。』當連篆讀作『嗢咽』也。『嗢咽』雙聲連語，故《切韻》倒言之爲『咽嗢』，明『咽』非咽喉也。『嗢咽』倒之爲『噎嗢』，爲『歅歍』，爲『壹壺』，爲『氤氳』，爲『煙煴』，爲『絪縕』，亦作『曣嗢』、『晏溫』，又聲轉爲『壹鬱』，爲『滃鬱』，爲『絓冤』，爲『抑鬱』，其義皆蘊積而未發也。」〔註20〕胡氏謂「壹壺」、「氤氳」、「煙煴」、「絪縕」、「壹鬱」、「滃鬱」、「絓冤」爲「抑鬱」音轉，是蘊積

〔註17〕《類聚》卷12、《樂府詩集》卷57引《琴操》並誤作「鬱厄」，《御覽》卷84引《呂氏春秋》、又卷571引《古今樂錄》亦並誤作「鬱厄」。

〔註18〕《易林》3例，並依宋、元本，尚秉和依汲古本作「郁映」，傎矣。「映」爲「映」形訛。此據考察同源詞，而訂正古書者也。尚秉和《焦氏易林注》，光明日報出版社2006年版，第217、249、560頁。

〔註19〕高步瀛《文選李注義疏》，中華書局1985年版，第1253頁。

〔註20〕胡吉宣《玉篇校釋》，上海古籍出版社1989年版，第969頁。

義，皆是也，餘說則非是。「嘔咽」、「歊歐」、「咽嘔」謂嘔嘔然而咽也，指咽喉中氣息不通順〔註 21〕。「噎嘔」亦同。唐・陸龜蒙《登高文》：「茫洋於心，噎嘔在口。」「曣晶」、「晏溫」指日始出清濟而溫。《史記・孝武本紀》：「至中山，晏溫，有黃雲蓋焉。」《漢書・郊祀志》同，《史記・封禪書》作「曣晶」。《集解》引如淳曰：「三輔謂日出清濟爲晏。晏而溫也。」《索隱》引同。方以智曰：「《史記》有曣晶字，《揚雄傳》作晏溫，謂日晏而溫，晶乃人增加耳。」又「郝氏以爲氤氳之轉，其說亦強。」〔註 22〕方說是也，但《揚雄傳》無「晏溫」，方氏失檢。《爾雅》：「晏晏，溫溫，柔也。」郭注：「皆和柔。」此亟須一辨也。

4. 通過系連「抑鬱」一詞的同源詞，可以辨正一些舊說。以賈氏之淹博，尚有「鬱湮」分訓之失；以段君之精審，尚有誤改《說文》之過。信矣，古書之難讀也。

〔註 21〕參見蕭旭《〈世說新語〉「窟窟」正詁》。

〔註 22〕方以智《通雅》卷 1、11，收入《方以智全書》第 1 冊，上海古籍出版社 1988 年版，第 92、424 頁。

「蜿蜒」考

「蜿蜒」，或作「宛蜒」、「蜿延」、「⿱宛虫蜑」、「⿱宛虫⿱延䖵」，最早出《史記・司馬相如傳》《大人賦》:「駕應龍象輿之蠖略委麗兮，驂赤螭青虯之蚴蟉蜿蜒。」《漢書》作「宛蜒」，顏師古注:「蠖略、委麗、蚴蟉、宛蜒，皆其行步進止之貌也。」漢・蔡邕《隸勢》:「或蜿蜒繆戾，或長邪角趣。」《晉書・衛恒傳》作「⿱宛虫蜑」，《通志》卷 121 引作「⿱宛虫⿱延䖵」。《類聚》卷 62 引後漢・李尤《德陽殿賦》:「連壁組之爛漫，雜虬文之蜿蜒。」《玉海》卷 159 引作「蜿延」。《玉篇》:「蜿，蜿蜒，龍皃。」縈回屈曲貌也。

藏經中作「綩綖」、「綩筵」、「婉筵」、「綩⿰糹筵」等形，《弘明集》卷 1 引牟子《理惑論》:「四表爲大，蜿蜒其外。」宋、元、明本作「綩綖」。甘博 136《道行般若經》卷 9:「中有黃金坐白銀坐流離坐水精坐，坐皆有雜色文繡綩綖。」《妙法蓮華經》卷 2:「重敷綩綖，安置丹枕。」宋、元本作「綩筵」，明本作「婉筵」，宮本作「綩⿰糹筵」。《法華經義記》卷 4:「重敷婉筵。」《長阿含經》卷 3:「綩綖細輭。」元、聖本作「綩筵」。《佛說觀佛三昧海經》卷 2:「重鋪綩綖。」元、聖本作「綩筵」。《經律異相》卷 27:「悉布以天繒綩綖。」宋、元、宮本作「綩筵」。皆其例。

字或作「菀筵」、「綩莚」、「綩延」、「惋⿰忄延」、「婉莚」、「菀莚」等形，《可洪音義》卷 5:「惋⿰忄延：上於遠反，下羊然反。」又卷 6:「惋⿰忄延：上於遠反，下以然反。」又卷 7:「菀筵：上於遠反，下以然反。」又卷 8:「綩延：上於遠反。」又卷 12:「菀莚：以然反。」《長阿含經》卷 13:「種種文繡・綩綖被褥。」宋本作「菀筵」，元本作「綩筵」。又卷 14:「綩綖被褥。」宋本作「綩莚」，元本作「綩筵」。《妙法蓮華經玄贊》卷 6:「即長行綩莚也。」

《摩訶止觀》卷 7：「重敷綩莚。」《阿差末菩薩經》卷 1：「如天綩綖。」元本作「綩延」。《觀心論疏》卷 5：「重敷綩筵。」甲本作「綩延」。《佛說海龍王經》卷 4：「如天綩綖。」知本作「惋惩」。《妙法蓮華經玄贊》卷 5：「重敷婉莚者。敷，陳設也。有作『綩綖』。」鄭賢章曰：「惋惩、菀莚，聯緜詞，與『綩綖』同。」〔註 1〕

《玄應音義》卷 3「綩綖」條云：「一遠反，下《三蒼》以旃反。相傳坐蓐也。未詳何語。」又卷 6「綩綖」條云：「諸經有作蜿蠕二形。《字林》一遠反，下《三蒼》以旃反。相承云坐縟（褥）也，未詳何語立名耳。」玄應云「未詳何語立名」、「未詳何語」，則是玄應未知「綩綖」之語源耳。玄應又云「諸經有作『蜿蠕』二形」，檢大藏經未見所出。

「蜿蜒」之語源當作「宛延」、「冤延」，《說文》：「宛、惌，屈艸自覆也；或從心從宛。冤，屈也。延，長行也。」《爾雅》：「延，長也。」《廣雅》：「冤，曲也。」宛延、冤延猶言屈曲延長也，形容其屈折之狀。《玄應音義》卷 7：「煩冤：古文作冤、惌二形，今作宛，同。」「宛」、「冤」同源。《漢書・揚雄傳》《甘泉賦》：「曳紅采之流離兮，颺翠氣之冤延。」《文選》李善本、《類聚》卷 39、《通志》卷 102、《玉海》卷 155 引作「宛延」。張銑注：「冤延，長曲貌。」是張本作「冤延」也。張注最得。錢大昭曰：「冤延，與蜿蜒同。」〔註 2〕明・德清《紫柏尊者全集》卷 19：「一旦抱疾，宛延難屛。」皆用本字。唐・鍾輅《續前定錄》「姚宋」條：「明皇初登極，夢二龍銜符，自紅霧中來，上大隸『姚崇宋璟』四字，掛之兩大樹上，蜿蜒而去。」《說郛》卷 26 引柳宗元《龍城錄》作「宛延而去」。《慧琳》卷 15：「綩綖：亦宜改作『婉筵』二字，以合經義也。」慧琳以「婉筵」爲本字，亦未得其源。

字或作「蜿蟺」、「涴演」、「蜿演」、「宛演」，《玉篇》：「蜿，蜿蟺。」《集韻》：「涴，涴演，水皃。」朱謀㙔曰：「涴演，委曲也。」〔註 3〕《古今韻會舉要》：「涴，宛演，水貌。」《文選・江賦》：「陽侯砐硪以岸起，洪瀾涴演而

〔註 1〕鄭賢章《〈新集藏經音義隨函錄〉研究》，湖南師範大學出版社 2007 年版，第 653 頁。

〔註 2〕錢大昭《漢書辨疑》，收入徐蜀《兩漢書訂補文獻彙編》，北京圖書館出版社 2004 年版，第 206 頁。

〔註 3〕朱謀㙔《駢雅》卷 1，收入《叢書集成新編》第 38 冊，新文豐出版公司 1985 年版，第 336 頁。

雲迴。」五臣本作「蜿演」，李善註：「涴演，迴曲之貌。」唐・謝勮《遊爛柯山》：「宛演橫半規，穹崇翠微上。」《皇清文穎》卷 47 清・李清植《河清賦》：「玉檢金繩，龍負圖以蜿蟥；陽參陰兩，馬呈數以騰驤。」《古今圖書集成》《藝術典》卷 664《管氏地理指蒙・釋水勢》：「朝似生蛇出穴，蜿蟥而環遶；抱如玉帶圍腰，悠揚而停憩。」

字或作「涴涎」，宋・淨覺《宏智禪師廣錄》卷 8：「底時屑屑行泥滓，可笑蝸牛自涴涎。」

字或作「蚃蝩」、「帑裢」，《集韻》：「蝩，蚃蝩，虫形。」又「裢，帑裢，牛領上衣，一曰車温。」皆以曲而長而名之也，字並同源。

字或作「蜿蝘」，明・王守仁《九華山賦》：「廼下見陽陵之蜿蝘，忽有感於子明之宿要。」

字或作「夗延」，《字彙》：「夗，夗延，龍貌。」《正字通》：「夗，夗延，龍蛇蟠糾貌。《博雅》作『蜿』。」元・周伯琦《六書正譌》卷 1：「夗，夗延，龍皃，象形，別作『蜿蜒』，竝非。」必以「蜿蜒」爲誤，拘矣。

字或作「宛衍」，清・毛奇齡《洞神宮記》：「山之前曰罏峰，其傍曰陽明洞，折而宛衍，有泉涾然，洞神之所基也。」

又音轉爲「婉蟬」、「婉僤」、「宛僤」、「蜜蟺」、「蜿蟬」、「蜿蟺」、「宛潬」、「婉嬋」，《玄應音義》卷 8：「蚯蚓：即曲蟺也，亦名蜜蟺，亦名寒蚓。」又卷 11、17：「曲蟺：《古今注》云：『丘蚓也。一名蜜蟺，江東名寒蚓。』」《楚辭・九思》：「乘六蛟兮蜿蟬。」王逸注：「蜿蟬，群蛟之形也。」《御覽》卷 923 引《淮南萬畢術》：「伯勞使虵蜿蟬。」《史記・司馬相如列傳》《上林賦》：「青虬蚴蟉於東箱，象輿婉蟬於西清。」《漢書》、《文選》作「婉僤」，《玉海》卷 158、165 引作「宛僤」，《慧琳音義》卷 95 引作「蜜蟺」，又引顧野王云：「蜜蟺，詘曲迴轉美貌也。」顏師古注：「蚴蟉、婉僤，皆行動之貌。」李善註：「婉僤，動貌也。」呂向注：「蚴蟉、婉蟬，龍象回轉之貌。」宋・周必大《樂章鼓吹導引》：「蚴蟉青龍，婉嬋象輿。」顯然化自《史》、《漢》。考上引《大人賦》，知《上林賦》之「婉蟬（僤）」，即《大人賦》之「蜿（宛）蜒」《史記・司馬相如列傳》《上林賦》：「蜿蟺膠盭。」《漢書》、《文選》作「宛潬」，李善註引司馬彪曰：「宛潬，展轉也。」張銑注：「宛潬、膠戾，縈曲貌也。」王先謙曰：「宛憚（潬），猶蜿蜒，狀水勢之緜遠。」〔註 41〕

〔註 41〕王先謙《漢書補注》，書目文獻出版社 1995 年版，第 1159 頁。

《文選·七啓》:「凌躍超驤，蜿蟬揮霍。」呂向註:「蜿蟬，盤屈也。」梁·簡文帝《七勵》:「舒蛾眉之窈窕，委弱骨之逶迤，載金翠之婉嬋，珥瑤瑲之陸離。」

又音轉爲「夗蟺」、「蜿蟺」、「蜸蟺」、「蜿蟮」、「蜸蟮」、「宛蟺」、「宛亶」，《說文》:「蟺，夗蟺也。」《慧琳音義》卷95引作「蜿蟺」。《廣雅》:「蜿蟺，引無也。」《爾雅》《釋文》引作「蜸蟺，蚯蚓也」。《玉篇》:「蚕，蜸蚕，蜸蟺也。」《廣韻》:「蜿，蜿蟺，蚯蚓也，亦作蜸。」《集韻》:「蜿，蜿蟮，蚯蚓也，或作蜸。」朱謀㙔曰:「蜿蟺，屈曲也。」〔註5〕《本草綱目》卷42:「蜸蟺、曲蟺，象其狀也。」王念孫曰:「邱蚓之形屈曲，故謂之蜿蟺。」〔註6〕清·莊履豐、莊鼎鉉《古音駢字》續編卷5:「冤延、夗蟺、宛延、苑延、蜸蟺，五同。」《文選·魯靈光殿賦》「虬龍騰驤以蜿蟺。」呂延濟注:「蜿蟺，盤屈皃。」《文選·琴賦》:「蜸蟺相糾。」李善註:「蜸蟺，展轉也。」張銑注:「蜸蟺，盤旋貌。」《類聚》卷62漢·劉歆《甘泉宮賦》「黃龍遊而蜿蟺兮。」《古文苑》卷21引作「宛蟺」，章樵注:「宛蟺，音蜿蜒。」《文選·江賦》李善註引王粲《遊海賦》:「洪濤奮蕩，大浪踊躍。山隆谷窳，宛亶相搏。」《慧琳音義》卷95:「蜿蟺:（蟺）集本作蜒，非也。」明·趙撝謙《六書本義》:「轉平聲，夗蟺，龍皃，作『蜿蜒』非。」必以「蜿蜒」爲誤，亦拘矣。

又音轉爲「夗專」、「夗轉」、「宛轉」、「婉轉」、「蜸轉」，《方言》卷5:「篿，吳楚之閒……或謂之夗專。」錢繹曰:「夗專之言宛轉也。」〔註7〕《說文》:「夗，〔夗〕轉臥也。」〔註8〕《大方便佛報恩經》卷1:「夗轉躃

〔註5〕朱謀㙔《駢雅》卷1，收入《叢書集成新編》第38冊，新文豐出版公司1985年版，第336頁。

〔註6〕王念孫《廣雅疏證》，收入徐復主編《廣雅詁林》，江蘇古籍出版社1998年版，第951頁。

〔註7〕錢繹《方言箋疏》，上海古籍出版社1984年版，第360頁。

〔註8〕錢大昕謂《說文》有「《說文》連上篆字爲句」例，此當連篆讀之，故補一「夗」字。《玉篇》、《集韻》、《類篇》、《六書故》引《說文》並作「轉臥也」，皆未得其讀。《六書本義》:「夗，夗轉臥反側也。」朱駿聲已補作「夗轉臥也」，云「夗轉疊韻，猶輾轉也」。王筠曰:「『夗轉』即『宛轉』。」錢坫曰:「言夗轉者臥也。」徐灝曰:「『夗轉』二字聯文。」皆是也。段玉裁曰:「謂轉身臥也。」桂馥曰:「轉臥也者，轉謂周轉也。」皆失之。錢大昕《十駕齋養新錄》卷4，上海書店1983年據商務印書館1937年版影印，第63頁。朱駿聲等說並轉引自丁福保《說文解字詁林》，中華書局1988年版，第7006～7007頁。

地，悶絕良久。」宋本作「婉轉」，元、明本作「宛轉」。《莊子・天下》:「與物宛轉。」《楚辭・哀時命》:「愁修夜而宛轉兮。」《爾雅》郭璞注：「緣者繳纏之，即今宛轉也。」《淮南子・精神篇》:「屈伸俛仰，抱命而婉轉。」《文子・九守》作「宛轉」。《文選・洞簫賦》:「垂喙蜿轉。」五臣本、《類聚》卷 44 作「宛轉」，李善註：「蜿轉，動貌。」李周翰注：「宛轉，盤旋也。」《修行道地經》卷 1:「麻油塗身，宛轉土中。」聖本作「婉轉」。《禪祕要法經》卷 1:「唯有風大，迴旋宛轉。」宋、元、宮、聖乙本作「婉轉」。

又音轉爲「踠轉」、「綩轉」，《慧琳音義》卷 38、39:「夗轉：經作踠，非也。」又卷 77:「踠轉：譜作踠，非。『夗轉』字也。」《妙法蓮華經》卷 2:「宛轉腹行。」宋本作「踠轉」。《彌沙塞部和醯五分律》卷 30:「或躄或踊，宛轉于地。」宋、元、明、宮本作「踠轉」。《金剛光焰止風雨陀羅尼經》卷 1:「一時爲火所燒，悶絕踠轉于地。」《不空羂索神變眞言經》卷 19:「其狀如蛇蟠迴踠轉。」明、乙本作「宛轉」。《法苑珠林》卷 49 引《如報恩經》:「即便悶絕，踠轉躄地。」宋本作「婉轉」，《大方便佛報恩經》卷 1 同句作「夗轉」，《根本說一切有部毘奈耶雜事》卷 38 同句作「宛轉」。《法苑珠林》卷 71:「寧以熱鐵，踠轉眼中。」宋、宮本作「綩轉」，元、明、宮本作「宛轉」。《金剛仙論》卷 6:「所以有此四句，綩轉相釋，名爲成偈故也。」姜亮夫謂「夗專」、「夗轉」、「宛轉」、「婉轉」蓋南楚語，與「婉僤」、「婉蟬」、「夗壇」、「宛潬」、「宛蟺」、「蜿蟺」、「宛亶」音轉〔註 9〕。

又音轉爲「蜜蜷」，《古文苑》卷 4 揚雄《蜀都賦》:「龍虵蜜蜷錯其中，禽獸奇偉髦山林。」章樵註：「蜜蜷，龍虵屈伸狀。」

又音轉爲「蜿蟤」，《集韻》:「蟤，蜿蟤，龍屈貌。」《類篇》:「蟤，蜿蟤，蟲不申皃。」朱謀㙔曰：「蜿蟤，蹙聚也。」〔註 10〕《楚辭・九思》:「龍屈兮蜿蟤。」王逸注：「蜿蟤，自迫促貌。」陳第曰：「蟤，音延。」〔註 11〕姜亮夫曰：「按『蜿蟤』即『宛轉』之聲變……猶宛轉、蜿蟺，委曲也。」〔註 12〕

〔註 9〕姜亮夫《楚辭通故（四）》，收入《姜亮夫全集》卷 4，雲南人民出版社 2002 年版，第 420～422 頁。

〔註 10〕朱謀㙔《駢雅》卷 1，收入《叢書集成新編》第 38 冊，新文豐出版公司 1985 年版，第 337 頁。

〔註 11〕陳第《毛詩古音攷》卷 1，收入《叢書集成新編》第 40 冊，新文豐出版公司 1985 年版，第 208 頁。

〔註 12〕姜亮夫《楚辭通故（三）》，收入《姜亮夫全集》卷 3，雲南人民出版社 2002 年版，第 581 頁。姜氏又謂「聲轉則爲委移、委蛇、委隋、逶迤」等，姜說

朱起鳳曰：「字之從亶從單者，古多通用。故蟺字通作蟬，轉、蛩、蟤三字，並與蟺字音近。」〔註 13〕符定一曰：「蜿蟺，轉爲『蜿蟬』、『蜿蜷』、『蜿蟤』。」〔註 14〕。

又音轉爲「婉嫕」、「婉瘱」，《廣韻》：「嫕，婉嫕，柔順貌。」《集韻》：「嫕，婉嫕，順從也，或作毉。」《漢書・外戚傳》：「爲人婉瘱有節操。」《漢紀》卷 30 作「婉嫕」。顏師古注：「婉，順也。瘱，靜也。」失之。《晉書・后妃傳》：「婉嫕有婦德。」姜亮夫曰：「『婉嫕』即『燕婉』之倒言。」〔註 15〕

倒言則作「宴婉」、「宴嫕」，《說文》：「嫕，宴嫕也。」《集韻》：「嫕、嬑，宴嫕也，或从愙。」《六書故》：「婉，又作娞，又作嫕。」段玉裁曰：「按古宛、冤通用，婉、嫕音義皆同。」〔註 16〕黃侃曰：「『娞』同『婉』，『嫕』同『婉』。」〔註 17〕

倒言又作「燕婉」、「嬿婉」、「暥婉」，《詩・新臺》：「燕婉之求，籧篨不鮮。」毛傳：「燕，安；婉，順也。」《說文》「暥」字條引作「暥婉」；《玉篇》「嬿」字條引作「嬿婉」，又云：「本或作燕。」《御覽》卷 949 引《韓詩》亦作「嬿婉」。王先謙曰：「『宴嫕』即『宴婉』。」〔註 18〕《文選・答盧諶詩》：「郁穆舊姻，嬿婉新婚。」李善註引《毛詩》作「嬿婉」〔註 19〕，呂延濟注：「郁穆、嬿婉，和美貌。」《文選・西京賦》：「捐衰色，從嬿婉。」李善註引《韓詩》作「嬿婉」，薛綜注：「嬿婉，美好之貌。」《後漢書・邊讓傳》《章華賦》：「設長夜之歡飲兮，展中情之嬿婉。」李賢注：「嬿，安也。婉，美也。」「燕婉」、「嬿婉」、「暥婉」即「宴嫕（婉）」〔註 20〕，委曲婉順貌，故

又見《詩騷聯綿字考》，收入《姜亮夫全集》卷 17，第 290～297 頁。此文未及「逶迆」，另參見蕭旭《〈說文〉「委，委隨也」義疏》，收入《群書校補》，廣陵書社 2011 年版，第 1414～1419 頁。

〔註 13〕朱起鳳《辭通》，上海古籍出版社 1982 年版，第 1420 頁。姜亮夫《詩騷聯綿字考》又謂「『婉約』亦一聲之變也」，第 295 頁。茲所不從。

〔註 14〕符定一《聯緜字典》，中華書局 1954 年版，申集第 199 頁。

〔註 15〕姜亮夫《詩騷聯綿字考》，收入《姜亮夫全集》卷 17，雲南人民出版社 2002 年版，第 319 頁。

〔註 16〕段玉裁《說文解字注》，上海古籍出版社 1981 年版，第 620 頁。

〔註 17〕黃侃《說文同文》，收入《說文箋識》，中華書局 2006 年版，第 88 頁。

〔註 18〕王先謙《詩三家義集疏》，中華書局 1987 年版，第 210 頁。

〔註 19〕《文選・蘇武詩》李善註引《毛詩》亦作「嬿婉」。

〔註 20〕「燕婉」爲毛詩，陳奐、胡承珙謂「嬿婉」爲韓詩，「暥婉」爲齊、魯詩。

引申爲美好之貌，又指美好之人。毛公、李賢說失之。陳奐、王先謙、胡承珙並謂「燕」爲「宴」借字〔註 21〕，申證毛說，亦未得。清·王育曰：「暥婉之求。暥，目相戲也。夫妻情好有如此，今作燕，亦通。」〔註 22〕非此誼，王說誤。友人龐光華博士曰：「《新臺》之燕爲鷰之借，指鳳鳥。婉爲鵷之借，言鵷鶵，亦指鳳鳥。『燕婉』二字皆指神鳥鳳之類，是與下文的作水鳥的鴻相對。」〔註 23〕茲亦不從。《釋名·釋州國》：「燕，宛也，北方沙漠平廣，此地在涿鹿山南，宛宛然以爲國都也。」蓋此地蜿蜒廣平，故名爲燕也。

倒言又作「睍睆」，《詩·凱風》：「睍睆黃鳥，載好其音。」毛傳：「睍睆，好貌。」宋·段昌武《毛詩集解》卷 3 引曹氏曰：「睍睆，美澤貌。」宋·嚴粲《詩緝》卷 3 引錢氏曰：「睍睆，光鮮貌。」朱彬曰：「燕婉與《凱風》之睍睆同。毛傳：『睍睆，好貌。』《檀弓》：『華而睆，大夫之簀與？』鄭注：『睆，好貌。』《說文》燕一作暥。」〔註 24〕姜亮夫曰：「暥古與睍通。睆即晼字。故『睍睆』即『暥晼』，後更變作『燕婉』。作『暥晼』者正字，作『睍睆』者形借字，作『燕婉』者聲借字。其實一也。」〔註 25〕

倒言又作「嬿睆」，《易林·困之姤》：「東南其戶，風雨不處，嬿睆仁人，父子相保。」尚秉和曰：「汲古作『嚥睍』，宋、元本作『嬿睍』，丁云：『睍當

王先謙謂「嬿婉」爲韓、魯詩，「暥婉」爲齊詩。陳奐《詩毛氏傳疏》，中國書店 1984 年據漱芳齋 1851 年版影印本；胡承珙《毛詩後箋》，黃山書社 1999 年版，第 221 頁。王先謙《詩三家義集疏》，中華書局 1987 年版，第 210 頁。

〔註 21〕出處同上注。

〔註 22〕王育《〈說文〉引詩辯證》，轉引自劉毓慶等撰《詩義稽考》，學苑出版社 2006 年版，第 589 頁。

〔註 23〕龐光華《〈毛詩·新臺〉講疏》，未刊稿。

〔註 24〕朱彬《經傳考證》卷 4，收入阮元《清經解》，鳳凰出版社 2005 年版，第 10582 頁。《玉篇》：「睍，目出皃，《詩》云：『睍睆黃鳥。』睆，出目皃。」《六書故》：「睍睆，目圜轉也……言其音之圜轉也。」朱熹《詩經集傳》：「睍睆，清和圓轉之意。」明·朱謀㙔《詩故》卷 2：「睍睆，當作『睆睆』，羽毛光華貌。傳寫之誤也。《韓詩傳》作『簡簡』。」與毛異，錄以備考。《御覽》卷 923 引《韓詩》作「簡簡」，明·方以智《通雅》卷 9：「『簡簡』則因『睍睆』睍字之音而誤記也。」姜亮夫則曰：「(『簡簡』) 蓋深喉淺喉之混，或三家之說也。」朱謀㙔《詩故》，收入《叢書集成續編》第 106 冊，新文豐出版公司 1991 年印行，第 820 頁。姜亮夫《詩騷聯綿字考》，收入《姜亮夫全集》卷 17，雲南人民出版社 2002 年版，第 318 頁。

〔註 25〕姜亮夫《詩騷聯綿字考》，收入《姜亮夫全集》卷 17，雲南人民出版社 2002 年版，第 318～319 頁。

作晥。』是也，故從《釋文》。」〔註 26〕

倒言又作「宴婉」，魏・嵇康《答二郭》：「當今寄他域，嚴駕不得停。本圖終宴婉，今更不克並。」

倒言又作「蟺蜿」，《御覽》卷 982 引陳琳《迷迭賦》：「立碧莖之婀娜，鋪緑條之蟺蜿。」《類聚》卷 81 引作「蜿蟺」。

倒言又作「蜒蜿」，宋・陸游《化成院》：「緣坡忽入谷，蜒蜿蒼龍蟠。」

倒言又作「延宛」，元・陳致虛《太上洞玄靈寶無量度人上品妙經註》卷下：「神宮開廓，延宛丹庭。」清・黃景仁《雨中入山訪曹以南》：「逼仄穿深林，延宛上懸棧。」

（此篇曾寫入《俄藏敦煌寫卷Φ367〈妙法蓮華經音義〉校補》，《書目季刊》第 46 卷第 2 期，2012 年 9 月出版）

〔註 26〕尚秉和《焦氏易林注》，光明日報出版社 2006 年版，第 470 頁。

「唐突」考

《玄應音義》卷 9：「唐突：字體作搪揬二形，同。」此條爲《大智度論》卷 1《音義》，檢經文作「譬如大力狂象搪揬蹴踏，無能制者」，宋、宮本作「唐突」，聖本作「搪突」，同。《詩・漸漸之石》鄭箋：「豕之性能水，又唐突難禁制。」《出曜經》卷 14：「群鹿驚懼有失聲，唐突於弶。」

字或作「搪揬」，《玉篇》：「搪，搪揬也。」敦煌寫卷 P.3694V《箋注本切韻》：「揬，搪揬。」《龍龕手鑑》：「揬，搪揬也。」《大樓炭經》卷 3：「若於塚間水所唐突處。」宋、元、明本作「搪揬」。《法句譬喻經》卷 3：「搪揬牆壁樹木摧折。」宋、聖本作「唐突」。又卷 4：「室家坐食，何爲搪揬？」宋、元、明、聖本作「唐突」。《出曜經》卷 25：「身無防備，唐突禁戒。」宋、元、明本並作「搪揬」。

字或作「搪突」，《大寶積經》卷 13：「棄搪揬心。」宋、宮、聖本作「唐突」，元、明本作「搪突」。《佛說離垢施女經》卷 1：「所見唐突，吾當云何？」宋、宮本作「搪突」，元、明本作「搪揬」。

字或作「踼突」，《玄應音義》卷 9：「踼突：案字宜作搪揬二形。」此條爲《大智度論》卷 16《音義》，檢經文作「或狂逸唐突，或藏竄投擲」，宋、元、明、宮本作「搪揬」。

字或作「湯突」，《玄應音義》卷 11：「排湯：謂湯突也。」《摩訶僧祇律》卷 21：「越持熱器來湯突手面。」宋、元、明、宮本作「搪突」。《俱舍論記》卷 9：「王夢見有一獼猴身塗糞穢湯突己。」甲本作「搪揬」。《俱舍論疏》卷 9 同，甲、乙本誤作「傷突」。

字或作「盪突」、「蕩突」，《廣韻》：「盪，盪突。」《可洪音義》卷 2：「盪突：上他郎反，下徒骨反。」《龍龕手鑑》：「盪，盪突也。」《善見律毘婆沙》卷 8：「大眾亂鬧，更相盪突。」中村不折氏藏敦煌寫卷《善惡因果經》卷 1：「蛇體從著輕衣盪突佛像中來爲人。」《佛說孛經抄》卷 1：「譬如大水所蕩突處。」宋、元、明、宮本作「盪突」。《大寶積經》卷 80：「搪揬如象醉無鉤，或時詐現在山林。」宋、元、明本作「搪突」，宮本作「盪突」。唐・柳宗元《晉問》：「盪突硉兀，轉騰冒沒，類秦神驅石，以梁大海。」唐・張嘉貞《石橋銘》序：「蓋以殺怒水之蕩突，雖懷山而固護焉。」

字或作「傏俟」、「傏突」，《廣韻》：「傏，傏俟，不遜也。」《類篇》：「傏，揬也。」《可洪音義》卷 23：「傏突：上徒郎反，下徒骨反。」《通鑑》卷 168：「唐突入雲龍門。」胡三省註：「唐突，《廣韻》作『傏俟』，不遜也。今時謂干乘輿者爲唐突。」又卷 272：「戒之曰：『王鐵槍勇決，乘憤激之氣，必來唐突，宜謹備之。」胡三省註：「《廣韻》『唐突』作『傏突』，又作『盪突』。唐、盪義同也。」吳玉搢曰：「傏俟、盪突，唐突也。」〔註 1〕

字或作「碭突」，漢・馬融《長笛賦》：「犇遯碭突。」梁・簡文帝《箏賦》：「奔電碭突而彌固，嚴風掎拔而無傷。」

字或作「揨突」、「樘突」，唐・杜甫《課伐木》序：「旅次于小安，山有虎，知禁，恃爪牙之利，必昏黑揨突。」揨，一本作「樘」，一本作「搪」。《太平廣記》卷 427 引唐・張讀《宣室志》：「虎曰：『我今形變而心甚悟，故有揨突。』」清・莊履豐、莊鼎鉉《古音駢字》續編卷 5：「碭突、傏俟、唐突、搪揬、揨揬、盪俟，六同。」

字或作「棠突」，敦煌寫卷 S.4407《說八關齋文》：「棠突聖賢，陵蔑口口。」曾良曰：「『棠突』爲抵觸義，今寫作『唐突』、『堂突』……『棠突』爲同義並列複詞。」所說是也；但又謂「『棠』、『唐』、『堂』均是借音……象根、振、敞、揨、敳等寫法，應該與『朾』字同源』」，徐時儀從之〔註 2〕，似可商。

字或作「塘揬」，《釋門正統》卷 1：「質疑問難，塘揬玄門。」

字或倒作「硋磄」、「突盪」、「突蕩」，《魏書・陽固傳》《演賾賦》：「眺恒碣之硋磄。」宋・梅堯臣《風異賦》：「逡巡則赤埃赭霧，突盪奔馳。陽精失

〔註 1〕 吳玉搢輯、許瀚校勘《別雅》卷 2，收入《叢書集成新編》第 38 冊，新文豐出版公司 1985 年版，第 358 頁。

〔註 2〕 參見曾良《敦煌文獻字義雜考》，《語言研究》1998 年第 2 期，第 161 頁；又曾良《敦煌文獻字義通釋》，廈門大學出版社 2001 年版，第 144 頁。徐時儀《玄應〈眾經音義〉研究》，中華書局 2005 年版，第 378 頁。

色，白晝如晦。」宋・朱松《試館職策一道》:「突蕩衝擊，分裂四出。」宋・李流謙《送虞參政序》:「跳踉突蕩。」《漢語大詞典》釋「突盪」爲「劇烈動盪」，失之。

「盪突」爲本字，猶言抵觸、衝撞，同義連文，其餘字形皆爲借字。翟灝曰:「搪與碭皆唐之通用字。」〔註3〕以「唐」爲本字，則失考矣。《廣雅》:「觸、冒、搪、敹、衝，揬也。」《集韻》、《類篇》:「揬，搪揬，觸也。」《後漢書・岑彭傳》李賢注:「冒突，取其觸冒而唐突也。」《文選・長笛賦》:「眡碭駭以奮肆。」李善註:「碭，突也。」又《西京賦》:「騤瞿奔觸。」薛綜注:「奔觸，唐突也。」又《魯靈光殿賦》:「盜賊奔突。」張載注:「唐突也。」朱謀㙔曰:「唐突，抵觸也。」〔註4〕皆其證。

錢坫曰:「《說文》:『逮，唐逮，及也。』今有搪揬之語。《後漢書》『水所唐突』，是言水之所及，蓋借突爲逮。」〔註5〕黃侃曰:「唐突是唐逮之轉。」〔註6〕二氏說失之。

〔註3〕翟灝《通俗編》卷14，收入《續修四庫全書》第194冊，上海古籍出版社2002年版，第612頁。

〔註4〕朱謀㙔《駢雅》卷2，收入《叢書集成新編》第38冊，新文豐出版公司1985年版，第339頁。

〔註5〕錢坫《說文解字斠詮》，收入丁福保《說文解字詁林》，中華書局1988年版，第2501頁。

〔註6〕黃侃《說文解字斠詮箋識》，收入黃侃《說文箋識》，中華書局2006年版，第337頁。

古籍校注

《鄧析子》集證

I. 引　言

晚周鄭人鄧析，名家之祖也。《鄧析子》1 卷，劉歆有目，《漢書・藝文志》及歷代史志均有記錄，西漢劉向曾作校讐並上獻朝廷。

宋代晁公武《郡齋讀書志》卷 3：「今其書大旨訐而刻，真其言也，無可疑者，而其間時勦取他書，頗駁雜不倫，豈後人附益之歟？」〔註 1〕晁氏認爲《鄧析子》一書不僞，但有後人附益之言。明代楊愼著《鄧子序》，始疑其書爲僞書。《四庫全書總目・子部》卷 101 指出《鄧析子》「其文節次不相屬，似亦掇拾之本也」〔註 2〕，對其書亦有所疑，但很審愼。近世疑古之風大行，梁啓超、羅根澤、孫次舟、馬敘倫、錢穆、張心澂、伍非百、屈萬里等人認爲《鄧析子》是僞書〔註 3〕。近年朱澤安、董英哲、劉建國力辨其書不僞〔註 4〕。

〔註 1〕晁公武《郡齋讀書志》，收入收入景印文淵閣《四庫全書》第 674 冊，臺灣商務印書館 1986 年初版，第 223 頁。

〔註 2〕《四庫全書總目・子部》，收入景印文淵閣《四庫全書》第 3 冊，臺灣商務印書館 1986 年初版，第 179 頁。

〔註 3〕梁啓超《〈漢書・藝文志〉諸子略考釋》，收入《飲冰室專集》之 84，第 32～33 頁；梁啓超《古書僞及其年代》，收入《飲冰室專集》之 104，第 57 頁。羅根澤《鄧析子探源》，收入《古史辨》第 6 冊，第 197～206 頁。孫次舟《鄧析子僞書考》，收入《古史辨》第 6 冊，第 207～219 頁。馬敘倫《鄧析子校錄後序》，收入《天馬山房叢箸》。錢穆《先秦諸子繫年考辨》，上海書店 1992 年版，第 16～18 頁。張心澂《僞書通考》，上海商務印書館 1939 年版，第 785 頁。伍非百《鄧析子辯僞》，收入《中國古名家言》，中國社會科學出版社 1983 年版，第 845～872 頁。屈萬里《先秦文史資料考辨（下編）》，收入《屈萬里全集》卷 4，聯經出版公司 1993 年版，第 482～483 頁。

〔註 4〕朱澤安《今本〈鄧析子〉不僞》，《重慶教育學院學報》1995 年第 2 期。董英

本稿採信其書不僞之說，匯聚諸家校錄成果，間出己見，爲進一步深入研究作一基礎。

一、本稿以《續修四庫全書》第 971 冊影印北圖藏明天啓五年張氏橫秋閣刻本爲底本〔註 5〕。

二、本稿參校本包括〔註 6〕：

1. 《續修四庫全書》第 971 冊影印北圖藏清同治十一年江山劉履芬影摹宋本（簡稱覆宋本）；

2. 《四庫全書》本（簡稱四庫本）；

3. 《四部叢刊》影印江南圖書館藏明初刻本（簡稱明初本）；

4. 指海本（《叢書集成新編》、《四部備要》並據指海本排印）；

5. 《百子全書》本（簡稱百子本）；

6. 《諸子百家叢書》影印明刊本（簡稱叢書本）。

按：海寧陳氏影印明黑口本未見。

三、本稿採錄各家校注包括〔註 7〕：

哲《〈鄧析子〉非僞書考辨》，《華學》第 3 輯，紫禁城出版社 1998 年版，第 29～37 頁。劉建國《〈鄧析子〉僞書辨正》，收入《先秦僞書辨正》，陝西人民出版社 2004 年版，第 132～139 頁。

〔註 5〕《鄧子》（明楊愼評注，張懋寀校梓），影印北圖藏明天啓五年橫秋閣刻本，收入《續修四庫全書》第 971 冊，上海古籍出版社 2002 年版，第 629～636 頁。

〔註 6〕《鄧析子》，影印北圖藏清同治 11 年劉履芬影摹宋刻本，收入《續修四庫全書》第 971 冊，第 637～642 頁。《鄧子》，收入景印文淵閣《四庫全書》第 729 冊，臺灣商務印書館 1986 年初版，第 553～560 頁，據《四庫全書總目》卷 101，此陸費墀家藏本。《鄧析子》，收入《叢書集成新編》第 20 冊，據指海本排印，新文豐出版公司 1985 年版，第 437～440 頁。《鄧析子》，收入《四部備要》，亦據指海本排印，臺灣中華書局 1978 年版，第 1～15 頁。《鄧子》，收入《百子全書》第 3 冊，上海掃葉山房圖書館 1919 石印本。《鄧析子》，《諸子百家叢書影印明刊本，上海古籍出版社 1990 年版，第 1～6 頁。

〔註 7〕洪頤煊《鄧析子叢錄》，《讀書叢錄》卷 13，收入《續修四庫全書》第 1157 冊，第 677～678 頁。譚儀《鄧析子校文》、《鄧析子補校》，清同治 11 年刻本。劉履芬影摹宋本中有校語，但未著錄作者姓名；據譚獻《復堂日記》卷 4 云：「校《鄧析子》。六年前吾友江山劉履芬彥清得宋本，影寫付刻，予爲撰《校文》，行世。」譚獻號仲儀，故又署名譚儀。同治刻本偶有二條校記，影摹宋本未及，茲亦爲出之，引文仍署作「譚儀」語。譚獻《復堂日記》，河北教育出版社 2001 年版，第 99 頁。俞樾《俞樓雜纂》卷 34《著書餘料》，收入《春在堂全書》，清光緒二十三年重訂石印本。孫詒讓《札迻》卷 5，齊魯書社 1989 年版，第 137～139 頁。

1. 錢熙祚指海本校語；

2. 洪頤煊《鄧析子叢錄》（洪氏未交待所據底本）；

3. 俞樾《著書餘料》（俞氏以覆宋本爲底本）；

4. 譚獻（儀）《鄧析子校文》、《鄧析子補校》（譚氏以覆宋本爲底本）；

5. 孫詒讓《札迻》、《鄧析子校文拾遺》（孫氏以覆宋本爲底本）；

6. 王啓湘《鄧析子校詮》（王氏未交待所據底本）；

7. 王愷鑾《鄧析子校正》（王氏以明初本爲底本）；

8. 馬敘倫《鄧析子校錄》、《鄧析子校錄補遺》（馬氏以覆宋本爲底本）；

9. 沈延國《鄧析子校釋》（沈氏未交待所據底本，王仁俊、沈瓞民、朱希祖說轉引自此文）；

10. 錢基博《指海本〈鄧析子〉校讀記》（錢氏以指海本爲底本）；

11. 伍非百《鄧析子辯僞》（伍氏未交待所據底本）。

按：馬敘倫作《鄧析子校錄》，曾惜嚴可均、吳昌綬之書不可得，余亦惜其書之不得見也。

Ⅱ. 集　證

《鄧析子》卷上

無厚篇

天於人無厚也，君於民無厚也，父於子無厚也，兄於弟無厚也，何以言之？◎按：《文選·齊故安陸昭王碑文》李善註引作「何足以言之」。**天不能屏勃厲之氣，**◎沈延國曰：《說郛》本「勃」作「悖」。◎按：勃，讀爲咈，《說文》：「咈，違也。」《廣韻》：「咈，戾也。」厲，讀爲戾〔註 8〕。二字同義連文。《釋名》：「轡，咈也，牽引咈戾以制馬也。」

孫詒讓《鄧析子校文拾遺》，收入《籀廎遺著輯存·籀廎讀書錄》，中華書局 2010 年版，第 250～258 頁。
王啓湘（時潤）《鄧析子校詮》，收入《周秦名家三子校詮》，古籍出版社 1957 年出版，第 2～15 頁。王愷鑾《鄧析子校正》，收入《國學小叢書》，商務印書館 1935 年版。沈延國《鄧析子校釋》，《制言》第 56、57 期，1939 年出版。馬敘倫《鄧析子校錄》、《鄧析子校錄補遺》，收入《天馬山房叢著》，1933 年自費印行。錢基博《指海本〈鄧析子〉校讀記》，收入《名家五種校讀記》，廣文書局 1970 年版。

〔註 8〕《慧琳音義》卷 49：「懔厲：下宜作悷。」又卷 99：「懔厲：厲或作捩也。」是其相通之證。另參見蕭旭《〈玉篇〉「浰，清浰」疏證》，《傳統中國研究集

《慧琳音義》卷 7 引孔安國曰：「逆，咈戾也。」又卷 14 引《義說》：「慵戾者，掘強咈戾，難調伏也。」《宋高僧傳》卷 7：「民多咈戾。」此正「咈戾」連文之證。字或作「悖戾」，《淮南子·說林篇》：「臨淄之女，織紈而思行者，爲之悖戾。」高誘注：「悖，饢惡也。」高注未安。《易林·履之蒙》：「兩人相伴，相與悖戾，心乖不同，訟爭凶凶（恟恟）。」字或作「拂戾」、「紼綟」、「佛戾」、「怫戾」，《集韻》：「佛，一曰戾也，或作拂。」又「咈，通作拂。」漢·馬融《長笛賦》：「牢剌拂戾，諸賁之氣也。」《禮記·大學》鄭玄注：「拂戾賢人所爲。」《釋文》本作「佛戾」。上引《釋名》例「咈戾」，《初學記》卷 22 引作「拂戾」，影宋本《御覽》卷 358、《路史》卷 34 引作「佛戾」，四庫本《御覽》引作「紼綟」，《慧琳音義》卷 46 引作「怫戾」。顧廣圻謂「佛」字誤〔註 9〕，則失考。字或作「弗戾」，《家語·執轡》王肅注：「血氣不治，《淮南子》曰：『多力而弗戾。』」字或作「弼戾」，《說文》：「盭，弼戾也。」字或作「愎類」，《逸周書·史記解》：「昔穀平之君，愎類無親，破國弗尅。」〔註 10〕孔晁注：「愎，佷。類，戾也。」盧文弨曰：「趙云：『類當作纇。』」〔註 11〕朱起鳳曰：「類當作纇，即古戾字。」〔註 12〕「類」、「纇」通用，並非誤字。段玉裁曰：「纇，亦叚類爲之。」〔註 13〕孫詒讓曰：「類、戾聲相近，不必改『纇』。」〔註 14〕字或作「怫戾」，《新唐書·韋皋傳》：「禮讓行於殊俗，則怫戾者化。」字或作「悖厲」，宋·陳襄《論王安石劄子》：「是以事行而不悖厲。」《漢語大詞典》解「勃厲」爲「因天時不和而引起的疾疫。勃，通『悖』」〔註 15〕，則讀「厲」爲「癘」，非也。**全夭折之人，使爲善之民必壽，此於民無厚也**。◎錢熙祚曰：原本「令」作「全」，無「更生」二字，依《文選·安陸昭王碑》註引此文補正。◎馬敘倫、沈延國並從錢熙祚校改。◎王愷鑾曰：「此於民」之「民」當作「人」。◎錢基博曰：此依《文選》注引補正，然照原文辭氣亦順，疑《文選》注引係別本。（此節引其校語）◎按：「屏勃厲之氣」、「全夭折之人」相對舉。《選》注「全」誤作「令」，又臆加「更生」二字以足句。**凡民有穿窬爲盜者**，◎按：凡，覆宋本誤作「几」。**有詐僞相迷者**，◎按：迷，四庫本誤作「述」。**此皆生於不足，起於貧窮，而君必執法誅之，此於民無厚也**。◎按：《大戴禮記·盛德》：「凡民之爲姦

刊》第 9～10 合輯，上海人民出版社 2012 年出版，第 272～275 頁。

〔註 9〕顧廣圻說轉引自任繼昉《釋名匯校》，齊魯書社 2006 年版，第 425 頁。

〔註 10〕《路史》卷 29「愎類」作「慢類」，蓋爲形誤。

〔註 11〕盧文弨說轉引自黃懷信《逸周書彙校集注》，上海古籍出版社 2007 年版，第 964 頁。

〔註 12〕朱起鳳《辭通》，上海古籍出版社 1982 年版，第 1836 頁。

〔註 13〕段玉裁《說文解字注》，上海古籍出版社 1981 年版，第 645 頁。

〔註 14〕孫詒讓說轉引自黃懷信《逸周書彙校集注》，上海古籍出版社 2007 年版，第 964 頁。

〔註 15〕《漢語大詞典》（縮印本），漢語大詞典出版社 1997 年版，第 1072 頁。

邪竊盜歷法妄行者，生於不足。」〔註 16〕與此文可互參。《潛夫論・愛日》:「是禮義生於富足，盜賊起於貧窮，富足生於寬暇，貧窮起於無日。」本於此文。**堯舜位爲天子，而丹朱商均爲布衣，此於子無厚也。周公誅管蔡，此於弟無厚也。**◎馬敘倫曰：指海本脫此二句。**推此言之，何厚之有？**

循名責實，君之事也。◎錢基博曰:《意林》「循」作「修」，原注:「案方崧卿校《韓昌黎集》云:『唐人書修似循，故修、循字通用不別。』」◎沈延國曰：作「循」者是。循，順也，因也。《管子・九守篇》云:「修名而督實，按實而定名。」《韓非子・定法篇》云:「術者因任而授官，循名而責實。」《淮南子・主術訓》云:「循名責實，官使自司。」……意與此同。◎按:《意林》引《鄧子》見卷 1〔註 17〕，下皆同。「修」爲「循」形誤。《書鈔》卷 15、《文選・爲蕭楊州作薦士表》李善註引《鄧析子》並作「循」字，《文子・上仁篇》亦有「循名責實」之語。《六韜・文韜・舉賢》:「按名督實，選才考能。」循亦按也，可證「循」字是。**奉法宣令，臣之職也。下不得自擅，上操其柄，而不理者，未之有也。君有三累，臣有四責。何謂三累？惟親所信，**◎孫詒讓曰:《意林》無「惟」字。◎沈延國校同。◎馬敘倫曰:《御覽》卷 620 引無「惟」字。**一累〔也〕。**◎錢熙祚曰:「也」字依《御覽》卷 620 補，下並同。**以名取士，二累〔也〕。近故親疎，**◎錢熙祚曰：此二字，《御覽》倒。◎孫詒讓曰:《意林》亦作「疏親」。◎錢基博校同孫氏。◎馬敘倫改作「疏新」，云：原作「親疏」，《御覽》卷 620 引作「疏親」，今依《意林》引改。◎沈延國曰:「親疏」當作「疏親」，宜據正。《事類賦》引亦作「疏親」，可證。◎按:《意林》卷 1 引作「疏親」，馬氏失檢。**三累〔也〕。**◎疎，覆宋本、叢書本作「踈」，下同。**何謂四責？受重賞而無功，一責〔也〕。居大位而不治，二責〔也〕。**◎按：四庫本《意林》卷 1 引「居」上有「臣」字，影武英殿聚珍本《意林》卷 1、《御覽》卷 620 引無「臣」字。**〔爲〕理官而不平，三責〔也〕。**◎錢熙祚曰:「爲」字依《意林》補，《御覽》作「爲理而不平」。◎馬敘倫、錢基博、伍非百亦從《意林》補「爲」字。◎王愷鑾曰：案張均《事類賦補遺》《君臣賦》注引作「爲理而不平，三責」，據此，則當作「爲理官而不平」，方與上下文相儷。(此節引其校語)**御軍陣而奔北，四責〔也〕。**◎北，覆宋本作「背」。◎錢熙祚曰:《意林》「御」作「在」。◎孫詒讓曰：背，鈔本、《子彙》本並作「北」，古字通用。◎馬敘倫曰:「陳」原作「陣」，依《意林》及《御覽》卷 620 引改。「北」原作「背」，今依嘉靖本、緜眇閣本、《子彙》本、指海本及《意林》引改。◎沈延國曰:《說郛》本「北」作「潰」。「陣」隸俗。「背」即「北」之

〔註 16〕《家語・五刑解》「歷」誤作「靡」，參見蕭旭《敦煌寫卷 S.1891〈孔子家語〉校補》，收入《群書校補》，廣陵書社 2011 年版，第 1260～1261 頁。

〔註 17〕《意林》有四庫本、《續修四庫全書》影武英殿聚珍本，二本同則不別；有異文則各出之。

孳乳。◎按：《御覽》卷 620 引作「御軍陳而奔背」。**君無三累，臣無四責，可以安國。**◎錢熙祚曰：《御覽》作「可謂安國家也」。◎馬敘倫校同。

勢者君之輿，威者君之策，臣者君之馬，民者君之輪。勢固則輿安，威定則策勁，臣順則馬良，◎錢熙祚曰：《意林》「良」作「馴」。◎譚獻校同。◎錢基博曰：《說文》：「馴，馬順也。」與「臣順」意應，當依改。◎沈延國曰：馬敘倫據《意林》引改「良」爲「馴」，此說非當。《御覽》卷 620、《類聚》卷 54 引《韓非子》皆作「馬良」，是其證。◎按：《類聚》卷 52 引《韓子》，沈氏誤作卷 54。**民和則輪利。爲國失此，**◎譚獻曰：《意林》「爲國」作「治國者」。◎馬敘倫、伍非百校同。**必有覆車奔馬、折輪敗載之患，**◎患，覆宋本作「者」。四庫本《意林》卷 1 引脫「之患」二字。◎錢熙祚曰：折策敗輪，原作「折輪敗載」，依《意林》改。◎馬敘倫亦依《意林》改。◎譚儀曰：車，《意林》作「輿」。◎孫詒讓曰：者，鈔本、《子彙》本並作「患」，與《意林》同。**安得不危？**◎錢熙祚曰：此句《意林》作「輪敗策折、馬奔輿覆，則載者亦傾矣」十四字。◎馬敘倫、錢基博依《意林》引改。◎譚獻曰：「折輪」至「不危」語有脫誤，《意林》作「折策敗輪之患，輪敗策折、馬奔輿覆，則載者亦傾矣」。◎伍非百曰：《意林》作「必有覆輿奔馬、折策敗輪之患，輪敗策折，馬奔輿覆，則載者亦傾矣」。又《藝文類聚》卷 52 引《韓子》：「勢者，君之馬也；威者，君之輪也。勢固則輿安，威定則策勁，臣從則馬良，民和則輪利。爲國有失於此，覆輿奔馬，折策敗輪矣。輿覆馬奔，策折輪敗，載者安得不危？」◎王愷鑾曰：當作「必有覆輿奔馬、折策敗輪之患，載者安得不危」。《御覽》卷 620、又《藝文類聚》卷 54 引《韓非子》皆以「折策敗輪」並言，是其證。今本《韓非子》無此文，想係逸脫。（此節引其校語，《類聚》卷 54 當是卷 52，王氏誤記）◎按：《韓子・外儲說右上》、《外儲說右下》並云：「勢者，君之馬也。」又並云：「國者君之車，勢者君之馬。」有脫誤。《書鈔》卷 27 引《韓子》：「勢者君之輿，威者君之策，國者君之輿，勢者君之馬。」《潛夫論・衰制》：「夫法令者，人君之銜轡箠策也；而民者，君之輿馬也。」《金樓子・立言篇上》：「勢者君之輿，威者君之策，臣者君之馬，民者君之輪。勢固則輿安，威定則策勁，臣從則馬良，民和則輪利。」並本此文。韓子、蕭氏所見本並作「良」字，作「良」是其舊本，《意林》臆改。從亦順也。

異同之不可別，是非之不可定，白黑之不可分，清濁之不可理，久矣。誠聽能聞於無聲，◎誠，覆宋本作「斯誠明」。◎譚獻曰：「斯」、「明」皆衍，《繹史》引無二字。◎孫詒讓曰：鈔本、《子彙》本並無「斯明」二字，與《繹史》合。◎馬敘倫、沈延國亦以「斯」、「明」爲衍文。**視能見於無形，計能規於未兆，慮能防於未然，**◎馬敘倫曰：下文「不以知慮，則合於无然矣」，俞先生樾謂「然」乃「朕」字之譌，則此「然」亦當爲「朕」。◎沈延國從馬說。◎伍非百曰：「然」疑作「朕」。◎按：「然」字不誤，詳下文。《禮記・曲禮上》:「聽於無聲,視於無形。」〔註18〕又《呂氏春秋・精諭》:「目視於無形,耳聽於無聲。」《淮南子・說林篇》:「視於無形,則得其所見矣;聽於無聲,則得其所聞矣。」〔註19〕又《俶眞篇》:「視於冥冥,聽於無聲。」〔註20〕《說苑・說叢》:「明者視於冥冥,〔謀者〕謀於未形,聰者聽於無聲,慮者戒於未成。」《史記・淮南衡山傳》:「聰者聽於無聲,明者見於未形。」《孔叢子・連叢子下》:「聖人者必能聞于無聲,見于無形,然後稱聖爾。」並本此文。**斯無他也。不以耳聽,則通於無聲矣。不以目視,則照於無形矣。**◎二句覆宋本作「不可耳聽,則通於無形矣」。◎譚獻曰:可,《繹史》引作「以」。◎孫詒讓曰:鈔本、《子彙》本「可」並作「以」,下並有「則通於無聲矣。不以目視」二句,《繹史》同,宋本奪。則通於,鈔本、《子彙》本「通」並作「照」。◎馬敘倫據各本改「可」作「以」。◎按:覆宋本脫「無聲矣不以目視則照於」十字,並非「照」作「通」字。**不以心計,則達於無兆矣。不以知慮,則合於未然矣。**◎未然,覆宋本作「無然」。◎譚獻曰:無然,《繹史》引作「未然」。◎王愷鑾曰:無,《百子全書》本作「未」。◎錢基博曰:明初刊本「未」作「無」。◎俞樾曰:余謂「然」乃「朕」字之誤。「朕」誤爲「肰」,因誤爲「然」矣。「無朕」與上文「無形」、「無兆」一律。◎伍非百曰:朕,舊作「然」,形近而誤。◎馬敘倫曰:緜眇閣本、《子彙》本、指海本、崇文本「無然」作「未然」。案此承上「慮能防於未然」言,《文選・君子行》注引「慮能」一句,亦作「未然」。則此作「未」爲是。上「無兆」亦當同。◎沈延國曰:《說郛》本及《繹史》引亦作「未然」。俞氏以「然」作「朕」,此說塙當。「無朕」與上句「無兆」對偶,蓋古文「兆」、「朕」往往相對也。(下略)◎按:「然」字不誤,《廣雅》:「然,成也。」王念孫曰:「《大戴禮・武王踐阼篇》云:「楹之銘曰:『毋曰胡殘,其禍將然;毋曰胡害,其禍將。』《淮南子・泰族訓》云:『天地正其道而物自然。』是然爲成也。」〔註21〕《漢書・外戚傳》:「事不當時,固爭防禍於未然。」又《陳湯傳》:「曾不深惟本末之難,以防未然之戒。」又《匡衡傳》:「正基兆而防未然也。」《後漢書》「防未然」凡三見,皆此文「防於未然」不誤之證。《漢書・楚元王傳》:「夫明者起福於無形,銷患於未然。」〔註22〕又《匈奴傳》:「夫明者視於無形,聰者聽於無聲,誠先於未然,即蒙恬、樊噲不復施,棘門、細柳不復備。」二例亦以「未然」與「無形」、「無聲」相對舉,尤爲確證。《漢書・匡衡傳》:「故聖人愼防其端,禁

〔註18〕《呂氏春秋・重言》、《文子・精誠》同。
〔註19〕《文子・上德》「形」作「有」。
〔註20〕《文子・微明》「視」作「眎」,古字。
〔註21〕王念孫《廣雅疏證》,收入徐復主編《廣雅詁林》,江蘇古籍出版社1998年版,第263頁。《說苑・敬愼》作「勿謂何殘,其禍將然」。
〔註22〕《漢紀》卷27作「夫明者起福於無形,消禍於未然」。

於未然。」亦此義。《書鈔》卷43引《物理論》:「爲禁令者急之於未然，寬之於已發。」「未然」、「已發」對舉，然猶成也。〔爲〕君者，◎錢熙祚曰:「爲」字依《御覽》卷620補。◎馬敘倫、錢基博校同。◎伍非百曰:《意林》作「爲君者」。藏形匿影，◎馬敘倫曰：藏，《御覽》卷620引作「滅」，《文選·演連珠》註引同此。◎按：藏、匿皆隱也，「滅」爲形譌。《淮南子·兵略篇》:「是以聖人藏形于無，而游心於虛。風雨可障蔽，而寒暑不可開（關）閉，以其無形故也。」群下無私。掩目塞耳，萬民恐震。◎按：掩目塞耳，言掩塞其聰明，不任視聽也。此皆道家之指。《莊子·知北遊》:「道不可聞，聞不若塞，（郭象注：「不如塞耳。」）此之謂大得。」《淮南子·主術篇》:「故古之王者，冕而前旒所以蔽明也，黈纊塞耳所以掩聰，天子外屏所以自障。」

循名責實，察法立威，◎錢熙祚曰：案法立成，原作「察法立威」，依《御覽》卷620改。又《御覽》引此文與上條末四句相屬，則宋初本尚不分段也。◎錢基博依《御覽》改作「案」。◎伍非百曰:《御覽》卷620引作「案法立成」。是明王也。◎錢熙祚曰:《御覽》作「是謂明主」。◎洪頤煊曰：影宋鈔《北堂書鈔》卷15引作「脩名責實」，《意林》引亦作「脩名責實」。《管子·九守篇》:「脩名而督實。」「脩」、「循」字形相似。《太平御覽》卷620引作「循名責實，案法立成，是謂明主。」第二句足訂今本之誤。◎王愷鑾、錢基博並曰：王，《百子全書》本作「主」。◎譚獻曰:「王」當作「主」。◎沈延國曰：譚說是，崇文本及《御覽》卷620引並作「主」。◎按:《意林》未引此文，引上文「修名責實，君之事也」，「循」誤作「修」。「察」爲「案」形誤，「成」爲「威」形誤。「案」同「按」，與「循」同義。夫明于形者，分不遇于事；◎譚獻曰:「遇」當作「過」。◎王啓湘曰:「遇」字疑誤。◎伍非百曰:「遇」疑作「過」。察于動者，用不失則利。◎則，覆宋本作「其」。◎馬敘倫曰：嘉靖本、緜眇閣本、《子彙》本、十二子本、崇文本「其」作「則」，指海本作「于」。◎沈延國曰：覆宋本、明朱氏本皆作「其利」。「其」、「則」均通，作「于」爲錢氏所誤改矣。◎伍非百改「則」作「于」，云：舊作「則」。故明君審一，◎譚獻曰:「一」是壞字。◎沈延國曰：譚說非塙。「明君審一」即下文「求諸己之謂」，非壞字也。萬物自定。◎按:《新序·善謀》:「夫明於形者，分則不過於事；察於動者，用則不失於利；審於靜者，恬則免於患。」正本此文。「遇」爲「過」形誤。則，猶於也〔註23〕。《韓子·主道》:「故虛靜以待令，令名自命也，令事自定也。」又《揚權》:「故聖人執一以靜，使名自命，令事自定。」《史記·晉世家》:「名自命也，物自定也。」名不可以外務，智不可以從他，◎沈延國曰:《說郛》本「從他」二字倒。◎按：四庫本亦倒作「他從」。求諸己之謂也。

〔註23〕訓見吳昌瑩《經詞衍釋》，中華書局1956年版，第157頁。裴學海《古書虛字集釋》，中華書局1954年版，第601頁。

治世位不可越，職不可亂，百官有司，各務其刑。◎馬敘倫曰：「刑」疑當作「形」。◎伍非百曰：「刑」通「形」。◎按：二氏說非也。《廣雅》：「刑，治也。」《文選・五等諸侯論》：「然則南面之君，各務其治。」**上循名以督實，下奉教而不違**。◎違，覆宋本、叢書本作「達」。◎俞樾曰：余謂「達」當作「違」，字形相近而誤也。◎孫詒讓曰：達，《子彙》本作「違」，宋本誤。◎王愷鑾曰：達，《百子全書》本作「違」，宜據改。◎譚獻、王啓湘、伍非百亦皆改作「違」。◎沈延國曰：覆宋本、嘉靖本「違」作「達」，是也。家大人曰：疑「達」字不誤。「實」、「達」叶，下「終」、「窮」亦叶，是可證。「不達」即「不脫」之意。「達」與「脫」通用。蓋「達」、「脫」聲之侈弇，猶「佻達」亦作「佻脫」也。（沈氏所引家大人者，指其父沈瓞民）◎按：《莊子・人間世》、《列子・黃帝》：「時其飢飽，達其怒心。」《淮南子・主術篇》作「適其飢飽，違其怒恚」。亦「達」、「違」相誤之例。此文當以作「違」字是。**所美觀其所終，所惡計其所窮**。◎王愷鑾曰：案此二語，亦見《管子・版法篇》，彼作「舉所美必觀其所終，廢所舉必計其所窮。」◎伍非百校同。◎按：《管子》作「廢所惡」，王氏失檢，沈延國、伍非百又襲其誤。此文「終」、「窮」协韻。**喜不以賞，怒不以罰**。◎按：《管子・版法》：「喜無以賞，怒無以殺。喜以賞，怒以殺，怨乃起，令乃廢。」又《任法》：「夫愛人不私賞也，惡人不私罰也。」爲此文所本。《晏子春秋・內篇問上》：「不因喜以加賞，不因怒以加罰。」亦可參證。又考《說苑・政理》：「武王問於太公曰：『賢君治國何如？』對曰：『……不因喜以賞，不因怒以誅。』」《治要》卷31引《六韜・文韜》：「不因喜以賞，不因怒以誅。」又引《太公陰謀》：「不因怒以誅，不因喜以賞。」此蓋太公遺教。《淮南子・主術篇》：「喜不以賞賜，怒不以罪誅。」〔註24〕《漢紀》卷21：「不以喜加賞，不以怒增刑。」亦本之。**可謂治世**。

夫負重者患塗遠，據貴者憂民離。◎錢熙祚曰：一本「憂」作「患」。◎伍非百校同。◎按：據，讀爲處。《戰國策・齊策三》：「猿獮猴錯木據水，則不若魚鼈。」高誘注：「錯，置也。據，處也。」《國語・晉語一》：「今不據其安，不可謂能謀。」韋昭注：「據，居也。」「據貴」即下文「在上」之誼。**負重塗遠者，身疲而無功。在上離民者**，◎孫詒讓曰：當作「民離者」。**雖勞而不治。故智者量塗而後負，明君視民而出政**。◎沈延國曰：《說郛》本「視」作「親」。◎按：「視」、「量」對舉同義，「親」字誤也。

獵羆虎者，不于外圂。◎錢熙祚曰：《御覽》卷938作「獵猛虎者不於後園。」◎伍非百校同。◎洪頤煊曰：《太平御覽》卷938引作「獵猛虎者，不於後園；釣鯨鯢者，不於清池。何則？園非虎處，池非鯨淵」。《一切經音義》卷9引《蒼頡》：「圂，豕所居也。」字從囗，豕在其中，義亦得通。◎沈延國曰：《方言》卷3：「苙，圂也。」郭注：「蘭圂也。」「蘭圂」

〔註24〕《文子・上仁》同。

一作「蘭圈」。（下略）**釣鯨鯢者，不居清池**。◎居，指海本作「于」。◎釣，覆宋本、明初本、叢書本作「鈎」。◎譚獻曰：鈎，《繹史》引作「釣」。◎王愷鑾曰：李善注《文選・吳都賦》引此「鈎」作「釣」，「居」作「于」，《百子全書》本同，宜據改。◎錢基博曰：明初刊本「釣」作「鉤」，形近而譌；「于」作「居」，音近而譌。《繹史》引「于」亦作「居」。◎馬敘倫曰：鈎，指海本、崇文本及《御覽》卷938引作「釣」。於，原作「居」，依指海本及《御覽》卷938、《文選・吳都賦》注引改。◎沈延國曰：「居」當作「於」，今據改。《御覽》卷938引《文子》亦同，是其例。《說郛》本亦作「釣」作「居」。◎按：《文選・吳都賦》李善注、《爾雅翼》卷30引無「鯨」，「居」作「于（於）」。「于」爲「於」古字，亦居也，對舉同義。《廣雅》：「於，居也。」錢氏謂音譌，沈氏改字，皆非也。**何則？圂非羆虎之窟也，池非鯨鯢之泉也**。◎窟，覆宋本作「處」。◎錢熙祚曰：《御覽》作「園非虎處，池非鯨淵」，蓋約其文也。此「淵」作「泉」，則避唐諱。◎伍非百校同。◎馬敘倫曰：圂，《御覽》卷938引作「園」。窟，原作「處」，依嘉靖本、《子彙》本、指海本、崇文本改。淵，原作「泉」，依《御覽》引改。◎沈延國曰：錢說是，今依《御覽》卷938改，十二子本亦作「窟」。◎按：《金樓子・立言篇上》：「獵猛虎者，不於北苑（園）；釣鯨鯢者，不於南河（池）。何則？園非猛虎之藪，池非鯨鯢之處也。」即本此文。**楚之不泝流，陳之不束麾。長盧之不士，呂子之蒙恥**。◎孫詒讓曰：《史記・孟子荀卿傳》云：「楚有尸子、長盧。」《漢書・藝文志》：「道家：《長盧子》九篇，楚人。」《列子・天瑞篇》作「長廬子」（殷敬順《釋文》「廬」作「盧」），即此人也。「士」與「仕」通。「呂子」無考。◎馬敘倫曰：《御覽》卷37引《呂氏春秋》：「長盧子曰：『山岳河海，水金木火石，此積形成乎地也。』」◎沈延國曰：劉向《上荀卿子表》曰：「楚有尸子、長廬子、芋子，皆著書。」「盧」字古通作「廬」。《御覽》引《呂覽》長盧子語，今本《呂覽》無，疑《御覽》引《列子》語，誤爲《呂覽》。《列子・天瑞篇》云云，《御覽》所引，蓋約辭也。◎伍非百曰：「士」同「仕」。◎按：《史記集解》本作「長廬」，《元和姓纂》卷5引《列子》作「長盧子」。《御覽》卷37引《呂氏春秋》作「長廬子曰：山海岳河，水金石火木，此積形成乎地也」，馬氏誤記。《書鈔》卷157引《呂氏春秋》作「山丘河海，金石水火，此積形而成乎地者」。

夫游而不見敬，不恭也。居而不見愛，不仁也。言而不見用，不信也。◎按：《荀子・法行》：「曾子曰：『同遊而不見愛者，吾必不仁也；交而不見敬者，吾必不長也；臨財而不見信者，吾必不信也。』」楊倞註：「仁者必能使人愛己。不長厚，故爲人所輕。廉潔不聞於人。」即本此文。「長」亦恭敬之義，楊注非是。郝懿行曰：「長，謂敬長。」張覺曰：「此『長』字與『敬』同義。」王天海曰：「長者，尊也。」李中生申證郝說。皆近之。俞樾曰：「不長者，無所長也。不長猶不能也。」梁啓雄曰：「長，良也，善也。」張之純曰：「不長，猶言無所短長。」楊柳橋曰：「長者，忠也。」〔註 25〕胥失之矣。**求而不能得，**◎能，四庫本作「見」。**無始也。謀而不見喜，無理也。**◎孫詒讓曰：「始」疑當爲「媒」〔註 26〕，與「理」對文（「媒」、「理」義略同，詳後《楚辭》）。◎王愷鑾曰：孫詒讓云云。案《廣雅》：「理，媒也。」《離騷》云：「理弱而媒拙兮。」《九章・抽思》云：「理弱而媒不通兮。」又《思美人》云：「令薜荔而爲理兮，憚舉趾而緣木；因芙蓉而爲媒兮，憚褰裳而濡足。」皆「理」、「媒」並舉，孫氏疑「始」當爲「媒」，所見極允。◎伍非百曰：「始」疑作「媒」。「媒」、「理」同義。《離騷》：「理弱而媒拙兮，恐導言之不固。」「媒」、「理」皆居間介紹人。◎按：伍說襲自孫氏。理，亦道也。孫氏謂理訓媒，非是。則其改「始」爲「媒」，又失其根矣。始，疑當讀爲辭。楚簡「始」、「辭」皆作「[illegible]」字。**計而不見從，遺道也。因勢而發譽，則行等而名殊。人齊而得時，**◎馬敘倫曰：「人齊」疑有譌字。**則力敵而功倍。其所以然者，乘勢之在外。**

推辯說，非所聽也。◎辯，覆宋本作「辨」。◎孫詒讓曰：辯，景宋本作「辨」，下並同。今從錢本正。◎馬敘倫、王愷鑾校同。**虛言向，非所應也。**◎孫詒讓曰：此文多譌挩。虛言向，「向」當作「者」。◎王愷鑾曰：「向」爲「嚮」之壞字。「虛言向」文不成義，疑一本作「虛言」，一本作「虛嚮」，傳寫者兩存之，致有此誤。孫氏改「向」爲「者」，非是。◎馬敘倫曰：朱希祖云：「『向』字疑衍。當作『辯說，非所聽也；虛言，非所應也』，于詞例方稱。」案「言向」疑當爲「詞」。◎沈延國曰：王以「向」爲「嚮」之壞字，非是。「向」、「嚮」古通。朱、馬說似勝。但皆無佐證。◎伍非百曰：「向」字疑當作「問」。◎按：「向」當作「詞」，形之譌也。謂虛飾其言詞以說者，非所應答也。言詞，同「言辭」。《韓子・姦劫弒臣》：「人主誠明於聖人之術而不苟於世俗之言，循名實而定是非，因參驗而審言辭，是以左右近習之臣，知僞詐之不可以得安也。」此云「不苟於世俗之言」、「審言辭」，即其誼也。**無益亂，非舉也。**◎孫詒讓曰：無益亂，當作「無益之辭」。非舉也，當作「非所舉也」。◎沈延國曰：孫說是，馬敘倫據改，近當。今依改正。《說郛》本作「非所達也」，《諸子奇賞》本作「非舉也」。◎伍非百補作「無益〔治〕亂，非〔所〕舉也」，云：舊作「無益亂，非舉也」，文不成辭，據上文例，增「治」、「所」二字。謂言之無益於治亂者，非所言也。《尹文子》：「有理而無益於治者，君子弗言。」《莊子・天下篇》：「言之無益於治者，君子不言，以爲明之不如其已。」

〔註 25〕諸說並轉引自董治安、鄭傑文《荀子彙校彙注》，收入《齊文化叢書（2）》，齊魯書社 1997 年版，第 967 頁。王天海《荀子校釋》，上海古籍出版社 2005 年版，第 1143 頁。李中生《讀〈荀子〉札記》，收入《荀子校詁叢稿》，廣東高等教育出版社 2001 年版，第 253 頁。

〔註 26〕孫氏《鄧析子校文拾遺》云：「『始』疑當爲『媟』。」《拾遺》係據孫氏手稿整理而成，「媟」當係「媒」字誤錄，余未見孫氏手稿，記此存疑。

是其義。◎按：「無益亂，非舉也」，當校作「無益治，非所舉也」，舉，猶爲也、行也。謂無益於治者，不爲之也。《尹文子·大道上》：「故有理而無益於治者，君子弗言；有能而無益於事者，君子弗爲。」《淮南子·泰族篇》：「故無益於治而有益於煩者，聖人不爲；無益於用而有益於費者，智者弗行也。」並其證。**故談者，別殊類使不相害，序異端使不相亂。論志通意，**◎孫詒讓曰：景宋本重「意」字，衍。今從錢本刪。◎王愷鑾曰：論，一本作「輸」。◎錢基博曰：《百子全書》本「論」作「論」，形近而譌。◎譚獻曰：下一「意」字衍。◎馬敘倫曰：嘉靖本、緜眇閣本、《子彙》本、十二子本、指海本、崇文本不重「意」字。**非務相乖也。若飾詞以相亂，匿詞以相移，**◎覆宋本、明初本、叢書本「移」上有「亂」字。◎孫詒讓曰：景宋本衍「亂」字，今從錢本刪。◎譚獻、王愷鑾、馬敘倫、沈延國並刪「亂」字。**非古之辯也。**◎辯，覆宋本作「辨」。◎《史記·平原君傳》《集解》引劉向《別錄》：「鄒子曰：『彼天下之辯有五勝三至，而辭正（至）爲下。辯者，別殊類使不相害，序異端使不相亂，抒意通指，明其所謂，使人與知焉，不務相迷也。……及至煩文以相假，飾辭以相惇，巧譬以相移，引人聲使不得及其意，如此害大道。』」《索隱》：「抒，音墅。抒者，舒也。」《通鑑》卷3引《鄒子》同，胡三省註：「惇，都昆翻，迫也，詆也，誰何也。」《韓詩外傳》卷6：「天下之辯，有三至五勝，而辭置下（而辭至爲下）。辯者，別殊類使不相害，序異端使不相悖，輸公通意，揚其所謂，使人預知焉，不務相迷也。是以辯者不失所守，不勝者得其所求，故辯可觀也。夫繁文以相假，飾辭以相悖，數譬以相移，外人之身，使不得反其意，則論便然後害生也。」◎孫詒讓曰：「別殊類使不相害」以下七句，與劉向《別錄》引《鄒子》及《韓詩外傳》文略同，詳前。◎孫詒讓校《韓詩外傳》云：輸公，「公」疑當作「志」，「輸志通意」即「抒意通指」，文異義同。「揚」疑當作「楬（揭）」，與「明」義亦略同。「惇」當從此作「悖」〔註27〕。◎按：「惇」字孫氏校作「悖」，是也；此文作「亂」，義同。胡三省就誤字「惇」釋之，非也。「論」、「抒」讀爲「輸」，「論」爲形譌字。《外傳》「揚」字不誤，揚亦明也，孫說失之。

慮不先定，不可以應卒。◎王啓湘曰：「卒」當讀爲「猝」。**兵不閑習，不可以當敵。**◎錢熙祚曰：閑習，《意林》作「預整」。◎譚獻、馬敘倫、錢基博、伍非百校同。◎孫詒讓曰：閑，鈔本作「間」。◎按：《漢書·辛慶忌傳》引《司馬法》：「夫將不豫設，則亡以應卒；士不素厲，則難使死敵。」顏師古注：「卒，讀曰猝，謂暴也。」《墨子·七患》：「城郭不備全，不可以自守；心無備慮，不可以應卒。」皆可參證。《說苑·說叢》：「兵不豫定，無以待敵；計不先慮，無以應卒。」待，禦也、當也。《長短經》卷3作「應敵」，義同。《史記·仲尼弟子傳》：「子貢謂晉君曰：『臣聞之，慮不先定，不可以應卒；兵不先辨，不可以勝敵。』」

〔註27〕孫詒讓《札迻》，齊魯書社1989年版，第34～35頁。

《吳越春秋・夫差內傳》作「臣聞慮不預定，不可以應卒；兵不預辦，不可以勝敵」〔註 28〕。《索隱》:「卒謂急卒也。言計慮不先定，不可以應卒有非常之事。」《史記・范雎傳》:「夫物不素具，不可以應卒。」《鹽鐵論・世務》:「事不豫辦，不可以應卒；內無備，不可以禦敵。」《後漢書・馮衍傳》:「故曰：『德不素積，人不爲用；備不豫具，難以應卒。』」《尉繚子・勒卒令》:「夫蚤決先敵，若計不先定，慮不蚤決，則進退不定，疑生必敗。」《家語・賢君》:「慮不先定，臨事而謀，不亦晚乎？」並足參證。**廟筭千里，帷幄之奇。**◎筭，覆宋本作「勝」。◎譚獻曰：勝，《意林》作「筭」。◎孫詒讓曰：勝，鈔本、《子彙》本並作「筭」，與《意林》、《繹史》同。◎馬敘倫據各本及《意林》改作「算」。◎沈延國曰：蓋「筭」乃「算」之俗。勝、算一聲之轉。惟此當作「廟算」，若作「勝」字，則與下句「百戰百勝」重。◎按：沈氏謂勝、算一聲之轉，非也。古無相通之例。**百戰百勝，黃帝之師。**◎馬敘倫曰：《御覽》卷 322 引「師」下有「也」字。

死生自命，貧富自時。◎王啓湘曰：兩「自」字均當作「有」。《論語・顏淵篇》:「死生有命。」《莊子・秋水篇》:「貴賤有時。」即其證也。「自」與「有」形近，是以致誤。◎沈延國曰：《說郛》本「自」作「有」。**怨夭折者，不知命也。怨貧賤者，不知時也。故臨難不懼，**◎錢熙祚曰：一本「難」作「敵」。◎伍非百校同。**知天命也。貧窮無懾，達時序也。**◎按：《列子・力命》:「故曰：死生自命也，貧窮（富）自時也。怨夭折者，不知命者也。怨貧窮者，不知時者也。當死不懼，在窮不戚，知命安時者也。」可互參證。自，猶由也、在也，王改作「有」非是。《論語・顏淵篇》:「死生有命，富貴在天。」「有」、「在」對舉，「有」亦猶在也〔註 29〕。《劉子・遇不遇》:「如能臨難而不懾，貧賤而不憂，可謂達命者矣。」即本此文。**凶飢之歲，**◎飢，明初本、四庫本、百子本、叢書本作「饑」。◎譚獻曰：飢，《意林》作「饑」，《繹史》同。◎孫詒讓曰：飢，鈔本作「饑」，與《意林》、《繹史》同。「饑」正字，「飢」借字。**父死於室，子死於戶，而不相怨者，無所顧也。同舟渡海，**◎錢熙祚曰：《意林》作「同船涉海」。又，《書鈔》卷 137、《類聚》卷 71、《御覽》卷 768 並作「涉」。惟《文選・贈文叔良詩》注引作「渡」，與今本同。◎伍非百校同。◎馬敘倫曰：《書鈔》卷 137 引「同」上有「故」字。◎按：《記纂淵海》卷 59 引亦同今本。《書鈔》卷 137 引「同舟」上無「故」字，而引下文「同」下有「故」字，馬氏誤記。**中流遇風，救患若一，所憂同也。**◎錢熙祚曰：一本「憂」作「患」。◎伍非百校同。◎按：《書鈔》卷 137 引作「所憂同故也」。《戰國策・燕策二》:「胡與越人言語不相知，志意不相通，同舟而淩波，

〔註 28〕《越絕書・越絕內傳陳成恒》、《長短經・是非》「辨」亦作「辦」，俗字。

〔註 29〕訓見裴學海《古書虛字集釋》，中華書局 1954 年版，第 155 頁。蕭旭《古書虛詞旁釋》有補證，廣陵書社 2007 年版，第 60 頁。

至其相救助如一也。」《孫子・九地》：「夫吳人與越人相惡也，當其同舟而濟遇風，其相救也如左右手。」可互參證。《淮南子・兵略篇》：「同舟而濟於江，卒遇風波，百族之子，捷捽招杼船，若左右手，不以相得，其憂同也。」即本此文，作「憂」字。《孔叢子・論勢》：「吳、越之人，同舟濟江，中流遇風波，其相救如左右手者，所患同也。」亦本此文，則作「患」字。**張羅而畋，**◎孫詒讓曰：而，《意林》作「之」。◎沈延國、錢基博校同，沈延國又曰：畋，明初黑口本、明朱氏本作「略」，《說郛》本作「張羅畋野」。◎按：「略」爲「畋」形譌。**唱和不差者，其利等也。**◎錢熙祚曰：《意林》「等」作「同」。◎伍非百校同。◎馬敘倫曰：宋本、武英殿本《意林》並作「等」。**故體痛者，**◎體，覆宋本作「躰」。◎錢熙祚曰：《意林》「痛」作「病」。◎孫詒讓、伍非百校同。◎譚獻曰：躰，俗字，《繹史》作「體」。◎馬敘倫曰：宋本《意林》作「痛」。**口不能不呼。**◎孫詒讓曰：呼，聚珍版本《意林》作「唾」，校云：「一作『呼』。」◎錢基博曰：《意林》「痛」作「病」，「呼」作「唾」。◎沈延國曰：《御覽》卷391亦作「痛」。「呼」《意林》引作「唾」，彼原注曰：「一作『口不能呼』。」◎按：《御覽》卷391、《記纂淵海》卷50、卷59引同今本，《記纂淵海》卷58引《尹子》亦同。**心悅者，顏不能不笑。**◎錢基博曰：《意林》「能」作「得」。**責疲者以舉千鈞，**◎錢熙祚曰：瘠，原作「疲」，依《御覽》卷696改。◎馬敘倫曰：「疲」字是。◎按：影宋本《御覽》卷696引作「疲」。**責兀者以及走兔，**◎覆宋本作「冗者以及走乎」。◎錢熙祚曰：督跛者，原作「責兀者」，依《御覽》改。◎錢基博校同。◎譚獻曰：冗者，《繹史》引作「責兀者」。「走乎」一寫本作「走兔」。◎俞樾曰：余謂「冗」乃「兀」字之誤。《莊子・德充符篇》：「魯有兀者。」《釋文》引李云：「刖足曰兀。」是也。「乎」乃「守」字之誤，「守」讀爲「獸」。古人或叚「狩」爲「獸」。漢《張遷碑》：「帝游上林，問禽狩所有。」《石門頌》：「惡蟲[illegible]狩。」「狩」皆即「獸」字。是其證也。此云「走守」，蓋又省狩爲守耳。「責疲者以舉千鈞，兀者以及走獸」，文義甚明。因「兀」誤爲「冗」，叚「守」爲「獸」，而又誤作「乎」字，遂不可讀。下文又曰：「豈在振目搤腕，乎摽鞭朴而後爲治歟？」「乎」字亦「手」字之誤，「手摽鞭朴」四字爲句。◎王啓湘曰：影宋本「兀」誤「冗」，「兔」誤「呼（乎）」。◎馬敘倫曰：「兀」爲「跀」省，「跀」即「跀」重文。《說文》：「跀，斷足也。」「乎」蓋「手」字之譌，「手」借爲「獸」。（此節引其校語）◎沈延國曰：「責冗者」不可解，錢氏據《御覽》改，是也。今據正。「走兔」似淺人所改，今仍依覆宋本、明初黑口本作「走乎」。俞氏以「乎」爲「手」誤，「手」借爲「獸」，近是。（引者按：此非俞說，乃馬氏說。）《說郛》本作「兀者以及走馬」。（此節引其校語，沈氏引文，誤以俞說之一部分爲王啓湘說，殊疏）。**驅逸足於庭，**◎錢熙祚曰：《御覽》「逸足」作「騏驥」。◎馬敘倫曰：「逸」疑當作「兔」。此文以「兔足」、「猨捷」對舉。（此節引其校語）。

求猨捷於檻，◎猨，四庫本誤作「援」。捷，覆宋本作「揵」。◎孫詒讓曰：猿揵，鈔本作「援疾」，《繹史》作「猨捷」。◎馬敘倫曰：「求」字疑譌。「捷」原作「揵」，今依嘉靖本、緜眇閣本、《子彙》本、指海本、崇文本改。◎沈延國曰：明朱氏本、十二子本亦作「揵」，錢氏指海本「猨」作「猿」。（此節引其校語）**斯逆理而求之，猶倒裳而索領〔也〕**。◎覆宋本「裳」上有「索」字。◎錢熙祚曰：《御覽》作「猶倒裳以索領也」。◎譚獻曰：索裳，「索」字衍，《繹史》引無。◎孫詒讓曰：《御覽》卷 696 引「疲」作「瘠」，「責兀者」作「督跛者」，「逸足」作「騏驥」，「庭」作「廷」，「捷」仍作「揵」，「索」字不衍，「而索領」作「以索領也」，「倒」作「到」，當依正，古無「倒」字。◎伍非百曰：原本無「也」字，據《御覽》補。◎按：諸家所引《御覽》，乃鮑刻本。影宋本《御覽》卷 696 引作「責疲者以舉千鈞，督跛者以及走兔，駈騏驥於廷，求猨猴於檻，斯逆理而求之，猶倒裳以索領也」。《記纂淵海》卷 55 二引，亦並作「責疲者以舉千鈞，督跛者以及走兔」。《金樓子・立言篇上》：「責罷者以舉千鈞，督跛者以及走兔，驅騏驥於庭，求猿猱於檻，猶倒裘而索領也。」即本此文。是《鄧子》宋以前舊本固作「督跛者」、「走兔」也。《玉篇》：「檻，闌也，櫳也。櫳，檻也，牢也。」《楚辭・劉向・九歎》：「今反表以為裏兮，顛裳以為衣。」王逸注：「顛，倒也。」劉向「顛裳以為衣」即用《鄧子》之典故，此劉向所獻《鄧子》即今本之一證。魏・曹植《九詠》：「任椒蘭其望治，由倒裳而求領。」《類聚》卷 48 北齊・邢子才《為文襄皇帝讓尚書令表》：「反鑒取照，匹此何難；倒裳求領，方之為易。」下句亦皆本於此文。《韓子・說林下》：「惠子曰：『置猿於柙中，則與豚同。』故勢不便，非所以逞能也。」《淮南子・俶眞篇》：「置猨檻中，則與豚同。非不巧捷也，無所肆其能也。」《楚辭・哀時命》：「置猨狖於櫺檻兮，夫何以責其捷巧？」「捷」字《御覽》作「猴」，字之誤也。蕭氏作「猱」，亦誤也。

事有遠而親，近而疎，就而不用，去而反求。◎反求，四庫本誤作「求反」。◎沈延國曰：十二子本「返」作「反」，《鬼谷子》「而」作「之」。**風此四行，明主大憂也**。◎風，指海本、四庫本作「凡」。◎譚儀曰：「風」疑「凡」。◎王啓湘曰：「風」當讀為「凡」。《說文・風部》：「風從虫，凡聲。」古人義存乎聲，故「凡」字即可假「風」為之。《莊子・天地篇》：「願先生之言其風也。」德清俞氏亦讀「風」為「凡」，即其證也。◎王愷鑾、馬敘倫說略同王啓湘。◎錢基博曰：明初刊本、《百子全書》本「凡」作「風」，形近而譌。◎伍非百曰：凡，一本作「風」。蓋「風」與「凡」，古音同。《中庸》：「知風之自。」俞樾校作「知凡之目」，是其證。◎按：作「風」疑古本。《鬼谷子・內揵》：「君臣上下之事，有遠而親，近而疎，就之不用，去之反求。」即本此文。

夫水濁則無掉尾之魚，政苛則無逸樂之士。◎沈延國曰：各本及《御覽》卷 935

引作「政苛」，惟覆宋本作「政蕑」。王仁俊曰：「蕑，苛也。《淮南・主術訓》作『夫水濁則魚噞，政苛則民亂』。」◎按：敦煌寫卷 S.1441《勵忠節鈔・政教部》引作「夫水濁者則無掉尾之魚，政令峻察則下無逸樂之士」，上句「者」字衍文。**故令煩則民詐，政擾則民不定。**◎馬敘倫曰：《淮南・繆稱訓》、《韓詩外傳》卷 1：「水濁則魚噞，令苛則民亂。」◎按：《外傳》卷 1「噞」作「喁」，《淮南子・繆稱篇》二「則」字作「者」，馬氏引文不確。《說文》：「喁，魚口上見。」《說文新附》：「噞，噞喁，魚口上見也。」《淮南子・說山篇》：「水濁而魚噞，形勞則神亂。」又《主術篇》：「夫水濁則魚噞，政苛則民亂……是以上多故則下多詐，上多事則下多態，上煩擾則下不定，上多求則下交爭。」又《繆稱篇》：「故上多故，則民多詐矣。」《文子・精誠》：「夫水濁者魚噞，政苛者民亂。」〔註 30〕又《道德》：「法煩刑峻即民生詐，上多事則下多態。」《說苑・政理》：「水濁則魚困，令苛則民亂。」《劉子・愛民》：「故水濁無掉尾之魚，土确無威蕤之木，政煩無逸樂之民。」並本此文。**不治其本，而務其末，**◎按：《淮南子・泰族篇》：「今不知事修其本，而務治其末，是釋其根而灌其枝也。」又《主術篇》：「不務反道，矯拂其本，而事修其末。」又《兵略篇》：「今夫天下皆知事治其末，而莫知務修其本，釋其根而樹其枝也。」並本此文。**譬如拯溺〔而〕錘之以石，救火〔而〕投之以薪。**◎錢熙祚曰：原脫兩「而」字，又「硾」作「錘」，依《藝文》卷 80、《御覽》卷 52 補正。又《御覽》「如」作「猶」。◎馬敘倫校同，又引《呂氏春秋・勸學篇》：「是拯溺而硾之以石也。」高註：「硾，沈也。」◎伍非百曰：《御覽》卷 520、《類聚》卷 80 引作「拯溺而硾之以石，救火而投之以薪」，增兩「而」字，「錘」作「硾」。◎錢基博亦依《類聚》、《御覽》增二「而」字。◎沈延國曰：《說郛》本「硾」作「投」。◎按：《御覽》見卷 52，伍氏誤記。硾、錘，正、假字。《玉篇》：「硾，鎮也。亦作縋。」《廣韻》：「硾，鎮也。《呂氏春秋》云：『硾之以石。』」《六書故》：「硾，縣石也。《呂氏春秋》曰：『拯溺而硾之以石。』別作磓。」拯，讀爲抍、撜。溺，讀爲休。《方言》卷 13：「抍，拔也，出休爲抍。」《說文》：「抍，上舉也。撜，抍或從登。」又「休，沒也。」《玉篇》：「休，今作溺。」《淮南子・齊俗篇》：「子路撜溺而受牛謝。」正作本字「撜」。《呂氏春秋・察微》、《長短經》卷 3、《白帖》卷 96 作「拯溺」，高誘註：「撜，舉也，升出溺人。」抍字或作承，《列子・黃帝》：「使弟子竝流而承之。」《莊子・達生》作「拯」。殷敬順《釋文》：「承，音拯，《方言》：『出溺爲承。』諸家直作拯，又作撜。」《淮南子・說林篇》：「病熱而強之餐，救暍而飲之寒，救經而引其索，拯溺而授之石，欲救之，反爲惡。」《劉子・隨時》：「亦何異救餓而與之珠，拯溺而投之玉乎？」並本此文。

夫達道者，無知之道也，無能之道也。◎沈延國曰：覆宋本、明朱氏本皆奪下「也」字，《說郛》本「達」作「建」。◎按：「建」字誤。**是知大道不知而中，不能而成，**◎

〔註 30〕《御覽》卷 58 引作「水濁者魚噞喁」，衍「喁」字。「者」猶則也。

孫詒讓曰：無成，鈔本、《子彙》本並作「而成」。◎馬敘倫曰：下「而」，原作「無」，依各本改。◎沈延國曰：覆宋本、明朱氏本作「不能無成」。**無有而足。守虛責實，而萬事畢。**

忠言於不忠，義生於不義。◎譚獻曰：「言」誤。◎孫詒讓曰：二句文例同，「言」疑亦當爲「生」。◎馬敘倫從孫校。◎胡懷琛曰：此言（引者按：指孫說）非也。「言」何以誤爲「生」，孫氏未明言，且兩句同作「生」字，讀之殊不順。按「言」當爲「原」，因同音而誤〔註31〕。◎沈延國曰：孫說近是，《說郛》本亦作「忠生於不忠」。◎伍非百曰：出，舊作「言」，篆形近而誤。◎按：「言」爲「出」字之誤，伍說是也。**音而不收謂之放，**◎譚獻曰：音而不收，當作「言口而不收」。◎王愷鑾曰：案二句文例同，「音」下疑挩「發」字。◎沈延國曰：譚、王說是，《論語》：「隱居放言。」何晏注：「放，置也。」◎按：當作「言出而不收謂之放」。言，教令、號令。「放」即「不收」之誼。沈氏引《論語》非也。**言出而不督謂之闇。**◎馬敘倫曰：「督」字疑譌。◎沈延國曰：馬說是。家大人曰：「督」疑「昚」字之譌。「昚」古「愼」字，俗又誤爲「昚」，「昚」又誤爲「督」爾。◎按：沈說無據。督，察也。不明察，故謂之闇也。**故見其象，致其形。**◎沈延國曰：《說郛》本「形」譌「行」。**循其理，正其名。得其端，知其情。**◎伍非百曰：「見象致形」三句，語出《管子・白心篇》。◎按：《管子・白心篇》：「知其象，則索其形；緣其理，則知其情；索其端，則知其名。」是此文所本。《吳越春秋・勾踐歸國外傳》：「聖人之謀，不可見其象，不可知其情。」反其語而言之。**若此，何往不復？何事不成？**◎按：《易・泰》：「無平不陂，無往不復。」**有物者，意也。無外者，德也。**◎孫詒讓曰：「外」當爲「物」。**有人者，行也。無人者，道也。故德非所履，處非所處，則失道。非其道不道，則諂。**◎孫詒讓曰：「不」當爲「而」。篆文相似而誤。◎沈延國曰：「非其道不道」文不可通，孫說是。馬敘倫據孫說改，頗當。**意無賢，慮無忠，行無道，言虛如受實，萬事畢。**◎馬敘倫曰：「則諂」以下疑有脫譌。◎沈延國曰：《諸子奇賞》本作「則諂意（句），無賢慮（句），無忠行（句），無道言（句）」，似非是。

夫言，榮不若辱，非誠辭也。◎覆宋本「辭」上有「僻」字。◎譚獻曰：「僻」衍字。◎馬敘倫亦據各本刪「僻」字。**得不若失，非實談也。不進則退，**◎沈延國曰：覆宋本、明朱氏本「則退」作「即退」。「則」、「即」古通。**不喜則憂，不得則亡，此世人之常。眞人危斯十者，**◎馬敘倫曰：「此世人之常」以下有脫譌。◎伍非百曰：「危」字有誤。◎按：「危」疑「厄」之誤，「厄」讀爲扼，把也，持也。**而爲一矣。所爲大辯者，**◎爲，指海本、覆宋本、百子本、叢書本作「謂」。辯，覆宋本作「辨」。**別天下之行，**

〔註31〕胡懷琛《札迻正誤》，收入《叢書集成續編》第24冊，新文豐出版公司1991年印行，第634頁。

具天下之物，選善退惡，時措其宜，而功立德至矣。小辯則不然，◎辯，覆宋本作「辨」。**別言異道，以言相射，以行相伐，使民不知其要，無他故焉，故淺知也。**◎錢熙祚本作「故知淺也」，云：一本「知淺」二字倒。◎譚獻曰：「故淺知也」當作「淺知故也」。◎馬敘倫曰：據譚說則上文「故焉」二字疑衍。◎王啓湘曰：此兩句文氣正相拍湊，下句當作「知淺故也」。今本「知」、「故」二字誤倒，則二句文氣不相屬矣。◎王愷鑾曰：案下「故」字訓事，見《呂氏春秋·審己篇》。「故淺知也」當作「知故淺也」，謂小辯者知事淺，故有別言異道諸弊。此句正申釋上句「無他故焉」之意。若作「故淺知也」，則上下二句不相屬矣。◎沈延國曰：諸說似非。譚作「淺知故也」較勝，但與原文意悖。「故淺知也」之「故」，似當作「固」解，「故」、「固」古通，方與上下文意順。《說郛》本「以行相伐」誤作「以行相代」。◎伍非百本作「故知淺也」，云：原作「淺知」，據別本改。◎按：當作「知故淺也」，「知故」即「智故」。射，猜度，猜謎。伐，矜伐。**君子并物而錯之，兼塗而用之，**◎孫詒讓曰：鈔本作「措之」。◎按：錯，讀爲措，亦用也。**五味未嘗而辨於口，**◎覆宋本、明初本無「辨」字。◎譚獻曰：「而」下有敓字。◎孫詒讓曰：于口，鈔本上有「遍」字，《子彙》本上有「辨」字。◎馬敘倫曰：原無「辨」字，今依緜眇閣本、《子彙》本、指海本、崇文本補。◎王愷鑾、伍非百亦補「辨」字。**五行在身而布於人。**◎馬敘倫曰：疑有譌。◎沈延國曰：馬說非。家大人曰：五行在身而布於人，指五藏言也。（此節引其校語。）**故何方之道不從，**◎孫詒讓曰：「何」疑「無」之誤。《呂氏春秋·必己篇》云：「如此其無方也。」高注云：「方，術也。」◎馬敘倫從孫說。◎伍非百曰：孫詒讓云：「『何』疑作『無』。」愚按：疑作「回」。**面從之義不行，治亂之法不用。**◎馬敘倫曰：疑有譌字。◎王啓湘曰：「治亂之法不用」，義不可通。「治亂」當作「亂治」，言亂治之法則不用也。**惔然寬裕，蕩然簡易，**◎按：惔，讀爲倓、憺，安靜也。《說文》：「倓，安也。」字亦作淡、澹。**略而無失，精詳入纖微也。**◎沈延國曰：《說郛》本作「精神入微也」。

夫舟浮於水，◎錢熙祚曰：《御覽》卷768「浮」作「行」。**車轉於陸，此自然道也。**◎錢熙祚本作「此勢自然者也」，云：原作「此自然道也」，依《御覽》改，與《淮南·主術訓》合。◎錢基博亦依《御覽》改。◎王啓湘曰：「自然」下當補「之」字。◎沈延國曰：錢說是，今據正。《說郛》本作「此自然之道也」。◎按：《韓子·功名》：「若水之流，若船之浮，守自然之道，行毋窮之令，故曰明主。」《淮南子·主術篇》：「夫舟浮於水，車轉於陸，此勢之自然也。」並本此文。**有不治者，**◎王愷鑾曰：案上「不」字，「而」之譌也。治在道不在智，故言有能治者，智不豫焉。◎伍非百改作「故爲治者」，云：故爲，舊作「有不」。**知不豫焉。**◎朱希祖曰：「知不豫焉」，「不」字疑衍。下文「故不載焉」，當據《淮南·主術》

作「知故不載焉」，與此意正相合。◎伍非百改作「知故不豫焉」，云：「故」字據下文增。「知故」即「智故」，名家常語。◎按：《淮南子・主術篇》：「故爲治者，〔智〕不與焉。」〔註 32〕高注：「治在道，不在智，故日不與。」即本此文。伍氏改「故爲」是也，而增「故」字則非。《文子・下德》作「故爲治者，知不與焉」。

夫木擊折轊，水戾破舟，不怨木石而罪巧拙，◎巧，四庫本作「工」。◎王啓湘曰：「水」當作「石」，「巧」當作「功」，「功」與「工」通。據俞氏《淮南子平議》改。◎王愷鑾曰：《文子・下德篇》及《淮南・主術訓》「巧拙」下均有「者」字，宜據補。俞樾云云。今案舟破于石，水戾使之然也。俞氏改「水」爲「石」，于文律雖嚴，然於事理，則不合也。◎馬敘倫曰：《淮南・主術訓》「水」作「冰」。◎沈延國曰：《淮南》一本亦作「水」。俞氏以「水戾」作「石戾」固非。又以「巧」當作「功」，「功」與「工」通，亦不當。◎按：沈說是，俞說非也，何寧亦駁之〔註 33〕。「水」字不誤，《文選・南都賦》李善註、《意林》卷 2、《記纂淵海》卷 55、《集韻》引《淮南子》皆作「水」字，《文子・下德》同。戾，《淮南子・主術篇》、《文子・下德》同，《文選・南都賦》李善註引《淮南子》作「淚」，《集韻》：「淚，疾流皃，《淮南子》：『水淚破舟。』」《類篇》、《五音集韻》、《古今韻會舉要》並同。考《玉篇》：「戾，勢也。」《文選・秋興賦》：「勁風戾而吹帷。」李善註：「戾，勁疾之貌。」「戾」訓勁疾，加義符水旁作「淚」，故爲疾流皃。漢・劉歆《遂初賦》：「激流澌之漻淚兮，窺九淵之潛淋。」《文選・南都賦》：「長輸遠逝，漻淚淢汩。」張銑注：「漻淚淢汩，疾流貌。」又檢《後漢書・馮衍傳》李賢注引馮衍《與陰就書》：「鄙語曰：『水不激不能破舟，矢不激不能飲羽。』」則「戾」、「淚」訓激疾决矣。《廣雅》：「工，巧也。」轊，《淮南子》同，《意林》卷 2 引《淮南子》作「軸」，《文子・下德》亦作「軸」，則以訓詁字易之。《玉篇》：「轊，車軸頭。」本字爲軎，《說文》：「軎，車軸耑也。」考宋・晁公武《郡齋讀書志》卷 3：「右《鄧析》二篇，文字訛缺，或以繩爲澠，以巧爲功，頗爲是正其謬。」〔註 34〕則晁氏所見宋本作「功」字。唐・許嵩《建康實錄》卷 11：「木擊折軸，水戾破舟，不以水木而過工匠者何？本其所以然也。」本於此文，但許氏誤解「工」爲「工匠」。**故不載焉**。◎王愷鑾曰：《文子・下德篇》作「知不載也」，舊注云：「無心者物不加怨，載智者未嘗終吉。」《淮南・主術訓》作「知故不載焉」，高誘注云：「言木石無巧詐，故不怨也。」本句「故」字亦有巧詐之義。《晉語二》：「多爲之故。」韋昭解云：「故謂多計術。」是其證。◎朱希祖曰：當據《淮南・主術》作「知故不載焉」，與此

〔註 32〕「智」字據王念孫說補。《文子・下德》作「知不與焉」。
〔註 33〕何寧《淮南子集釋》，中華書局 1998 年版，第 622 頁。
〔註 34〕晁公武《郡齋讀書志》，收入收入景印文淵閣《四庫全書》第 674 冊，臺灣商務印書館 1986 年初版，第 223 頁。

意正相合。◎馬敘倫亦補「知」字。◎沈延國曰：馬氏據《淮南》增「知」字，似非。「故」亦有巧詐義，王說是。《文子》作「知不載也」，此作「故不載焉」，意正同。《淮南子》作「知故」，似爲淺人竄入。《淮南》高誘注亦無「知」字，是其明證。◎按：「故」上脫「知（智）」字，朱、馬二氏說是也。智故，巧詐也。《意林》卷 2 引《淮南子》作「智有不周」，《文子·下德》作「智不載也」（《纘義》本「智」作「知」），皆脫「故」字，敦煌寫卷 S.2810《文子》作「知故不載」。罪，S.2810《文子》作「非」，脫誤。**故有知則惑**，◎惑，四庫本、覆宋本、明初本、叢書本作「感」。◎孫詒讓曰：《子彙》本「感」作「惑」，下無「德」字，此疑誤衍。◎馬敘倫於「有知」上依《淮南·主術訓》補「道」字，又云：惑，原作「感」，依緜眇閣本、《子彙》本、指海本及《淮南·主術訓》改。◎錢基博曰：明初刊本「惑」字作「感德」，「感」係「惑」之譌，「德」字衍。◎伍非百改作「故道有知則惑」，云：原作「有知則感」，《子彙》本「感」作「惑」。兩本俱脫「道」字。◎按：「德」字屬下句，孫氏、錢氏誤讀其句。**有心則嶮**，◎覆宋本、明初本、叢書本「有」上有「德」字。◎譚獻曰：「德」字當作「有德則口」。◎馬敘倫曰：緜眇閣本、指海本、崇文本無「德」字，依《淮南·主術訓》，應有「德」字。**有目則眩**。◎王愷鑾曰：《文子·下德篇》云：「故道有知即亂，德有心即險，心有目即眩。」《淮南·主術訓》亦云：「是故道有智則惑，德有心則險，心有目則眩。」均與此同，宜據《淮南》訂正。《百子》本「感」亦作「惑」，惟無「德」字，蓋因上下文均以四字爲句而刪之也。◎馬敘倫曰：原無下「心」字，依《淮南·主術訓》改補。◎伍非百改作「德有心則嶮，心有目則眩」，云：《鄧析子》脫「心」字，當依《淮南子》及《文子》補。◎按：校作「故道有知則惑，德有心則嶮，心有目則眩」是也。《莊子·列禦寇》：「賊莫大乎德有心而心有眼，及其有眼也而內視，內視而敗矣。」亦本此文。雪克曰：「《淮南子·主術》云云，『感』正作『惑』。其文作『道有』、『德有』、『心有』，『德』字不爲衍。《鄧析》書無『道』、『心』字，則『德』字不當有。」〔註 35〕其說非也，《鄧子》脫「道」、「心」二字，而覆宋本「德」字尚存，正其有脫文之跡，而雪克抹去之。**是以規矩一而不易，不爲秦楚緩節**，◎錢熙祚曰：《淮南·主術訓》作「變節」。◎王愷鑾曰：緩節，《淮南·主術訓》作「變節」，與下句「改容」對文，宜據改。◎馬敘倫、沈延國、伍非百皆改作「變」字。**不爲胡越改容**。◎錢熙祚曰：一本

〔註 35〕孫詒讓《籀廎遺著輯存》雪克輯點，中華書局 2010 年版，第 258 頁。雪克點校此書，頗有疏失，即以《鄧子》此篇而言，如第 250 頁「惟親《意林》無『惟』字」，「惟親」是《鄧子》正文，下當加斷隔符號「○」以隔開，否則文義不明。第 252 頁「『始』疑當爲『媟』」，「媟」字無義，孫氏《札迻》作「媒」，此作「媟」當是誤錄其手稿。第 256 頁「宰，鈔本、《子彙》本並作『罪』」，「罪」當作「罕」。第 256 頁「迫於○下『迫』上疑奪一字」，不通，「迫於下」是《鄧子》原文，斷隔符號「○」當在「下」字下。

「胡」作「吳」。◎按：四庫本「胡」作「吳」。**一而不邪，**◎王啓湘曰：《淮南子·主術訓》「一而」上有「常」字，當據補。◎馬敘倫、沈延國、伍非百亦據補「常」字。**方行而不流。**◎譚獻曰：方，旁也。◎王仁俊說同，沈氏云：方、傍古通（「傍」當作「旁」，沈氏誤書）。◎王愷鑾曰：方讀若旁。《易·繫辭上傳》云：「旁行而不流。」旁行，即方行也。**一日形之，萬世傳之，無爲爲之也。**◎王愷鑾曰：《文子·下德篇》云：「夫權衡規矩，一定而不易，常一而不衺，方行而不留，一日形之，萬世傳之，无爲之爲。」杜道堅注云：「人有私心，罔不害道。人主無私，故法一而令行。是故德有心則險，心有眼則眩，知權衡規矩一定而不易，則知一者無爲之爲，百王用之，萬世傳之。」《淮南子·主術訓》文亦略同。◎沈延國曰：《說郛》本「形」誤「行」，下有「也」字。◎按：「規矩一」下當據《淮南子·主術篇》、《文子·下德篇》補「定」字。流，《淮南子》同，《文子》作「留」，敦煌寫卷 S.2506《文子》作「員」，馬王堆帛書《十大經·本伐》：「是以方行不留。」亦作「留」字。留讀爲流，員讀爲運〔註36〕。形，《文子》同，《淮南子》作「刑」。《廣雅》：「刑，成也。」《切韻》：「形，成也。」爲之，《淮南子》同，今本《文子》誤倒作「之爲」，S.2506 不誤。

夫自見之明，◎夫，覆宋本作「天」。◎錢熙祚曰：《意林》「之」作「則」，下三句同。◎伍非百校同。◎譚獻曰：天自見之明，《意林》作「自見則明」，《繹史》引作「夫自見之明」。◎馬敘倫曰：夫，原作「天」，依各本改。則，原作「之」，依《意林》引改，下同。**借人見之闇也。**◎譚獻曰：闇，《意林》作「暗」。**自聞之聰，**◎王愷鑾曰：聽，《百子全書》本作「聰」，宜據改。◎沈延國曰：明嘉靖本、十二子本誤「聰」作「聽」，諸本及《意林》引皆作「聰」。《說郛》本「自聞」誤作「自聽」。◎伍非百曰：聰，舊作「聽」，誤。各本皆作「聰」，據改。**借人聞之聾也。**◎譚獻曰：《意林》「之聰」作「則聰」，「之聾」作「則聾」。◎按：四「之」字，猶則也〔註37〕，不煩改作。**明君知此，則去就之分定矣。爲君〔者〕，**◎錢熙祚曰：原脫「者」字，依《文選·褚淵碑》注、《御覽》卷 4、又卷 620 補。◎伍非百校同。◎錢基博亦依《御覽》補「者」字。◎馬敘倫曰：《御覽》卷 27 引「君」下有「自」字，蓋「者」字之誤。**當若冬日之陽，夏日之陰，**◎馬敘倫曰：夏日，《御覽》卷 620 引「日」作「至」，《文選·褚淵碑文》注、《書鈔》卷 29 引並作「日」，《淮南·主術訓》亦作「日」。◎按：《長短經》卷 3、《御覽》卷 27 引作「夏日」。**萬物自歸，**◎錢熙祚曰：《御覽》卷 4、又卷 620 並作「歸之」。◎伍非百校同。◎馬敘倫曰：自歸，《御覽》卷 27 引同此，《淮南·主

〔註36〕參見蕭旭《敦煌寫卷〈文子〉校補》，收入《群書校補》，廣陵書社 2011 年版，第 1248 頁。

〔註37〕訓見王引之《經傳釋詞》，嶽麓書社 1984 年版，第 200 頁。裴學海《古書虛字集釋》，中華書局 1954 年版，第 741～742 頁。

術訓》作「歸之」。◎馬敘倫又曰：《周書・大聚解》曰：「譬之若冬日之陽，夏日之陰，不召而民自來。」（馬氏引脫「民」字，徑依原書補）。◎按：《長短經》卷3作「歸之」。《淮南子・主術篇》：「冬日之陽，夏日之陰，萬物歸之，而莫使之然。」《博物志》卷8：「文王曰：『愼勿言！冬日之陽，夏日之陰，不召而萬物自來。』」與此文皆可互參。證以《周書》作「自來」，則《鄧子》舊本作「自歸」也。**莫之使也**。◎馬敘倫曰：《淮南・主術訓》作「莫使之然」。**恬臥而功自成**，◎錢熙祚曰：《御覽》卷620「恬」作「偃」。◎伍非百校同。◎馬敘倫曰：《御覽》卷620引「恬」作「偃」，《淮南・主術訓》作「恬」。◎按：《御覽》卷27引作「恬」，又卷620引作「偃」蓋臆改。**優游而政自治。豈在振目搤腕**，◎馬敘倫曰：瞋，原作「振」，依《淮南・主術訓》改。搤，《淮南》作「扼」。「扼」、「搤」古通。腕，《淮南》作「掔」，正字。◎沈延國從馬說改作「瞋」。◎按：振，讀爲瞋，馬氏改作，殊無必要。《說文》：「瞋，張目也。」《戰國策・魏策一》：「搤腕瞋目。」《商子・君臣》：「瞋目扼腕。」《韓詩外傳》卷9：「瞋目搤腕。」《漢書・郊祀志》：「瞋目扼掔。」並用本字。字或作賑，《方言》卷7：「朝鮮冽水之閒，顚眴謂之賑眩。」敦煌寫卷S.328《伍子胥變文》：「振睛努目。」胡適藏本《降魔變文》：「振睛怒目。」亦皆作借字。**手據鞭朴而後爲治歟？**◎手據，覆宋本作「乎摽」。朴，四庫本作「扑」。◎錢熙祚曰：操，原作「據」，依《御覽》卷27改。◎馬敘倫、沈延國、錢基博、伍非百校同。◎俞樾曰：「摽」字無義，或是「操」字形近而誤歟？◎譚獻曰：乎摽，《繹史》引作「手據」。

夫合事有不合者，知與未知也。◎譚獻曰：（上）「合」衍字。◎孫詒讓曰：此章亦見《鬼谷子・內揵篇》，彼作「事有不合者，有所未知也」。疑此文本作「事有合不合者」，今本「合」字誤移「事」字上，遂不可通。◎馬敘倫從孫說改。◎王愷鑾曰：案孫氏所引《鬼谷子》語，爲今本所無，未知何據。◎沈延國曰：此章與前「事有遠而親，近而疏」章宜相接，意始貫。今本疑誤。《內揵篇》無此句。孫、譚兩說皆可通。家大人曰：疑此當作「夫事有合與不合者，知與未知也」，方正。**合而不結者，陽親而陰疎。故遠而親者，忘相應也**。◎錢熙祚曰：志，原作「忘」，依《文選・曹子建・贈白馬王〔彪〕詩》注改。◎王愷鑾、馬敘倫、錢基博、伍非百校同。◎沈延國曰：《說郛》本「也」上有「者」字，衍。◎按：結，堅固。**近而疎者，忘不合也**。◎錢熙祚曰：此「忘」字亦誤，《鬼谷子・內揵篇》作「志」。◎王愷鑾、馬敘倫、伍非百校同。◎譚獻曰：二「忘」字皆當作「志」。◎俞樾說同譚獻。**就而不用者，策不得也。去而反求者，無違行也**。◎沈延國曰：《鬼谷子・內揵》作「事中來也」。**近而不御者，心相乖也。遠而相思者，合其謀也**。◎覆宋本「者」作「也」。◎譚獻曰：「思」下「也」字當作「者」。◎馬敘倫、沈延國校同。◎按：《鬼谷子・內揵》：「故遠而親者，有陰德也；近而疏者，志不合也；就而不用者，策不得也；去而反求者，事中來也；日進前而不御者，施不合也；遥聞聲而相思者，合於謀，待決事也。」即本此文。**故明君擇人，不可不審。士之進趣，亦不可不詳。**

《鄧析子》卷下

轉辭篇

世間悲哀喜樂，嗔怒憂愁，◎愁，覆宋本作「喜」。◎孫詒讓曰：喜，鈔本、《子彙》本並作「愁」，《繹史》同，宋本誤。◎馬敘倫、沈延國亦謂覆宋本誤。**久惑於此。今轉之，在己爲哀，在他爲悲。在己爲樂，在他爲喜。在己爲嗔，在他爲怒。在己爲愁，在他爲憂。在己若扶之與攜，**◎覆宋本無「與」字。◎譚獻曰：「攜」上脫「與」字。◎孫詒讓曰：與，景宋本挩，今據錢本增。「在己」下當更有「在」字，今本誤挩。◎王啓湘曰：影宋本及錢本「在己」下均有「彼」字。◎王愷鑾曰：案錢熙祚校刊本作「在己彼若扶之與攜」，孫詒讓云：「『在己』下當更有『在』字，今本誤挩。」宜據錢、孫二氏說，於「在己」下補「在彼」二字。◎王仁俊、馬敘倫、沈延國皆補「與」字，馬敘倫亦補「在彼」二字。**謝之與議，故之與右，**◎錢熙祚曰：《淮南・說林訓》「議」作「讓」，「右」作「先」。◎洪頤煊曰：「右」當作「古」，《淮南・說林訓》：「扶之與提，謝之與讓，故之與先，諾之與已，相去千里。」古猶先也。◎沈延國曰：洪說非也。「故」字多作「古」字，惟「故」、「古」同在一句，無此句法。強以「古猶先也」釋之，未免臆斷。俞氏《淮南子平議》：「今本『故之與先』，當作『得之與失』，草書『得』字與『故』相似，隸書『失』字與『先』相近，因而致誤也。」其說是。《文子・上德篇》作「得之與失」可證。◎伍非百曰：原本「謝之與讓，得之與失」作「謝之與議，故之與右」，據《淮南子》、《文子》互校改正。俞樾《諸子平議》云云，今從俞說。◎王顯曰：「『右』跟底下的『已』、『里』押韻……故讀爲辜，是治罪的意思。右讀爲宥，是赦罪的意思。」〔註 38〕◎按：俞說是。**諾之與已，相去千里也。**◎俞樾曰：余謂此文有脫誤，《文子・上德篇》作「扶之與提，謝之與讓，得之與失，諾之與已，相去千里」，當據以訂正。惟「提」與「攜」義本相近，不必改也。◎王愷鑾曰：案以上五句爲韻語，《文子・上德篇》云云。文雖與此略同，惟「讓」字與上下文失韻，不若本書「議」字之優也。◎按：「議」、「讓」義近，責備也，與「謝」相對。然作「讓」字失韻。俞謂「『提』與『攜』義近」，得之。《說文》：「攜，提也。」《廣韻》：「提，提攜。」王顯曰：「提是踶的假借字，蹋也。」〔註 39〕其說非也。《鶡冠子・王鈇》：「信於

〔註 38〕王顯《讀書獻疑（一）》，《古漢語研究論文集（三）》，北京出版社 1987 年版，第 230 頁。

〔註 39〕王顯《讀書獻疑（一）》，《古漢語研究論文集（三）》，北京出版社 1987 年版，

約束，已諾不專。」陸佃注：「反諾爲已。」《荀子・王霸篇》：「刑賞已諾，信乎天下矣。」楊倞註：「諾，許也。已，不許也。」「已」、「諾」亦相對。

夫言之術，與智者言依於博，與博者言依於辯，◎馬敘倫曰：「與博」之博，《鬼谷子・權篇》作「拙」。◎王愷鑾曰：案「博者」之「博」，《鬼谷子・權篇》作「拙」，蓋涉上句「博」字而誤，宜據改。**與辯者言依於安，**◎覆宋本二「辯」字作「辨」。◎錢熙祚曰：「要」原作「安」，依《鬼谷子・權篇》改。◎王愷鑾校同。◎孫詒讓曰：安，《鬼谷子》作「要」，義似長。◎錢基博曰：此依《鬼谷子》改。然作「安」亦通，「安」即《老子》「大辯若訥」之意。◎按：「安」字誤，錢說非也。**與貴者言依於勢，與富者言依於豪，**◎孫詒讓曰：豪，《鬼谷子》作「高」。◎王愷鑾曰：案「豪」《鬼谷子・權篇》作「高」，宜據改。**與貧者言依於利，**◎覆宋本無「者」字。◎譚獻曰：「貧」下脫「者」字。◎王仁俊校同。◎王愷鑾曰：案此句下，《鬼谷子・權篇》有「與賤者言依於謙」一句。◎馬敘倫校同王愷鑾。**與勇者言依於敢，與愚者言依於說。**◎錢熙祚曰：說，《鬼谷子》作「銳」。◎王啓湘曰：此文亦見《鬼谷子・權篇》，彼作「與智者言依於博，與拙者言依於辯，與辯者言依於要，與貴者言依於勢，與富者言依於高，與貧者言依於利，與賤者言依於謙，與勇者言依於敢，與過者言依於銳」，與此微有不同。◎馬敘倫曰：說，讀爲悅。◎王愷鑾曰：「說」與「悅」同，《鬼谷子・權篇》作「與過者言依於銳」。「過」爲「遇」之譌字。「銳」與「兌」通。……「遇」與「愚」通，兌，銳也。與鄧析之言正同。◎伍非百曰：按此文與今本《鬼谷子》各有脫誤，可以互證。依於安，當依《鬼谷子》作「依於要」。「依於高」、「依於銳」當依《鄧析子》作「依於豪」、「依於說」。「與過者言」，「過」當作「愚」。說，與「悅」同。◎按：《御覽》卷 462 引《鬼谷子》作「與智者言依於博，與博者言依於辯，與辯者言依於要」。「安」當作「要」，諸說是也。「拙」當作「博」，字之誤也，此伍氏未及，王愷鑾說傎矣。「高」爲「豪」音誤，「豪」又「物」形誤；說，讀爲銳。伍說則失之。過，當作「遇」，讀爲愚。伍說稍失之。又考唐・李筌《太白陰經・數有探心篇》：「夫與智者言依於博，智有涯而博無涯，則智不可以測博；與博者言依於辨，博師古而辨應今，則博不可以應辨；與貴者言依於勢，貴位高而勢制高，則位不可以禁勢；與富者言依於物，富積財而物可寶，則財不足以易寶；與貧者言依於利，貧匱乏而利豐贍，則乏不可以賙豐；與賤者言依於謙，賤人下而謙降下，則賤不可以語謙；與勇者言〔依於敢，勇不懼而敢剛毅，則勇不可以懾剛；與愚者言〕依於銳，愚質朴而銳聰明，則朴不可以察聰。」〔註 40〕則李筌所見本「豪」作「物」。**此言之術也。**◎術，指海本誤作「說」。

不用在早圖，不窮在早稼。◎譚獻曰：「圖」疑「固」之譌。◎王仁俊曰：「用」疑

第 230 頁。

〔註 40〕此據《守山閣叢書》本，《四庫全書》本有脫誤。「依於敢」21 字原脫，依《四庫》本補。《叢書集成初編》第 943 冊影印，中華書局 1985 年版，第 19 頁。

「困」之誤。◎馬敘倫校同王氏。◎王啓湘曰：「用」疑當作「困」。言不困在乎早圖，不窮在早稼也。「用」、「困」形近，是以致譌。下文云：「君人者，不能自專而好任下，則智日困而數日窮。」亦以「窮」、「困」並言，可以爲證。◎王愷鑾曰：「用」當作「困」，與「窮」對文。王生斯睿云：「『稼』爲『豫』之譌，不窮在早豫，即《禮・中庸》所謂『凡事豫則立』也。」◎按：校「用」爲「困」甚確。「稼」當作「豫」，形近而譌，王斯睿說亦是。《逸周書・王佩解》：「不困在豫慎，見禍在未形。」銀雀山漢簡《德在民利》：「……在蚤（早）豫。」〔註 41〕《說苑・說叢》：「不困在於早慮，不窮在於早豫。」又《敬慎》：「安危存於自處，不困在於蚤豫，存亡在於得人。」皆「稼」字當作「豫」之確證。《荀子・大略篇》：「先患慮患謂之豫，豫則禍不生。」《禮記・學記》：「禁於未發之謂豫。」《廣韻》：「豫，備先也。」字或作預，《玉篇》：「豫，逆備也，或作預。」**非所宜言勿言，**◎錢熙祚曰：此下脫一句。◎朱希祖曰：「勿言」下當有「以口其口」一句。◎沈延國曰：《說郛》本補「以避其禍」四字。◎王啓湘曰：「勿言」下疑尚有「以避其口」四字。◎王愷鑾曰：句下宜據《說苑・說叢篇》補「以避其患」句。◎伍非百曰：下有脫句，疑當增「以避其愆」四字。◎按：王愷鑾補是，左松超說同，王顯亦從王說〔註 42〕。**非所宜爲勿爲，以避其危。非所宜取勿取，以避其咎。非所宜爭勿爭，以避其聲。**◎馬敘倫曰：「聲」字疑譌。◎王顯推測「聲」是「眚」之譌〔註 43〕。◎按：《說苑・說叢篇》：「非所言勿言，以避其患；非所爲勿爲，以避其危；非所取勿取，以避其詭；非所爭勿爭，以避其聲。」即本此文。◎又按：「取」、「咎」押韻，《意林》卷 1 引《太公金匱》：「天與不取，反受其咎。」《漢書・蕭何傳》引《周書》：「天予不取，反受其咎。」皆其例也。《國語・越語下》：「天予不取，反爲之災。」「災」字失韻，《史記・越世家》作「天與弗取，反受其咎」，是司馬遷所據本不誤也。《說苑》「咎」誤作「詭」，宜據此訂正〔註 44〕。向宗魯曰：「詭，責也。」〔註 45〕非是。**一聲而非，**◎錢熙祚曰：「言」原作「聲」，依《意林》改，與《文選・竟陵文宣王行狀》註合。◎沈延國從錢校。◎馬敘倫曰：宋本《意林》引作「聲」，《類聚》卷 19 引作「言」。◎按：《御覽》卷 390、《記纂淵海》卷 63 引作「言」，《說苑・說叢》同。**駟馬勿追；**◎覆宋本「駟馬」作一「罵」字。◎錢熙祚改作「駟馬不能追」，

〔註 41〕《銀雀山漢墓竹簡〔貳〕》，文物出版社 2010 年版，第 187 頁。

〔註 42〕參見左松超《說苑集證》，（臺灣）「國立」編譯館 2001 年版，第 1000 頁。王顯《讀書獻疑（一）》，《古漢語研究論文集（三）》，北京出版社 1987 年版，第 229 頁。

〔註 43〕王顯《讀書獻疑（一）》，《古漢語研究論文集（三）》，北京出版社 1987 年版，第 229 頁。

〔註 44〕參見王顯《讀書獻疑（一）》，《古漢語研究論文集（三）》，北京出版社 1987 年版，第 229 頁。

〔註 45〕向宗魯《說苑校證》，中華書局 1987 年版，第 397 頁。

云：原作「駟馬勿追」，依《意林》、《文選》註、《藝文》卷 19、《御覽》卷 390 改。◎譚獻曰：罵勿追，《意林》作「駟馬不能追」，《繹史》引作「駟馬勿追」。◎錢基博亦依《意林》改。◎俞樾曰：余謂「罵」字無義，乃「四馬」二字之誤。「一聲而非，四馬勿追；一言而急，四馬不及」，即所謂駟不及舌也。◎按：《記纂淵海》卷 63 引亦作「駟馬不能追」，《說苑・說叢》作「四馬不能追」。**一言而急，駟馬不及**。◎覆宋本作「一言而忽，罵不及」。◎錢熙祚改作「駟馬不能及」，云：原脫「能」字，依《意林》、《文選》註、《藝文》、《御覽》補。◎譚獻曰：罵不及，《意林》作「駟馬不能及」，《繹史》引作「駟馬不及」。下方又有校語云：忽，《意林》作「急」，《繹史》引同。◎王啓湘曰：兩「駟馬」字，疑均當作「四馬」，故影宋本誤作「罵」。◎王愷鑾曰：案「非」、「追」爲韻，「急」、「及」爲韻。李善注《文選・任彥昇・齊竟陵文宣王行狀》引此云：「一言而非，駟馬不能追；一言而急，駟馬不能及。」亦以「急」、「及」爲韻。覆宋本「急」作「忽」，則失其韻矣。◎馬敘倫曰：急，原作作「忽」，依嘉靖本、緜眇閣本、《子彙》本、指海本、崇文本及《類聚》卷 19、《意林》、《御覽》卷 390 引改。◎沈延國曰：十二子本亦作「一言而急」。《御覽》卷 390 引亦作「及」，一作「反」，誤。◎伍非百曰：四句《意林》作「一言而非，駟馬不能追；一言而急，駟馬不能及」。《文選・竟陵文宣王行狀》註、《藝文》卷 19、《御覽》卷 390 引同。◎錢基博亦依《意林》改，云：《意林》原注：「及，一作反。」◎按：「忽」爲「急」形誤。此爲當時諺語。《論語・顏淵》：「駟不及舌。」睡虎地秦簡《爲吏之道》：「口，關也；舌，幾（機）也。一堵（曙）失言，四馬弗能追也。口者，關；舌者，符璽也。璽而不發，身亦毋薛（辥）。」《文子・微明》：「舌者，機也。出言不當，駟馬不追。」《說苑・說叢》：「一言而非，四馬不能追；一言不（而）急，四馬不能及。」又「口者，關也。舌者，機也。出言不當，四馬不能追也。口者，關也。舌者，兵也。出言不當，反自傷也。」〔註 46〕**故惡言不出口**，◎不出口，覆宋本作「不出言口」。◎譚獻曰：「言」字衍，《繹史》無。◎馬敘倫曰：「口」上原有「言」字，依各本及《類聚》卷 19 引刪。**苟語不留耳**。◎錢熙祚曰：《藝文》作「苛聲不入耳」。◎馬敘倫、伍非百校同。◎按：「苛」爲「苟」形誤。《說苑・說叢》：「惡語不出口，苟言不留耳。」〔註 47〕即本此文。《大戴禮記・曾子本孝》：「故惡言不出于口，煩言不及于己。」又《曾子大孝》：「故惡言不出于口，忿言不及于己。」〔註 48〕與此文可互參。**此謂君子也**。

〔註 46〕《類聚》卷 17、《御覽》卷 367 引下句作「出言不審，駟馬不能追也」。《御覽》引「關」誤作「開」。

〔註 47〕《類聚》卷 17 引作「惡言不過口，苛言不留耳」。「苛」亦爲「苟」形誤。

〔註 48〕《禮記・祭義》作「故惡言不出於口，忿言不反於身」。王樹枏曰：「『反』亦當爲『及』，字形之譌。」王樹枏《校正孔氏〈大戴禮記補注〉》，收入《叢書集成新編》第 34 冊，新文豐出版公司 1985 年印行，第 579 頁。

夫任臣之法，◎任，覆宋本作「狂」。◎孫詒讓曰：狂，鈔本、《子彙》本並作「任」。◎馬敘倫曰：任，原作「狂」，依各本改。**闇則不任也，慧則不從也，仁則不親也，勇則不近也，信則不信也。**◎王啓湘曰：（上）「信」字疑誤。◎沈延國曰：《說郛》本作「言則不信也」。◎按：上「信」字不誤。下文云「言有信而不爲信」，故言「信則不信也」。**不以人用人，**◎沈延國曰：《說郛》本作「不以人用人」，衍「神」字。**故謂之神。怒出於不怒，**◎覆宋本下「怒」字作「恕」。◎譚獻曰：「恕」當作「怒」。《淮南子・說林訓》：「怒出於不怒，爲出於不爲。視於無形，則得其所見矣；聽於無聲，則得其所聞矣。」◎王仁俊校同。◎孫詒讓曰：恕，鈔本、《子彙》本並作「怒」。◎馬敘倫曰：下「怒」，原作「恕」，依各本及《莊子・庚桑楚篇》改。**爲出於不爲。**◎伍非百曰：二語出《莊子・庚桑楚》。**視於無有，**◎王仁俊曰：「有」當作「形」。◎馬敘倫曰：依下文，則「有」當作「形」。◎沈延國曰：《說郛》本「無有」作「無色」。**則得其所見。聽於無聲，則得其所聞。**◎按：《文子・上德》與《淮南》文略同，惟「有」作「形」。《莊子・庚桑楚》：「出怒不怒，則怒出於不怒矣；出爲無爲，則爲出於無爲矣。」亦本於此文。**故無形者，有形之本。**◎覆宋本「無形」作一「刑」字。◎譚獻曰：「刑者」當作「有形者」。◎沈延國曰：譚說作「有形者」非塙。各本皆作「無形者」，可證。明朱氏本亦作「刑」，「刑」、「形」古通。**無聲者，有聲之母。**

循名責實，實之極也。按實定名，名之極也。◎伍非百曰：「循名責實，按實定名」，語出《管子・入國篇》◎按：語出《管子・九守》，伍氏失檢。文作：「脩名而督實，按實而定名。」爲此文所本。「脩」爲「循」之誤〔註 49〕，《文選・晉紀總論》李善注引作「循名而案實」。《鬼谷子・符言》作「循名而爲，實安而完」，有譌誤。**參以相平，轉而相成。故得之形名。**◎按：參，參伍。《淮南子・要略篇》：「提名責實，考之參伍。」《史記・太史公自序》：「名家……控名責實，參伍不失。」《集解》引晉灼曰：「引名責實，參錯交互，明知事情。」可證此文之義。

夫川竭而谷虛，丘夷而淵實。◎丘，四庫本作「坵」。◎按：《莊子・胠篋篇》：「夫川竭而谷虛，丘夷而淵實。」《淮南子・說林篇》：「川竭而谷虛，丘夷而淵塞。」〔註 50〕高誘注：「虛，無水也。夷，平。塞，滿也。」並本此文。**聖人以死，大盜不起。**◎王啓湘曰：《莊子》作「已死」，「以」、「已」古通。◎王愷鑾校同。◎沈延國曰：《說郛》本「以死」作「不死」，係淺人妄改，律以下文，可證。**天下平而〔無〕故也。**◎而，四庫本作「之」。◎錢熙祚曰：原脫「無」字，依《莊子・胠篋篇》補。◎王愷鑾、馬敘倫、錢基博、伍非百校

〔註 49〕參見王念孫、孫星衍、俞樾等說，轉引自郭沫若《管子集校》，收入《郭沫若全集・歷史編》卷 7，人民出版社 1984 年版，第 262 頁。

〔註 50〕《文子・上德》同。

同。◎孫詒讓、王啓湘並曰：《莊子》作「而無故矣」。◎沈延國曰：《說郛》本脫「無」、「而」二字。**聖人不死，大盜不止。何以知其然？爲之斗斛而量之，則并〔與〕斗斛而竊之。**◎竊，覆宋本、明初本、叢書本作「均」。◎譚獻曰：「均」當作「竊」。◎王愷鑾曰：均，《莊子·胠篋篇》作「竊」，《百子全書》本同，宜據改。◎錢基博曰：明初刊本、《百子全書》本脫「與」字。◎馬敘倫曰：原脫「與」字，依指海本及《莊子·胠篋篇》補。「竊」原作「均」，蓋「切」字之誤，今依指海本、崇文本及《莊子·胠篋篇》改。◎按：四庫本亦有「與」字。斗，《長短經》卷3引《莊子》作「蚪」。**爲之權衡以平之，**◎王啓湘曰：平之，《莊子》作「稱之」。◎王愷鑾校同。**則并與權衡而竊之。爲之符璽以信之，則并與符璽而竊之。**◎竊，覆宋本、明初本、叢書本作「功」。◎譚獻曰：功之，寫本作「竊之」。◎而，四庫本作「以」。◎俞樾曰：余謂「均之」、「功之」皆無義，「均」與「功」並「竊」字之誤。俗書「竊」字或作「窃」，故或誤爲「均」，或誤爲「功」也。《莊子·胠篋篇》文與此同，而皆作「竊之」，可據以訂正。◎王愷鑾曰：功，《莊子·胠篋篇》作「竊」，《百子全書》本同，宜據改。◎孫詒讓曰：功之，《莊子》作「竊之」，《子彙》本同。據晁公武說，「功」當爲「巧」之誤。◎馬敘倫曰：「竊」原作「功」，亦「切」字之誤，今依指海本、崇文本、《御覽》卷682引及《莊子·胠篋篇》改。◎沈延國曰：諸說是，今據改。《子彙》本亦作「竊」，可證。◎伍非百曰：竊，原作「切（功）」，蓋因簡寫而誤。◎按：孫說非也，晁公武說「功」當爲「巧」，指上文「巧拙」而言。**爲之仁義以教之，**◎王啓湘曰：教之，《莊子》作「矯之」。◎王愷鑾校同。**則并〔與〕仁義而竊之。**◎而，覆宋本、明初本、叢書本作「以」。◎錢基博曰：明初刊本、《百子全書》本脫「與」字。明初刊本「而」作「以」。◎王愷鑾曰：以，《莊子·胠篋篇》作「而」，《百子全書》本同，宜據改。◎馬敘倫曰：原脫「與」字，依指海本及《莊子·胠篋篇》補。◎按：四庫本亦有「與」字。**何以知其然？彼竊財誅，**◎彼，覆宋本作「被」。◎譚獻曰：「被竊財誅」當作「竊財被誅」。下方又有校語云：「財」疑「則」之譌。◎王仁俊曰：「財」疑「則」之譌。◎王愷鑾曰：財，《莊子·胠篋篇》作「鉤」。「鉤」即《孟子》「一鉤金」之「鉤」，與「財」義同。◎馬敘倫、沈延國並據指海本及《莊子》校作「彼竊財者誅」，沈氏並指出譚、王說非。◎王啓湘曰：《莊子》作「竊鉤者誅」。◎錢基博曰：明初刊本、《百子全書》本脫「者」字。◎按：四庫本亦作「彼竊財者誅」。**竊國者爲諸侯。諸侯之門，仁義存焉。**◎王愷鑾曰：存焉，當依王引之說，改爲「焉存」。焉，於是也。言仁義於是乎存也。此四句，以「誅」、「侯」爲韻，「門」、「存」爲韻……詳見王念孫《讀書雜志餘編·莊子》。◎馬敘倫亦引王引之說。◎按：郭店楚簡《語叢四》：「竊鉤者誅，竊邦者爲諸侯。諸侯之門，義士之所存。」《莊子·胠篋篇》：「彼竊鉤者誅，竊國者爲諸侯。諸侯之門，而仁義存焉。」又《盜跖篇》：「小盜者拘，大盜者爲諸侯。諸侯之門，義士存焉。」**是非竊仁義耶？故遂於大盜，霸諸侯，**◎孫詒讓曰：遂於，《莊子》作「逐於」，「霸」作「揭」。◎王啓湘、王愷鑾校同。◎沈延國引《莊子》成玄英注：「逐，隨也。」◎按：《莊子・胠篋篇》作「故逐於大盜，揭諸侯，竊仁義，并斗斛權衡符璽之利者」，林希逸《口義》：「今之諸侯皆竊國者，立於人上，人誰不見，故曰揭。」此文有脫誤。**此重利也，盜趾所不可桀者，**◎趾，四庫本、指海本作「跖」。桀，覆宋本、明初本同，四庫本、指海本作「禁」。◎錢熙祚曰：《莊子》云：「此重利，盜跖而使不可禁者。」◎俞樾曰：余謂此有錯誤。《莊子・胠篋篇》作「此重利，盜跖而使不可禁者，是乃聖人之過也」。據此則「重利」下衍「也」字，「趾」當作「跖」，「桀」當作「禁」，「所」當作「而」。◎孫詒讓、王愷鑾、王啓湘、錢基博、馬敘倫、伍非百皆依指海本及《莊子》改。**乃聖人之罪也。**◎馬敘倫曰：罪，緜眇閣本作「事」，《莊子》作「過」。**欲之與惡，**◎伍非百曰：讀若好惡之惡。**善之與惡，**◎善之與惡，覆宋本作「喜之與善」，明初本、叢書本作「善之與善」。◎王愷鑾曰：善之與善，《百子全書》本作「善之與惡」，宜據改。◎馬敘倫亦校作「善之與惡」。◎沈延國曰：馬說似非。若作「善之與惡」，與前「欲之與惡」相複。明嘉靖本、十二子本誤作「善之與喜」（《說郛》本誤同），明朱氏本同覆宋本。◎伍非百曰：原作「善之與善」，一本作「喜之與喜」，《子彙》本作「善之與惡」，今從《子彙》本改。◎按：沈說是也，「欲」、「惡」、「喜」、「善」，即下文所謂四者也。**四者變之失。恭之與儉，敬之與傲，**◎馬敘倫曰：敬，明初本作「故」。◎按：「故」字誤。**四者失之修。**◎伍非百曰：上云「四者變之失」，此云「四者失之修」，文例參差，必有一誤。**故善素朴任惔憂而無失未有修焉，**◎馬敘倫曰：「憂」字誤。案以上疑有脫誤。**此德之永也。**◎伍非百曰：句有脫誤。**言有信而不爲信，言有善而不爲善者，不可不察也。**

夫治之法，莫大於〔使〕私不行。◎朱希祖曰：《愼子》逸文：「法之功，莫大使私不行；君之功，莫大使民不爭。」則此「私不行」上當有「使」字。◎王啓湘曰：治之法，《藝文類聚》卷 54、《太平御覽》卷 638 引作「法之功」，「私」上有「使」字。◎伍非百曰：舊本脫一「使」字。◎按：「治之法」亦當據校作「法之功」。**〔君之〕功，莫大於使民不爭。**◎錢熙祚曰：原脫「君之」二字，依《愼子》補。今《愼子》無此文，見《藝文》卷 54、《御覽》卷 638。◎王啓湘、錢基博、伍非百校同。**今也立法而行私，〔是私〕與法爭。**◎王愷鑾曰：案「與」上當依《愼子內篇》第七節補「是」字。◎王啓湘曰：：《類聚》、《御覽》引此「與法爭」上有「是私」二字。◎伍非百校作「是私與法爭」。◎按：伍校是也。《類聚》卷 54 引《愼子》「與法爭」上有「是」字，脫一「私」字，王啓湘失檢。《御覽》卷 638 引《愼子》正作「是私與法爭」。**其亂也，甚於無法。**◎法，覆宋本、叢書本作「私」。◎孫詒讓、王愷鑾、馬敘倫、錢基博、伍非百皆據各本改「私」作「法」。◎按：《類聚》卷 54、《御覽》卷 638 引《慎子》作「法」字。**立君而爭愚，**◎錢熙祚改作「尊賢」，云：原作「爭愚」，依《慎子》逸文改。◎王愷鑾、馬敘倫、王啓湘、錢基博校同。◎按：「爭」字，明初本、叢書本作「尊」。**〔是賢〕與君爭。**◎王啓湘曰：《類聚》、《御覽》引「爭愚」作「尊賢」，「與君爭」上有「是賢」二字。◎王愷鑾曰：「與」上亦挩「是」字，宜據《慎子》改正。◎伍非百曰：是賢，原作「尊愚」，據《慎子》逸文改。◎沈延國曰：律以上文，當作「是與君爭」。《類聚》、《御覽》作「是賢」，明慎懋賞本亦有「賢」字，則上文當作「是私與法爭」，方與此對偶。惟明慎懋賞本上句亦無「私」字，則作「是與君爭」爲勝也。◎按：作「尊賢」是，屬上句。《御覽》卷 638 引《慎子》作「是與君爭」，脫一「賢」字，王啓湘、沈延國皆失檢。《類聚》、《御覽》二句各脫一字，正可互補。**其亂也，甚於無君。故有道之國，〔法立〕則私善不行。**◎錢熙祚曰：原脫「法立」二字，依《慎子》逸文補。◎錢基博校同。◎王啓湘曰：《類聚》、《御覽》引「則私」上有「法立」二字，「私善」作「私議」。◎王愷鑾曰：當依《慎子》，於「則」字上補「法立」二字。《晏子》云：「陳氏以公量貸，以家量取。」即此所謂「私善」也。齊侯不能止，是法不立也。◎朱希祖曰：錢熙祚輯《慎子》逸文作「法立則私議不行」，《書鈔》卷 43 引《慎子》作「私善」，與此本合。◎沈延國曰：明慎懋賞本《慎子內篇》「私議」亦作「私善」。◎伍非百補「法立」二字，云：舊脫「法立」二字。◎按：善，《類聚》卷 54 引《慎子》同，《御覽》卷 638 引《慎子》作「義」，王啓湘失檢。《書鈔》卷 43 引《慎子》：「有道之國，法立則私善不行。」亦有「法立」二字，當據補。「善」爲「義」形誤，「義」與「法」對舉。《類聚》、《書鈔》亦誤，當據《御覽》改正。《戰國策・趙策二》：「子用私道者家必亂，臣用私義者國必危。」《商子・畫策》：「國亂者，民多私義。」《韓子・飾邪》：「私義行則亂。」「不行私義」正名法家之要旨，故商子、韓子並言之，皆祖於鄧子也。《商子・修权》：「世之爲治者，多釋法而任私議，此國之所以亂也。」又「夫倍法度而任私議，皆不〔知〕類者也。」又「夫廢法度而好私議，則姦臣粥權以約祿。」「私議」讀爲「私義」，亦其證也。又考《韓子・詭使》：「不從法令爲私善者，世謂之忠。」《商子・君臣》：「法制設而私善行，則民不畏刑。」《說苑・政理》：「武王問於太公曰：『賢君治國何如？』對曰：『賢君之治國……不以私善害公法。』」三書「私善」亦「私義」之誤。**君立而愚者不尊。**◎錢熙祚曰：「賢」原作「愚」，依《慎子》逸文改。◎王啓湘、錢基博、伍非百校同。◎王愷鑾曰：「愚」爲「賢」之譌。《商君書・開塞篇》云：「既立〔其〕君則上賢廢而貴貴立矣。」又曰：「立君者使賢無用也。」**民一於君，事斷於法。此國之道也。**◎朱希祖曰：《慎子》逸文作「是國之大道也」，此脫「大」字。◎王啓湘曰：《類聚》、《御覽》引「道也」上有「大」字。以上十四句，《類聚》、《御覽》引作《慎子》。

明君之督大臣，◎明，四庫本誤作「則」。**緣身而責名，緣名而責形，緣形而責實。臣懼其重誅之至**，◎懼，指海本作「愼」。◎錢基博曰：明初刊本、《百子全書》本「愼」作「懼」。◎按：《方言》卷1：「愼，憂也。」《廣雅》：「愼，恐也。」**於是不敢行其私矣**。◎覆宋本、明初本、叢書本無「是」字。◎譚獻曰：寫本「於」下有「是」字。王仁俊曰：「於」下疑有脫，或「至」字句，「於」有「乃」義。◎孫詒讓、馬叙倫、王愷鑾、沈延國、伍非百據各本增「是」字。

心欲安靜，慮欲深遠。心安靜則心策生，◎心，覆宋本、明初本、叢書本作「神」。◎錢熙祚曰：「神」原作「心」，《繹史》作「神」，與《鬼谷子・本經篇》合。◎馬叙倫曰：緜眇閣本、崇文本「神」作「心」。◎沈延國曰：高誘注《呂氏春秋・愼行篇》云：「慮，思也。」覆宋本等皆作「神」，作「心」涉上而誤。錢氏恐誤據緜眇閣本也。◎伍非百校作「神明榮」，云：原作「神策生」，「策」、「榮」形近而誤，又倒誤。**慮深遠則計謀成。心不欲躁，慮不欲淺。心躁則精神滑**，◎滑，四庫本作「猾」。◎按：「滑」、「猾」古通，亂也。其本字爲「汩」，段玉裁曰：「滑，古多借爲汩亂之汩。」〔註51〕**慮深則百事傾**。◎深，當從四庫本、覆宋本、明初本、指海本、叢書本、百子本作「淺」。◎沈延國曰：《說郛》本「百事」作「事計」。◎按：《鬼谷子・本經陰符》：「心欲安靜，慮欲深遠。心安靜則神明榮，慮深遠則計謀成。神明榮則志不可亂，計謀成則功不可間。」即本此文。

治世之禮，簡而易行。亂世之禮，煩而難遵。上古之樂，質而不悲。當今之樂，邪而爲淫。上古之民，質而敦朴。◎沈延國曰：家大人曰：「敦朴」二字疑倒，因與上句「行」、「遵」、「悲」、「淫」爲叶也。**今世之民，詐而多行**。◎譚獻曰：「行」疑衍。**上古象刑而民不犯，教有墨劓不以爲恥**，◎孫詒讓曰：有，《繹史》作「今」。◎馬叙倫曰：有，指海本作「今」。案「今」字疑當在「有」字上，「教」字疑誤。◎錢基博曰：明初刊本、《百子全書》本「今」作「有」。◎王啓湘以「教」字屬上句，云：「有」上疑脫「今世」二字。◎王愷鑾曰：「教」疑當作「今」。◎伍非百校同王愷鑾。◎沈延國曰：王仁俊〔謂〕「行」字疑衍，非塙。「今有墨劓」義似勝。然「教」字無緣致誤爲「今」，王時潤（引者按：即王啓湘）作「教今世有墨劓」，似亦非是。《說郛》本作「教今有墨劓」，似勝。◎按：王啓湘說非也。王啓湘以「教」字屬上句，沈氏未得其讀。《御覽》卷645引《尚書大傳》：「唐虞象刑而民不敢犯。」與此文可互參。《類聚》卷54引晉郭璞奏曰：「臣聞上古象刑而民不犯；中古明刑，以致刑措。」《宋書・吳喜傳》《與劉勔張興世蕭道成詔》：「故上古象刑，民淳不犯；後聖懲僞，易以剠墨。」即本此文。「教」疑當作「致」，其上有脫文，當作「中古明刑，致有墨劓」。**斯民所以亂多治少也**。◎按：「亂多治少」當作

〔註51〕段玉裁《說文解字注》，上海古籍出版社1981年版，第551頁。

「治多亂少」。**堯置敢諫之鼓**，◎敢，覆宋本作「欲」。◎錢熙祚曰：《文選・策秀才文》注、《御覽》卷 77「敢」並作「欲」。◎伍非百校同。◎譚獻曰：欲諫，《繹史》引作「敢諫」。◎馬敘倫曰：欲，各本並作「敢」，《御覽》卷 77、《文選・策秀才文》注引作「欲」。案《呂氏春秋・自知篇》、《淮南子・主術訓》並有此四句，《呂覽》作「欲」，《淮南》作「敢」。◎王愷鑾曰：案《呂氏春秋・自知篇》云：「堯有欲諫之鼓。」高誘注云：「欲諫者擊其鼓。」是也。《淮南子・主術篇》作「堯置敢諫之鼓」，《治要》引作「欲諫」。此書「敢」字，亦當作「欲」。李善注《文選・策秀才文》引正作「欲」，宜據改。◎沈延國曰：覆宋本作「欲諫」，與李善注引同，可證古本《鄧析子》正作「欲諫」。《呂覽》亦作「欲」，又《淮南》高誘注：「欲諫者擊其鼓。」是《淮南》正文本亦作「欲」，《治要》引正作「欲」，是其佐證。惟《尸子》、《帝王世紀》、《路史・疏仡紀》引皆作「敢諫」，《說郛》本及《初學記》卷 6 引亦同。◎按：作「敢」蓋其舊本，《大戴禮記・保傅》：「有誹謗之木，有敢諫之鼓。」是其證也。《淮南子・主術篇》：「故堯置敢諫之鼓，舜立誹謗之木，湯有司直之人，武王立戒愼之鞀。」《漢書・賈誼傳》：「進善之旌，誹謗之木，敢諫之鼓。」即本此文，正作「敢」字。作「欲」亦有所據，《治要》卷 41 引《淮南子》作「欲」。《呂氏春秋・自知》：「堯有欲諫之鼓，舜有誹謗之木，湯有司過之士，武王有戒愼之鞀。」《漢書・王莽傳》：「令王路設進善之旌，非謗之木，欲諫之鼓。」並本此文。敢，猶欲也〔註 52〕。**舜立誹謗之木**，◎覆宋本「立」作「之」，「誹」作「非」。◎譚獻曰：舜之，《繹史》引作「舜立」，寫本同。◎孫詒讓曰：《子彙》本「之」作「立」，與《繹史》及許鈔本同。非，鈔本、《子彙》本並作「誹」，《繹史》同。◎王愷鑾曰：案《呂氏春秋・自知篇》「立」作「有」，餘同。惟《尸子》云：「堯立誹謗之木。」見《史記・孝文本紀》《索隱》引。◎馬敘倫曰：立，原作「之」，依各本及《淮南子・主術訓》、《文選・策秀才文》注、《御覽》卷 77 引改。「非」爲「誹」省，明初本作「訓」，蓋「誹」之誤，各本及《文選》注、《御覽》引並作「誹」，《呂氏春秋・自知篇》、《淮南子・主術訓》亦作「誹」。謗，明初本作「謪」，誤。◎沈延國曰：《尸子》「舜」作「堯」，蓋涉上而誤。（此節引其校語）。**湯有司直之人**，◎王愷鑾曰：案《呂氏春秋・自知篇》作「湯有司過之士」。◎沈延國曰：高誘注《呂覽》云：「司，主也。主，正也（此二字疑衍。）正其過闕也。」松皋圓云：「司，伺也。」**武有戒愼之銘**。◎馬敘倫曰：「鞀」原作「銘」，依《呂氏春秋・自知篇》、《淮南・主術訓》改。◎王愷鑾曰：案：武王既踐阼，太公進王以丹書之道，王聞書之言，惕若恐懼，退而爲戒，書於席之四端，及機鑑盥盤楹杖帶履屨觴豆戶牖劍弓矛，皆爲銘焉，詳見《大戴禮・武王踐阼篇》，而《呂氏春秋・自知篇》及《淮南子・主術訓》則云：「武王有戒愼之鞀。」高誘注：「欲戒者搖其鞀鼓之。」今當各依本文，

〔註 52〕參見蕭旭《古書虛詞旁釋》，廣陵書社 2007 年版，第 131～132 頁。

固不必改「銘」從「鞀」也。◎沈延國曰：王說近是。《淮南・氾論訓》云：「禹之時有獄訟者搖鞀。」高誘注《淮南・主術訓》云：「欲戒君令慎疑者，搖鞀鼓。」則古戒慎有搖鞀之例。「鞀」與「鞉」同，音陶。◎按：據沈氏舉例，當云「馬說是」。戒，《御覽》卷 77 引誤作「貳」。此皆言其進諫之具，非武王自戒之銘。「銘」當作「鞀」，字之誤也。《呂氏》高誘注：「欲戒者搖其鞀鼓之。」「鞀」同「鼗」，如鼓而小，持其柄而搖之，旁耳自擊。《玉篇》：「鼗，似鼓而小。亦作鞀。」字亦作鞉，《廣韻》：「鼗，小鼓著柄者。鞉、鞀：並上同。」《劉子・貴言》：「昔堯設招諫之鼓，舜樹誹謗之木，湯立司過之士，武王置誡慎之鼗。」即本此文。《路史》卷 13 引此文作「堯置諫鼓，舜立謗木，湯有總街之誹，武有儆戒之鼗」。其字作「鼗」，尤可證此文當作「鞀」字。《貞觀政要》卷 5 作「銘」，注引太公《丹書》以說之，非也。《御覽》卷 77、《玉海》卷 31 引此文作「銘」，《治要》卷 41 引《淮南》亦作「銘」。則作「銘」字誤自唐宋時也。《太平廣記》卷 241 引《王氏聞見錄》：「臣聞堯有敢諫之鼓，舜有誹謗之木，湯有司過之士，周有誡慎之鞀。」則宋代猶見不誤之本。**此四君子者，聖人也，**◎錢熙祚曰：「四君」下原衍「子」字，依《御覽》刪。◎錢基博校同。◎王啓湘曰：「子」字當衍，「四君」即指堯舜湯武而言。下文云「四主者亂君」，亦即指栗陸宿沙桀紂而言。此云「四君」，彼云「四主」，其義一也。◎按：錢、王說是，《路史》卷 13 引亦無「子」字。**而猶若此之勤。**◎馬敘倫曰：猶，《御覽》卷 77 引作「由」。**至于栗陸氏殺東里子，宿沙氏戮箕文，**◎氏，覆宋本作「文」。◎錢熙祚曰：《御覽》卷 492 作「夙沙君」。◎譚獻曰：宿沙文，《繹史》引作「夙沙氏」，寫本同。◎馬敘倫曰：氏，原作「文」，今依各本改，《御覽》卷 77 及 492 引作「君」。◎王愷鑾曰：「宿」與「夙」通。《帝王世紀》：「諸侯夙沙氏叛不用命，箕文諫而殺之，神農退而修德，夙沙之民，自攻其君而來歸。」◎沈延國曰：明朱氏本亦誤「文」。《廣韻》：「宿沙，複姓。」「夙」又作「質」，《逸周書》：「昔者質沙。」孔注：「質沙即夙沙，始煮海爲鹽。」是其證。◎按：《御覽》卷 492 引作「宿沙君」，錢氏失撿。《路史》卷 13 引作「夙沙君僇箕文，桀誅關龍逢」，「戮」、「僇」古通用。《逸周書》見《史記解篇》，今本孔晁無此注。乃朱右曾說，沈氏誤引；朱氏又指出「質」、「宿」形近而誤〔註 53〕。**桀誅龍逢，紂刳比干，四主者亂君，**◎錢熙祚曰：《御覽》卷 77 作「此四君者」。◎馬敘倫依《御覽》卷 492 引於「四主」上補「此」字。又云：《御覽》卷 492 引此下有「常彎弓露刃以見朝臣，鉗錘鋸鑿，所可爲害之具，備置左右，即位未幾，后、公卿已下，至于僕隸，殺五百餘人」四十一字，乃崔鴻《十六國春秋・前秦錄・苻生傳》文誤入。◎按：《御覽》卷 77 引作「此四誅者」，錢氏失檢。「誅」即「主」音

〔註 53〕 朱右曾《周書集訓校釋》，收入《續修四庫全書》第 301 冊，上海古籍出版社 2002 年版，第 161 頁。

誤。《御覽》卷 492 錯入之文，馬說是，下條即引崔鴻《前秦錄》，文亦略見《魏書・臨渭氐苻生傳》。**故其疾賢若仇**。◎按：《路史》卷 13 引作「四主之嫉賢如仇」，「疾」、「嫉」古通用。**是以賢愚之相覺**，◎錢熙祚曰：《御覽》「覺」作「較」，二字古通。◎譚獻曰：「覺」當作「較」。◎孫詒讓曰：「相覺」即「相較」，字通。趙岐《孟子》注、《續漢書・律曆志》、《宋書・天文志》、《詩・定之方中》疏引《鄭志》並有「相覺」語，不必改字。◎王啓湘曰：「覺」字當讀爲「較」，古同音假借字也。《廣韻・三十六效》：「覺，古孝切。又音角。『較』同。」《四覺》：「覺，古岳切，又古孝切。『較』同。』二字同紐，故得通用。《楚辭・劉向・九歎・遠遊篇》：「服覺酷以殊俗兮。」王逸注：「覺，較也。」亦「覺」、「較」音同義通之證。◎王愷鑾曰：「覺」當讀爲「較」，音校。《孟子音義・離婁下》、《告子上》、《盡心下》：「覺音校。」凡三見，是其證。◎馬敘倫曰：較，原作「覺」，依《御覽》卷 77 引改。◎沈延國曰：「覺」、「較」古通，馬氏據《御覽》改，殊非。◎按：《路史》卷 13 引亦作「較」字。《文選・西征賦》李善註引作「覺」，是其舊本。《荀子・王霸篇》：「此夫過舉蹞步而覺跌千里者夫！」楊倞註：「覺，知也。跌，差也。」覺讀爲較，亦差也，同義連文〔註 54〕，楊注失之。漢代多用「覺」爲「較（校）」字。《詩・定之方中》孔疏引《鄭志》：「今就校人職相較甚異。」《孟子・離婁下》：「則賢不肖之相去，其間不能以寸。」漢・趙岐注：「如此賢不肖相覺，何能分寸？」孫奭《音義》「覺，丁音教，云：『義當作校。』」趙氏以「覺」訓「去」，亦差異、比較之義。《四庫全書〈孟子〉考證》：「較，監本訛覺，今改正。」〔註 55〕斯爲失之。又《告子上》趙岐注：「聖人亦人也，其相覺者，以心知耳。」亦用「覺」字。盧文弨《鍾山札記》卷 3：「覺有與校音義並同者。」〔註 56〕漢代以後，用例甚多。**若百丈之谿與萬仞之山，若九地之下與重山之顚**。◎重山，覆宋本、明初本、叢書本作「重天」。◎錢熙祚曰：「天」原作「山」，依《文選・西征賦》註、《漢高祖功臣頌》注、《御覽》卷 77 改。◎伍非百校同。◎譚獻曰：重天，《繹史》引作「重山」，寫本同。◎孫詒讓曰：《子彙》本作「重山」，與《繹史》及許鈔本同。◎王愷鑾曰：天，《百子全書》本作「山」，非是。《說文》：「天，顚也。」重天之顚，文自成義，不僅山有顚也。且上文既以「山」對「谿」，此又以「山」對「地」，於字嫌複。李善注《文選・潘安仁・西征賦》，引此正作「重天之顚」。◎馬敘倫曰：緜眇閣本、崇文本「天」作「山」，指海本原亦作「山」，

〔註 54〕參見顧千里、蔣禮鴻說，並轉引自王天海《荀子校釋》，上海古籍出版社 2005 年版，第 505～506 頁。

〔註 55〕《四庫全書〈孟子〉考證》，收入景印文淵閣《四庫全書》第 195 冊，臺灣商務印書館 1986 年初版，第 189 頁。

〔註 56〕盧文弨《鍾山札記》，收入《續修四庫全書》第 1149 冊，上海古籍出版社 2002 年版，第 672～673 頁。

錢熙祚改。◎沈延國曰：《繹史》等「重天」誤作「重山」，覆宋本等作「重天」，是也。《說郛》本「顚」作「上」，誤。◎按：「天」字是，與「地」對舉。《路史》卷 13 引亦作「天」字。

明君之御民，◎譚獻曰：御民，《意林》作「治民」。◎馬敘倫曰：民，《文選・餞呂僧珍詩》注引作「人」，蓋避諱改。**若御奔而無轡，**◎錢熙祚曰：《御覽》卷 68 作「乘奔而去轡」，又《藝文》卷 9、《文選・東京賦》注、《曲水詩序》註並作「乘奔」。◎馬敘倫、沈延國亦改「御」作「乘」。**履冰而負重。**◎錢熙祚曰：《意林》作「負重而履冰」，檢《文選》注、《御覽》所引與今本同。◎譚獻、錢基博並曰：履冰而負重，《意林》作「負重而履冰。」◎王愷鑾曰：李善注《文選・曲水詩序》引此「御奔」作「乘奔」，又「重」字下有「也」字。◎按：四庫本《意林》卷 1 引脫「重」字，影武英殿聚珍本《意林》引有「重」字。《文選・三月三日曲水詩序》李善註、《類聚》卷 9、《白帖》卷 3 引作「若乘奔而無轡，履冰而負重也」。又考《文選・東京賦》：「常翹翹以危懼，若乘奔而無轡。」李善註引此文：「明君之御民，若乘奔而無轡。」是《鄧子》舊本作「乘奔」，今本作「御奔」，則與上文犯複。《意林》卷 1 引作「御奔」，是唐時已誤。**親而疏之，疏而親之。故畏儉則福生，**◎王愷鑾、錢基博並曰：儉，《百子全書》本作「檢」。**驕奢則禍起。**◎按：《類聚》卷 23 引漢劉向《誡子書》：「董生云：『弔者在門，賀者在閭，言有憂則恐懼敬事，敬事則必有善功而福至也；賀者在門，弔者在閭，言受福則驕奢，驕奢則禍至。』」〔註 57〕《元包經傳》卷 4 唐李江注：「古有言：逸樂者必驕慢，則禍至；恐懼者必戒愼，則福生。」即本此文。儉，讀爲險。畏險，即「恐懼」之誼。**聖人逍遙一世〔之間〕，罕匹萬物之形。**◎罕，覆宋本作「宰」。◎錢熙祚曰：原脫「之間」二字，「宰匠」作「罕匹」，並依《文選・南州桓公九井詩》注、《宣德皇后令》注、《策秀才文》注、《三國名臣序贊》注補正。◎錢基博、伍非百校同。◎孫詒讓曰：《文選注》卷 36 引作「宰匠萬物之形」，當依改。《子彙》本「宰」作「罕（罕）」，尤誤。◎王愷鑾曰：李善注《文選・南州桓公九井詩》及《宣德皇后令》，引此並作「聖人逍遙一世之間，宰匠萬物之形」，《淮南子・要略訓》亦有此語，宜據以訂正。◎馬敘倫曰：原脫「之間」二字，依《文選・南州桓公九井詩》注、《策秀才文》注引補。又《宣德皇后令》注、《三國名臣序贊》注引「世」下並有「間」字。◎沈延國曰：《說郛》本誤作「聖人之道，逍遙一世」。覆宋本、明朱氏本、《說郛》本「宰」字不誤，惟「匠」仍誤「匹」。◎按：《文選・策秀才文》李善註引作「聖人逍遥一世之間，而家給人足，天下太平」，乃約引此文，有「之間」二字，但無「宰匠萬物之形」六字，錢氏失檢。宰匠，主宰、統治。**寂然無鞭朴之罰，**

〔註 57〕《書鈔》卷 85 引同，《御覽》卷 543 引「善」作「喜」，「至」作「生」。「喜」爲「善」形譌。《白帖》卷 91 引《柳玭家訓》亦引董生下句。

◎朴，四庫本作「扑」。**莫然無吡咤之聲**，◎馬敘倫曰：莫，指海本作「漠」。吡，明初本、嘉靖本並作「咒」。◎沈延國曰：十二子本作「咒」，覆宋本、《子彙》本並作「吡」，是也。◎伍非百曰：吡，原本作「咒」，據覆宋本改。◎王愷鑾曰：咒，《百子全書》本作「吡」，宜據改。◎按：四庫本亦作「吡」，叢書本誤作「咒」。**而家給人足，天下太平。視昭昭，知冥冥。推未運，覩未然**。◎推，覆宋本作「椎」。◎譚獻曰：「椎」當作「推」。◎孫詒讓、馬敘倫亦據各本改作「推」。◎沈延國曰：「然」疑「朕」字之誤，因「形」、「聲」、「平」、「冥」、「朕」韻皆協。《淮南子・泰族訓》：「從冥冥，見炤炤。」《荀子・儒效篇》亦有「炤炤兮其用知之明也」之言，楊倞註云：「炤炤，明見之貌。炤與照同。」郝懿行云：「炤蓋照之或體字也。」此作「昭」，並通。◎按：然，成也。「然」字不入韻，沈說非是。**故神而不可見**，◎馬敘倫曰：「見」字疑誤。**幽而不可見**，◎譚獻曰：「見」疑「聞」。◎按：下「見」字與「幽」相應，不誤。上「見」字疑當作「名」，《老子》第 14 章：「此三者，不可致詰，故混而爲一。其上不皦，其下不昧，繩繩不可名，復歸於無物。」或是「測」、「知」之誤，待考。**此之謂也**。

君人者，不能自專而好任下，◎朱希祖曰：「君人者，不能自專而好任下」與《淮南・主術》「君人者不任能而好自爲之」意相反，當作「不能任下而好自專」，下文「誅賞從其意」，即「好自專」之證。**則智日困而數日窮。迫於下則不能申，行隨於國則不能持**。◎孫詒讓曰：「迫」上疑奪一字。◎王愷鑾、王啓湘、伍非百說同孫氏。◎馬敘倫曰：《淮南・主術訓》：「君人者不任能而好自爲之，則智日困而自負其責也。數窮於下則不能伸理，行墮於國則不能專制，智不足以爲治，威不足以行誅，則無以與天下交也。」此文疑當作「智日困而口日迫，數窮於下」。◎按：《淮南》文，《文子・上仁》「伸」作「申」，「國」作「位」，「專」作「持」，「誅」作「刑」。据《淮南》《文子》，此文疑當作「則智日困而〔自負其責也〕，數窮於下則不能申，行隨於國則不能持」，脫「自負其責也」五字，下「日」字涉上而衍，「迫」即「窮」之注文而混入正文者。隨，讀爲墮，《文子》亦作「墮」。《戰國策・魏策三》：「隨安陵氏而欲亡之。」馬王堆帛書《戰國縱橫家書》作「墮」，是其例也。**知不足以爲治，威不足以行誅，〔則〕無以與下交矣**。◎伍非百曰：據覆宋本增「則」字。◎按：知，讀爲智。《淮南》《文子》皆作「智」。《淮南》「與天下交」，衍「天」字〔註 58〕，《治要》卷 41 引無「天」字。**故喜而使賞**，◎錢熙祚曰：「便」原作「使」，依《意林》改，下句同。◎馬敘倫、錢基博校同。**不必當功**。◎沈延國曰：《說郛》本「當」誤作「富」。**怒而使誅，不必值罪**。◎譚獻曰：「使賞」及下「使誅」二「使」字，《意林》皆作「便」。◎伍非百說同。

〔註 58〕參見王念孫《淮南子雜志》，收入《讀書雜志》卷 13，中國書店 1985 年版，第 71 頁。

◎按：二「使」字，四庫本、覆宋本、百子本同。**不慎喜怒，誅賞從其意，而欲委任臣下，故亡國相繼，殺君不絕。**◎繼，覆宋本作「継」，俗字。殺，指海本作「弒」。◎錢熙祚曰：一本「弒」作「殺」。◎王啓湘曰：「殺」疑當作「弒」。**古人有言：「衆口鑠金，三人成虎。」**◎馬敘倫曰：「眾口鑠金」見《國語・周語》伶州鳩引諺。「三人成虎」見《戰國策・魏策》龐葱說魏王。◎按：馬氏引龐葱語見《戰國策・魏策二》。此蓋先秦成語。《國語・周語下》：「眾心成城，眾口鑠金。」《戰國策・秦策三》：「聞三人成虎，十夫楺椎；眾口所移，毋翼而飛。」〔註59〕又《魏策一》：「臣聞積羽沈舟，群輕折軸，眾口鑠金。」《楚辭・九章》：「故眾口其鑠金兮。」「眾口鑠金」有二說，《史記・鄒陽傳》《索隱》引《國語》賈逵注：「鑠，消也。眾口所惡，雖金亦爲之消亡。」又引《風俗通》云：「或說有美金於此，眾人或共詆訿，言其不純金，賣者欲其必售，因取鍛燒以見其眞是，爲眾口鑠金也。」《戰國策・魏策二》：「龐葱與太子質於邯鄲，謂魏王曰：『今一人言市有虎，王信之乎？』王曰：『否。』『二人言市有虎，王信之乎？』王曰：『寡人疑之矣。』『三人言市有虎，王信之乎？』王曰：『寡人信之矣。』龐葱曰：『夫市之無虎明矣，然而三人言而成虎。』」《韓子・內儲說上》略同。蓋亦據古語「三人成虎」而敷衍成文也。**不可不察也。**

夫人情發言欲勝，舉事欲成。◎朱希祖曰：「夫人情發言欲勝」四句見《鬼谷子・權篇》，彼作「出言則欲聽」。**故明者不以其短，疾人之長。不以其拙，病人之工。**◎《鬼谷子・權》：「是故智者不用其所短，而用愚人之所長；不用其所拙，而用愚人之所工，故不困也。」即本此文。《晏子春秋・內篇問上》：「任人之長，不強其短，任人之工，不強其拙。此任人之大略也。」亦足參證。**言有善者，則而賞之。**◎則，各本同。◎王啓湘曰：「則」當作「明」，「明」與「顯」相對成義。《禮記・禮運篇》：「百姓則君以自治也。」鄭注：「則，當爲明。」即其證也。◎伍非百曰：「則」當作「明」。**言有非者，顯而罰之。**◎錢熙祚曰：一本「罰」作「戮」。**塞邪枉之路，**◎沈延國曰：指海本作「枉邪」。錢熙祚校云「：一本『枉邪』二字倒。」**蕩淫辭之端。**◎辭，覆宋本作「辤」。◎譚獻曰：「辤」當作「辭」。**臣下閔之，**◎錢熙祚曰：閉口，原作「閔之」，依《愼子》改。今《愼子》無此文，見《文選・謝平原內史表》註。◎王愷鑾、錢基博、伍非百校同。**左右結舌，**◎馬敘倫曰：舌，緜眇閣本作「之」。倫案各本作「舌」，《文選・嘯賦》注引亦作「舌」。**可謂明君。爲善者，君與之賞。爲惡者，君與之罰。因其所以來而報之，循其所以進而答之。聖人因之，故能用之；因之循理，**◎錢基博曰：明初刊本、《百子全書》本「用」作「因」。**故能長久。**◎按：《管子・九守》：「爲善者，君予之賞；爲非者，君予之罰。君因其所以來，因而予之，則不勞矣。聖人因之，故能掌之；因之修理，故能長久。」

〔註59〕《淮南子・說山篇》：「三人成市虎，一里撓椎。」即本《國策》。

尹注：「掌，主也。因來而賞物，皆屬己，故能主之。」爲此文所本。《鬼谷子・符言》：「爲善者，君與之賞；爲非者，君與之罰。君因其（政之）所以求，因與之，則不勞。聖人用之，故能賞之；因之循理，故能久長。」亦本《管子》。《鬼谷子》「求」，當據此文及《管子》作「來」，王念孫、尹桐陽謂「來」當作「求」，傎矣，張佩綸、顏昌嶢已辨之。《管子》「修理」，當據此文及《鬼谷子》訂作「循理」，亦字之誤也。《管子》「掌」，當據《鬼谷子》讀作賞，此文作「用」，亦謂賞也。尹注掌訓主，顏昌嶢、黎翔鳳申證之，並非也。張佩綸謂「賞」當作「當」，郭沫若謂「賞」當作「群」〔註 60〕，亦妄改不足據。《說苑・政理篇》：「是故民不可稍而掌也，可並而牧也。」向宗魯曰：「掌，疑當爲賞。」〔註 61〕掌亦讀作賞，並非誤字。**今之爲君，**◎覆宋本、明初本、叢書本無「君」字。◎孫詒讓曰：《子彙》本下有「君」字。◎譚獻曰：「『爲』下當有『君』字。」◎王仁俊曰：「爲」下當有脫字。◎馬敘倫、王愷鑾、錢基博皆據各本補「君」字。◎伍非百補「君者」二字，云：舊脫「君者」二字，一本有「君」字，今補。**無堯舜之才，**◎沈延國曰：《說郛》本「無」作「非」。**而慕堯舜之治，故終〔身〕顛殞乎混冥之中，**◎馬敘倫曰：依《淮南・要略》補「身」字。殞，《淮南》作「頓」。◎按：顛殞，各本皆同，並誤，當作「顛頓」。《淮南子・要略篇》：「今學者無聖人之才，而不爲詳說，則終身顛頓乎混溟之中，而不知覺寤乎昭明之術矣。」即本此文。朱起鳳曰：「頓字作殞，形之訛也。」〔註 62〕向宗魯曰：「頓當爲顛。《說文》『顛，面色顛顛貌。』『顛顛』連文，正本《淮南》。僞《鄧析》作『顛殞』，知《淮南》是『顛』非『頓』。『隕』與『顛』同。」〔註 63〕二說皆非也。《說文》作「顛，面色顛顛貌」，而非「顛顛」，向氏失檢。殞，墜也。頓，仆也。「顛殞」義同「顛頓」。顛，讀爲趚。《說文》：「趚，走頓也。」《說文繫傳》：「臣鍇曰：頓，倒也。」字或作蹎，《荀子・正論》：「蹎跌碎折，不待頃矣。」楊注：「蹎，與顛同，躓也。」《漢書・貢禹傳》：「誠恐一旦蹎仆，氣竭不復自還。」顏師古注：「蹎，音顛，蹷躓也。仆，音赴，仆頓也。」《淮南子・道應篇》：「趨則頓，走則顛。」「顛」、「頓」同義對舉，《要略篇》則同義連文也。顛頓，猶言跌跌倒倒。《中文大辭典》：「顛

〔註 60〕王念孫《管子雜志》，收入《讀書雜志》卷 7，中國書店 1985 年版，第 122～123 頁。張佩綸《管子學》，轉引自郭沫若《管子集校》，收入《郭沫若全集・歷史編》卷 7，人民出版社 1984 年版，第 259～260 頁。顏昌嶢《管子校釋》，嶽麓書社 1996 年版，第 450 頁。黎翔鳳《管子校注》，中華書局 2004 年版，第 1044 頁。尹桐陽《鬼谷子新釋》，轉引自許富宏《鬼谷子集校集注》，中華書局 2010 年版，第 185 頁。尹氏誤「九守」爲「九距」，徑正。

〔註 61〕向宗魯《說苑校證》，中華書局 1987 年版，第 147 頁。

〔註 62〕朱起鳳《辭通》，上海古籍出版社 1982 年版，第 1961 頁。

〔註 63〕向宗魯說轉引自何寧《淮南子集釋》，中華書局 1998 年版，第 1454～1455 頁。

頓，傾仆。」〔註 64〕近之。《漢語大詞典》:「顛頓，顛沛、困頓。」又「顛殞，覆滅。」〔註 65〕皆非也。王念孫曰:「頓爲昬亂。」〔註 66〕趙宗乙曰:「顛當通癲，謂瘋癲、瘋狂。頓，謂昏亂、潛亂也。」〔註 67〕亦並失之。《淮南子·本經篇》:「古之人同氣于天地，與一世而優游，當此之時，無慶賀之利，刑罰之威，禮義廉恥不設，毀譽仁鄙不立，而萬民莫相侵欺暴虐，猶在于混冥之中。」高誘注:「混，大也。大冥之中，謂道也。」「混溟」即「混冥」。顛頓乎混冥之中，謂傾仆于大道也。**而事不覺於昭明之術，**◎馬敘倫依《淮南·要略》補作「而不知覺寤于昭明之術」。◎沈延國曰：此文理亦通，即以《淮南》補改，似爲不當。◎按:「事」當作「視」，乙于「覺」字之下，作「而不覺視于昭明之術」。《淮南子·精神篇》:「甘暝太宵之宅，而覺視于昭昭之宇。」又《俶眞篇》:「而知乃始味味晽晽，皆欲離其童蒙之心，而覺視於天地之間，其德煩而不一。」皆「覺視」連文。**是以虛慕欲治之名，**◎馬敘倫曰：治，指海本作「仕」。◎按:「仕」誤。**無益亂世之理也。**◎王啓湘曰:「亂」疑當訓爲「治」。

患生於官成，◎患生於官成，各本同。◎錢熙祚改作「忠怠于宦成」，云：原作「患生於官成」，依《意林》改。◎馬敘倫、錢基博、伍非百校同。馬氏又云：此數語見《韓詩外傳》卷 8 及《說苑·敬愼篇》。此句《外傳》作「官怠於有成」，《說苑》作「宦成」。◎譚獻曰:《意林》作「忠怠于宦成」。**病始於少瘳，**◎孫詒讓曰:《說苑·敬愼篇》引曾子云:「官怠於宦成，病加於少愈，禍生於懈惰，孝衰於妻子。察此四者，愼終如始。」與此正同（《韓詩外傳八》文亦略同）。此「始」當作「殆」。《文子·符言篇》作「宦敗於官茂」，則繆。◎馬敘倫曰：加，原作「始」。孫詒讓曰:「『始』當作『殆』。」今依《外傳》、《說苑》改。瘳，《外傳》、《說苑》並作「愈」。**禍生於解慢，**◎馬敘倫曰：慢，《外傳》、《說苑》並作「惰」。◎沈延國曰:《說郛》本「慢」作「怠」。◎伍非百曰:「懈慢」二字，疑當依《文子》作「憂解」。◎按：伍說非也，《說苑》作「懈惰」。《韓詩外傳》卷 8:「官怠於有成，病加於小愈，禍生於懈惰，孝衰於妻子。」亦作「懈惰」。「懈慢」即「懈惰」，不誤，《文子》妄改。**孝衰於妻子。**◎伍非百曰:《意林》引《鄧析子》作「忠怠于宦成，孝衰於妻子」，二句相連，似當依《意林》改正。又《文子·符言》:「宦敗於官茂，孝衰於妻子，患生於憂解，病甚於且痛，愼終如始，則無敗事。」與此文相類，當是同一抄襲而來。◎按：伍說非也，《說苑》、《外傳》引曾子語可證今本不誤。**〔察〕此四者，**◎孫詒讓曰:「〔此〕四者」

〔註 64〕《中文大辭典》，華岡出版有限公司出版 1979 年版，第 16120 頁。
〔註 65〕《漢語大詞典》(縮印本)，漢語大詞典出版社 1997 年版，第 7264 頁。
〔註 66〕王念孫《廣雅疏證》，收入徐復主編《廣雅詁林》，江蘇古籍出版社 1998 年版，第 207 頁。
〔註 67〕趙宗乙《淮南子札記》，黑龍江人出版社 2009 年版，第 287 頁。

上亦當有「察」字。◎馬敘倫從孫校。**愼終如始也**。◎沈延國曰：《說郛》本「如」誤作「而」。◎按：《意林》引作「患生於官成」是。《御定小學集註》卷 2 注：「宦成，官已遂也。小愈，病稍減也。懈惰，不謹也。」〔註 68〕釋「成」爲「遂」，誤。考《荀子・性惡篇》：「妻子具而孝衰于親，嗜欲得而信衰於友，爵祿盈而忠衰於君。」《梁書・劉之遴傳》：「朕聞妻子具孝衰於親，爵祿具忠衰於君。」〔註 69〕即本於此文，是《鄧子》原作「忠」字，《意林》所引不誤。成，讀爲盛，《文子》作「茂」，義同。言其官已盛，則對君之忠有所懈怠也。《說苑》作「官怠」字，則其字漢代已誤矣。《文子》作「宦敗於官茂」，義同，《纘義》本作「學敗於官茂」，注：「雖官茂，不能敗吾之學。」亦爲妄改。《四庫全書〈文子〉考證》：「案明刊本『學』作『宦』，似誤。」〔註 70〕作「學」字又杜道堅妄改，愈失其眞。孝衰於妻子者，言既已娶妻育子，則於親之孝有所衰減也。吳俗語云：「尋了老婆忘了孃。」即此意。「如」、「而」聲之轉也，沈說非是。**富必給貧，壯必給老**。◎馬敘倫曰：「給」借爲「疌」。（此節引其校語）◎王啓湘曰：給當訓爲捷。《論語・公冶長篇》：「禦人以口給。」皇侃疏：「給，捷也。」《荀子・非十二子篇》：「齊給便利，而不順禮義。」楊倞注：「給，急也。」《穆天子傳》卷六：「取漿而給。」郭璞注：「給，得之速也。」是「給」與「捷」、「急」、「速」同義。「富必給貧，壯必給老」，猶言富必速貧，壯必速老也。富何以速貧？壯何以速老？則以快情恣欲故也。世豈有快情恣欲而不速貧速老者哉？故曰必也。快恣其情欲，則貧老速，故曰必多侈侮也。下文「尊貴無以高人，聰明無以籠（寵）人，資給無以先人，剛勇無以勝人」，正發明富壯者不可快情恣欲之義。◎按：馬、王說非也。《說文》：「給，相足也。」今言濟助、幫助。「富必給貧，壯必給老」即發明下文「尊貴無以高人，剛勇無以勝人」之誼。**快情恣欲，必多侈侮**。◎沈延國曰：《說郛》本「侈」作「侵」。**故曰：「尊貴無以高人，聰明無以寵人**，◎馬敘倫曰：籠，原作「寵」，依指海本、崇文本改。◎沈延國曰：指海本作「寵」，馬校誤也。「寵」、「籠」古通。楊愼《鄧析序》引亦作「籠」。◎王愷鑾曰：寵，《百子全書》本作「籠」。寵亦音籠……此所謂籠人，即《莊子・庚桑楚篇》「湯以庖人籠伊尹」、「秦穆公以五羊之皮籠百里奚」也。◎錢基博曰：明初刊本「籠」作「寵」，形近而譌。◎按：指海本作「籠」，馬校不誤。二「無以」，四庫本誤作「所以」。**資給無以先人，剛勇無以勝人**。」◎馬敘倫曰：資，借爲佽。《說文》：「佽，便利也。」◎沈延國曰：《說郛》本「勇」作「毅」，「能」上重「人」字。◎按：《荀子・非十二子篇》：「高

〔註 68〕《御定小學集註》，收入景印文淵閣《四庫全書》第 699 冊，臺灣商務印書館 1986 年初版，第 545 頁。

〔註 69〕《南史》同。

〔註 70〕《四庫全書〈文子〉考證》，收入景印文淵閣《四庫全書》第 1058 冊，臺灣商務印書館 1986 年初版，第 403 頁。

上尊貴不以驕人，聰明聖智不以窮人，齊給速通不爭先人，剛毅勇敢不以傷人。」《說苑·敬慎》:「高上尊賢無以驕人，聰明聖智無以窮人，資給疾速無以先人，剛毅勇猛無以勝人。」《韓詩外傳》卷 6:「高上尊貴不以驕人，聰明聖知不以幽人，勇猛強武不以侵人，齊給便捷不以欺誣人。」並本此文。《說苑》「賢」當據此文及《荀子》、《外傳》作「貴」,《御覽》卷 459 引正作「貴」字。高，與「驕」同義。《左傳·定公十五年》:「高仰，驕也。」《慧琳音義》卷 25:「憍慢貢高：今依《玉篇》:『自恣爲憍，淩他曰慢，慢前爲貢，心舉曰高也。』」《逸周書·官人解》:「好臨人以色，高人以氣。」〔註 71〕亦其例。「寵」、「寵」皆誤，當據《說苑》作「窮」字，王愷鑾說非也。「資」、「齊」與「疾」一聲之轉，馬說非也。《爾雅》:「齊，疾也。」本字爲齎，《說文》:「齎，吹餔疾也。」朱駿聲曰:「按：齊短言亦即疾。」〔註 72〕「給」亦疾捷之誼，與「資(齊)」同義連文。**能履行此，可以爲天下君。**

夫謀莫難於必聽，事莫難於必成。◎按：《鬼谷子·摩篇》:「故謀莫難於周密，說莫難於悉聽，事莫難於必成。」〔註 73〕即本此文。疑此文「必聽」上脫「周密，說莫難於」六字。《太白陰經·實有陰經篇》:「靜重莫難於周知，揣莫難於悉舉，事莫難於必成。」即由此文演化。**成必合於數，聽必合於情。**◎二「成」字，覆宋本作「威」。◎譚獻曰:「必威」、「威必」二「威」字寫本皆作「成」。◎馬敘倫據各本改作「成」。◎沈延國曰：明初黑口本亦誤作「威」字。◎按：《鬼谷子·摩篇》:「夫事成必合於數，故曰道數與時相偶者也。說(者)聽必合於情，故曰情合者聽。」即本此文。**故抱薪加火，爍者必先燃；**◎錢熙祚曰：燥，原作「爍」，依《藝文》卷 80 改。又《藝文》「加」作「爇」,「燃」作「著」。◎伍非百校同。◎馬敘倫曰：加，《類聚》卷 80 引作「爇」，見《新論·感篇》作「投」,《書鈔》卷 99 引《鬼谷子》本《摩篇》，作「趨」。燥，原作「爍」，依《類聚》卷 80、《書鈔》卷 99 引改。《新論·感篇》、《類聚》卷 80、《書鈔》卷 99 引無「必」字，下同。◎王愷鑾曰：爍，銷也。爍者必先燃，文不成義。「爍」乃「燥」字之訛。《荀子·修身篇》云:「施薪若一，火就燥也。」《呂氏春秋·應同篇》云:「均薪施火，火就燥。」皆與此同義。《鬼谷子·摩篇》正作「抱薪趨火，燥者先燃」。《百子全書》本「爍」作「鑠」，亦誤。◎錢基博亦依《藝文》改作「燥」。**平地注水，濕者必先濡。**◎馬敘倫曰：平，原作「乎」，依各本及《新論·感篇》、《類聚》卷 80、《書鈔》卷 99 引改。《御覽》卷 811 引《尸子》:「平地而注水，水流濕；均薪而施火，火從燥。」《荀子·大略篇》、《呂氏春秋·應同篇》並云:「均薪施火，火就燥；平地注水，水流溼。」《春秋繁露·同類相動篇》亦云:「平地注水，去燥就濕；均薪施火，去濕就燥。」**故**

〔註 71〕《大戴禮記·文王官人》同。
〔註 72〕朱駿聲《說文通訓定聲》，武漢市古籍書店 1983 年版，第 572 頁。
〔註 73〕《御覽》卷 462 引「悉聽」作「悉行」。

曰：「動之以其類，安有不應者？」獨行之術也。◎按：《鬼谷子・摩篇》：「故曰：『摩之以其類，焉有不相應者？』乃摩之以其欲，焉有不聽者？故曰獨行之道。」〔註 74〕即本此文。

明君立法之後，中程者賞，缺繩者誅。◎繩，覆宋本作「澠」。◎錢熙祚曰：此下有脫簡。◎王愷鑾校同。◎譚獻曰：澠，寫本作「繩」。下方又有校語云：「澠」當作「繩」，誤也。◎王仁俊曰：「澠」當作「繩」，法也。◎馬敘倫曰：繩，原作「澠」，依各本及《淮南・主術訓》改。「中程」一句又見《韓非・難一》。◎沈延國曰：指海本「繩」誤「絕」。《說郛》本作「中程者不賞，缺繩者不誅」，義勝。◎伍非百曰：晁公武《讀書志》：「《鄧析》二篇，文字訛缺，或以繩爲澠，以巧爲功。」按今本「繩」不誤，或晁氏所見爲另一本，否則後人已據晁氏說而改正矣。◎按：晁氏所見本正與劉氏摹宋本合。《商子・修權》：「故立法明分，中程者賞之，毀公者誅之。」《韓子・難一》：「中程者賞，弗中程者誅。」《淮南子・主術篇》：「法定之後，中程者賞，缺繩者誅。」並本此文。《說郛》本衍二「不」字，沈說非也。**此之謂**。◎譚獻曰：「此之謂」疑有缺文。◎伍非百於「此」字上補「非」字，云：「此」字上，舊脫「非」字。**君曰亂君，國曰亡國**。◎王啓湘曰：亂疑當訓爲治，「亡」疑「王」之譌。

智者寂於是非，故善惡有別。明者寂於去就，故進退無類。◎王啓湘曰：上「寂」字當作「察」。察從宀祭，祭從示，從又持肉。脫去肉旁，則其字作「宊」，形與「寂」近，因誤爲「寂」。下「寂」字當作「審」。下文云：「若智不能察是非，明不能審去就，斯謂虛妄。」正承此文而言。因上「察」字誤作「寂」，與下文不相應，於是讀者又改下文「審」爲「寂」以合之，而此文上下相應之跡全泯矣。又按：「類」字無義，當爲「纇」字之譌。《老子》：「夷道若纇。」梁簡文注：「纇，疵也。」此言明者審於去就，故進退無纇也。「類」、「纇」形近，是以致譌。《左昭公二十八年傳》：「忿纇無期。」《釋文》：「纇，本作類。」《老子》：「夷道若纇。」《釋文》：「纇，河上本作類。」即二字形近易譌之證。◎伍非百曰：兩「寂」字，上當作「察」，下當作「審」。皆形近而誤。「類」字有誤，疑當作「纇」。纇，戾也。◎按：《韓子・姦劫弒臣》：「聖人者，審於是非之實，察於治亂之情也。」《道德指歸論》卷 2：「察於是非之理，通於利害之元，達於治亂之本。」並本此文。類，讀爲纇，古戾字。《集韻》：「類，偏頗也。」《左傳・昭公十六年》：「刑之頗類。」孔疏：「服虔讀類爲纇，解云：『頗，偏也。纇，不平也。』」**若智不能察是非**，◎指海本無「察」字。◎沈延國曰：《諸子奇賞》本「若智不能審是非」作「若智不能察是非」。◎錢基博曰：明初刊本、《百子全書》本「不能」下有「察」字，此脫。**明不能審去就，斯謂虛妄**。◎謂，四庫本作「爲」，覆宋本、明

〔註 74〕二句「焉有」連文，許富宏誤以「焉」字屬上。許富宏《鬼谷子集校集注》，中華書局 2010 年版，第 124 頁。

初本、叢書本作「非」。◎馬敘倫曰：謂，原作「非」，依各本改。◎伍非百亦改作「非」。◎按：「爲」、「謂」古通用。

目貴明，耳貴聰，心貴公。◎公，覆宋本作「聰」。◎譚獻曰：聰，寫本作「公」。◎孫詒讓曰：聰，《子彙》本作「公」，與許鈔本同。◎馬敘倫、沈延國亦據各本改「聰」作「公」。◎按：「公」字是。《呂氏春秋・任數》「去聽無以聞則聰，去視無以見則明，去智無以知則公。」《淮南子・齊俗篇》：「以視則明，以聽則聰，以言則公，以行則從。」**以天下之目視，則無不見。以天下之耳聽，則無不聞。以天下之智慮**，◎沈延國曰：覆宋本「知」作「智」，律以上文，上「知」字似當作「心」，「知」字乃涉下而誤。作「以天下之心慮，則無不知」，上下文始順。**則無不知**。◎伍非百曰：以上六句，出《鬼谷子・符言篇》。◎按：此蓋先秦古語。《六韜・文韜・大禮》：「目貴明，耳貴聰，心貴智。以天下之目視，則無不見也；以天下之耳聽，則無不聞也；以天下之心慮，則無不知也。」《管子・九守》同。爲此文所本，《鬼谷子》亦本之。此文「智慮」當作「心慮」，沈說是也。**得此三術，則存於不爲也**。◎覆宋本「三」作「四」，「存」作「有」。◎孫詒讓曰：四術，鈔本、《子彙》本並作「三術」，此誤。有，鈔本、《子彙》本並作「存」。◎馬敘倫曰：三，原作「四」，依各本改。存，原作「有」，依各本改。◎沈延國曰：覆宋本「存」誤「有」，《說郛》本「也」作「矣」。◎王啓湘曰：不爲，猶言無爲。

書　評

《中古漢語詞匯史》補正

我近來奉讀王雲路教授的新作《中古漢語詞匯史》一過〔註1〕。關於其書的創新及成就，已有學者作了論述〔註2〕，我就不再錦上添花了。我有些不同意見，今提出來用作討論。下面按原書順序，標明頁碼，分條疏證之。名曰「補正」者，不及者補之，誤者正之也。如果我學識不足，補正錯了，博雅君子，其再補正之。學問之道，固在往返切磋也。

（1）「山窗」條注：「山牆，指人字形屋頂兩側的牆壁，形狀似山，故名。在這兩面牆上開設的窗子叫『山窗』、『山牖』。」（第 84 頁）

按：「形狀似山」云云，非也。「山」是「椮」的借音字。《集韻》：「椮，所鑑切，接檐也。」《六書故》：「椮，所監切。《類篇》曰：『接檐也。』按：今以屋東西榮柱外之宇為椮。」《重訂直音篇》卷 4：「椮，音釤，椮檐也。」〔註3〕方以智曰：「椮，所監切。今以屋東西榮柱外之宇為椮。智見工匠謂屋兩頭為山，猶其遺聲，實是椮字。」〔註4〕乾隆 24 年《象山縣志》：「工匠謂屋兩頭為山，實是椮字。」〔註5〕1930 年《嘉定縣續志》卷 5：「椮頭：俗呼屋之兩頭曰山頭。案：山當作椮，《集

〔註1〕王雲路《中古漢語詞匯史》，商務印書館 2010 年出版。

〔註2〕關緒良《中古漢語詞匯研究的里程碑——評王雲路〈中古漢語詞匯史〉》，《古漢語研究》2011 年第 4 期。

〔註3〕《重訂直音篇》，萬曆刻本。

〔註4〕方以智《通雅》卷 49，收入《方以智全書》第 1 冊，上海古籍出版社 1988 年版，第 1440 頁。

〔註5〕乾隆 24 年《象山縣志》，轉引自許寶華、宮田一郎《漢語方言大詞典》，中華書局 1999 年版，第 5256 頁。

韻》:『梭，所鑒切。』《六書故》:『屋東西榮柱外之宇爲梭。』范成大詩:『稻堆高於屋山頭。』山係梭之遺聲。」〔註 6〕皆本於方以智之說。《越諺》卷中:「梭:『傘』，接檐也，即重檐，非宦不設。越諛人曰『梭頭』，託庇顯宦意。」〔註 7〕「梭墻」即「檐墻」，指東西二邊承載梭檐的墻（房子多南向）。《清實錄》卷 164:「惟隆恩殿山墻後檐墻，必需拆驗。」〔註 8〕「山墻」、「後檐墻」對舉，山亦檐也。山墻指東西二邊的墻，後檐墻指北邊的墻。今吳語、江淮官話、膠遼官話還稱「山牆」爲「山頭」，吳語亦稱作「山牆」〔註 9〕，「山」皆是「梭」的借音字。字亦作「彡」，《廣韻》:「彡，所鑒切，相接物也，出《字譜》。」《台州府志》卷 57 引光緒《邑志》:「莊士講舍……左右彡牆外樓各一楹。」〔註 10〕「梭」的語源可能來自「芟」，《說文》:「芟，刈艸也。」俗字亦作「釤」，《玉篇》:「釤，所鑑切，刀釤。」《集韻》:「釤，刈（刈）也。」〔註 11〕《可洪音義》卷 24:「釤削，上音𠜂，初眼反。」字亦借「蕲」爲之，《漢書・賈誼傳》:「故蕲去不義諸侯而虛其國。」顏師古注:「蕲，讀與芟同，謂芟刈之。」字亦借「撕」爲之，《禮記・禮器》鄭玄注:「撕之言芟也。」《淮南子・兵略篇》:「剡撕筡，奮儋钁。」許慎注:「撕，剡銳也。」斫削木料以爲檐，因稱檐爲梭，取義於刈也。

（2）**「深」有依戀義。《北史・韋世康傳》:「桓山之悲，倍深常戀。」「深」與「戀」對文同義。注:「唐孟郊《自商行謁復州盧使君虔》:『驅馳竟何事，章句依深仁。』『依深』也許可以解釋為依戀。」**（第 87 頁）

〔註 6〕《嘉定縣續志》，民國 19 年鉛印本。

〔註 7〕范寅《越諺》（侯友蘭等點注），人民出版社 2006 年版，第 176 頁。「傘」字擬其音。點注本誤以「託庇」屬上句。

〔註 8〕《清實錄》，道光實錄影本。

〔註 9〕參見許寶華、宮田一郎《漢語方言大詞典》，中華書局 1999 年版，第 350、354 頁。

〔註 10〕《台州府志》，民國鉛印本。

〔註 11〕《類篇》、《五音集韻》「刈」作「刈」。敦煌寫卷 S.1722《兔園策府》卷 2:「翹翹錯薪，言刈其蔞。「刈」即「刈」，同此。S.5431《開蒙要訓》:「鈠炙療除。」「鈠」即「鈠」。P.4093《甘棠集》:「沛艾追風。」P.2631《二月八日》:「擁護生靈，艾安邦國。」「艾」、「艾」即「艾」。所從「乂」部皆作「又」形，是其比。S.5454《千字文》:「俊又密物（勿）。」「又」即「乂」。

按：「深」無依戀義。所引《北史》例，「深」與「戀」亦非對文。「倍深」爲詞，猶言倍過。《宋書・文帝本紀》：「時人故老，與運零落。眷惟既往，倍深感歎。」《南齊書・桓康傳》：「康昔預南勳，義兼常懷，倍深惻愴，凶事所須，厚加料理。」孟郊詩「深仁」爲詞，即「大仁」、「厚仁」之意。「依深仁」語出《論語・述而》：「子曰：『志於道，據於德，依於仁，遊於藝。』」

（3）狐疑，像狐狸一樣多疑，謂多疑。《史記・孝文本紀》：「方大臣之誅諸呂迎朕，朕狐疑。」（第 148～149 頁）

按：王念孫曰：「《曲禮》云：『卜筮者，先聖王之所以使民決嫌疑、定猶與也。』《離騷》云：『心猶豫而狐疑兮。』《史記・淮陰侯傳》云：『猛虎之猶豫，不若蜂蠆之致螫；騏驥之蹢躅，不如駑馬之安步；孟賁之狐疑，不如庸夫之必至也。』嫌疑、狐疑、猶豫、蹢躅，皆雙聲字。狐疑與嫌疑，一聲之轉耳。後人誤讀狐疑二字，以爲狐性多疑，故曰狐疑。又因《離騷》『猶豫』、『狐疑』相對成文，而謂猶是犬名，犬隨人行，每豫在前，待人不得，乂來迎候，故曰猶豫。或又謂猶是 619 獸名，每聞人聲，即豫上樹，久之復下，故曰猶豫。或又以豫字從象，而謂猶豫俱是多疑之獸。以上諸說，具見於《水經注》、《顏氏家訓》、《禮記》正義及《漢書》注、《文選》注、《史記》索隱等書。夫雙聲之字，本因聲以見義，不求諸聲，而求諸字，固宜其說之多鑿也。」〔註 12〕王念孫說碻確無疑，故具錄之。姜亮夫說同王念孫，當即襲自彼說也〔註 13〕。

（4）柴瘦，猶今言骨瘦如柴。（第 149 頁）

按：「柴瘦」的「柴」，初義取其骨立如柴，引申即專指瘦瘠。《易・說卦》：「爲瘠馬。」《釋文》：「瘠，王廙云：『健之甚者，爲多骨也。』京、荀作柴，云：『多筋幹。』」是「柴」即「瘠」義也。後出本字作「㾹」，《玉篇》：「㾹，仕皆切，瘦也。」《廣韻》：「㾹，士佳切，瘦也。」《路史》

〔註 12〕王念孫《廣雅疏證》，收入徐復主編《廣雅詁林》，江蘇古籍出版社 1992 年版，第 487 頁；又參見王引之《經義述聞》卷 31，江蘇古籍出版社 1985 年版，第 728 頁。

〔註 13〕姜亮夫《楚辭通故（四）》，收入《姜亮夫全集》卷 4，雲南人民出版社 2002 年版，第 444～445 頁。

卷 31：「不幾乎見㾓㾓（？）之疷而強之烏獲之任。」《篆隸萬象名義》：「㾓，瘦，疵。」又引申爲病瘦，而音亦稍變。蔣斧印本《唐韻殘卷》：「㾓，病，士懈反。」〔註 14〕《廣韻》：「㾓，士懈切，疾也。」《集韻》：「㾓，仕知切，㾊㾓，疫病。」又「㾓，仕懈切，疾也。」《札樸》卷 9：「病枯曰瘦㾓。」〔註 15〕音轉亦作「瘵」，《爾雅》、《說文》並云：「瘵，病也。」郭璞注：「今江東呼病曰瘵。」《玄應音義》卷 10 引《三蒼》：「今江東呼病皆曰瘵。」郭注即本《三蒼》也。漢・趙岐《孟子題辭》：「經營八紘之內，十有餘年，心勦形瘵，何勤如焉？」孫奭《音義》：「瘵，病也。」形瘵即形瘦。俗字亦作「瘵」，疑即「瘵」譌誤。《龍龕手鑑》：「瘵，俗。㾓，正。瘦也。」《重訂直音篇》：「㾓，音柴，瘦也。瘵，同上。」《正字通》：「瘵，瘵字之譌。舊註訓瘦，與瘵義近；音債，與瘵音同。譌作瘵，音茶。並非。」音轉亦作「𦙍」，《說文》：「𦙍，臞也。」桂馥曰：「𦙍，聲轉爲柴，俗作㾓。」〔註 16〕《廣韻》：「𦙍，瘦也。」《集韻》：「瘦謂之𦙍。」王雲路所引「柴瘦」4 例，皆出《諸病源候論》，隋・巢元方撰，「柴」皆瘦瘠義；即如所引卷 37「其虛汗不止，則變短氣，柴瘦而羸瘠也」之例觀之，「柴瘦」亦即「羸瘠」，四字同義並列，至爲明顯。

（5）**《漢書・賈山傳》：「（賈）山受學祛，所言涉獵書記，不能為醇儒。」顏師古注：「涉，若涉水。獵，若獵獸。言歷覽之不專精也。」用涉水和打獵兩個相關動作結合成詞，往往指對學問等的廣泛涉及或掌握。**（第 189 頁）

按：裘錫圭 1988 年有篇《釋詞兩則》的文章，早就專門考證了「涉獵」這個詞〔註 17〕。裘先生指出：「『涉獵』一詞並不是只能用於跟學問之事有關的場合的……顏注顯然是不可信的。」裘氏還論證了「獵、歷聲轉義

〔註 14〕蔣斧印本《唐韻殘卷》，收入周祖謨《唐五代韻書集存》，中華書局 1983 年版，第 654 頁。

〔註 15〕桂馥《札樸》，中華書局 1992 年版，第 388 頁。

〔註 16〕桂馥《說文解字義證》，齊魯書社 1987 年版，第 346 頁。

〔註 17〕裘錫圭《釋詞兩則》，收入《王力先生紀念論文集》，商務印書館 1990 年版；又收入裘錫圭《古代文史研究新探》，江蘇古籍出版社 1992 年版，第 172～178 頁；又收入《裘錫圭學術文集》卷 4，復旦大學出版社 2012 年版，第 164～168 頁。

通」，「涉獵」亦作「涉歷」，「涉」亦訓「歷」。皆可信從。我要補充的是，「獵」是「躐」的借音字，俗字亦譌作「躐」。《玉篇》：「躐，踐也。」《集韻》：「躐，踐也，或作躐。」《楚辭・國殤》：「凌余陣兮躐余行。」王逸注：「躐，踐也。」《荀子・議兵篇》：「不獵禾稼。」楊倞註：「獵，與躐同，踐也。」李善本《文選・蜀都賦》：「蹴蹈蒙籠，涉躐寥廓。」五臣本作「涉獵」，《古今事文類聚》續集卷 2 引作「涉躐」。「蹴蹈涉躐」四字，皆「踐」也。《說文》無「躐」字，蓋偶失收耳。裘錫圭據高步瀛《文選李注義疏》說，謂當從五臣本作「涉獵」，則亦稍疏。字亦作「⿰彳巤」，郭店楚簡《六德》：「道不可⿰彳巤也，能獸（守）弋（一）曲安（焉）。」〔註 18〕字亦作「邋」，睡虎地秦簡《日書》甲種：「〔外〕陽日，利以建野外，可以田邋。」又「利弋邋。」〔註 19〕「獵」是打獵義的專字，亦當取義於「踐」，是指古人通過尋找動物的足跡來發現、捕獲動物也。

（6）「當」作為名詞後附加成分，往往因偏旁類化而變得隱蔽，比如「鈴鐺」，即鈴兒、鈴，但不可以單獨稱為「鐺」……《玉篇》：「篔，篔簹，竹名。」「鐺」因為「鈴」而加「金」旁，「簹」因為「篔」而加「竹」頭。（第 298 頁）

按：（a）「鈴鐺」是「郎當」、「伶仃」的轉語。黃生曰：「『郎當』之轉口即『籠東』，輕轉即『伶仃』……特古今方言轉口有異耳。」〔註 20〕「郎當」有長義，它的同源詞甚多，余曾專文考察過〔註 21〕。《廣韻》：「仃，伶仃，獨也。」《集韻》：「⿰𧾷丁、⿰彳丁：跉⿰𧾷丁，獨行，或從彳。」又「⿱罒零，⿱罒丁⿱罒零，囹也。」又「梃，⿰木零梃，長木。」又「⿰骨零、⿰骨令：⿰骨零⿰骨延（⿰骨廷），骨貌，或省。」〔註 22〕又「⿰骨廷，⿰骨零⿰骨廷，長骨貌。」骨長謂之⿰骨零⿰骨廷，木長謂之⿰木零梃，網長謂之⿱罒丁⿱罒零，聲長謂之鈴鐺，其義一也。「零丁」、「伶仃」訓孤獨，「跉⿰𧾷丁」訓獨行，亦取長爲義。時地之長遠，空間之空曠，是一義之引申。此等名物所取初義的考察，決非構建什

〔註 18〕《郭店楚墓竹簡》，文物出版社 1998 年版，第 188 頁。

〔註 19〕《睡虎地秦墓竹簡》，文物出版社 1990 年版，第 181、185 頁。

〔註 20〕黃生《字詁》，收入《字詁義府合按》，中華書局 1954 年版，第 71 頁。

〔註 21〕參見蕭旭《「郎當」考》，《中國語學研究・開篇》第 29 卷，2010 年 9 月日本好文出版，第 59～64 頁。

〔註 22〕方成珪曰：「⿰骨延譌從延，據宋本及《類篇》正。」方成珪《集韻考正》，收入《續修四庫全書》第 253 冊，上海古籍出版社 1995 年版，第 205 頁。

麼理論，引進外國什麼概念就能弄得清楚的。解決問題的途徑只有一個，那就是傳統小學的方法。我沒見到過哪個大理論家能用他的理論指導他自己解決了哪個具體的古籍中的疑難問題的實例。(b)「篔簹」作爲竹名，「簹」確是「當」字加了「竹」頭，但「當」不是「後附加成分」。字亦作「簜」、「筓」、「簜」，《爾雅》:「簜，竹。」郭注:「竹別名。」《玉篇》:「筓，竹也。」《集韻》:「筓，竹名。」又「簜，竹名。」「篔簹」本當作「員當」，指員丘出產的有節的長竹。「當」者，擋也，有節不通，故名之爲「當」;無節，則名之爲「通竹」〔註 23〕。方以智曰:「無節曰通竹，長節曰篔簹。」〔註 24〕「員丘」也作「雲丘」，古字通也。晉・戴凱之《竹譜》:「員丘帝竹，一節爲船，巨細已聞，形名未傳。」自注:「員丘帝俊竹，一節爲船。郭注云:『一節爲船，未詳其義。俊即舜字，假借也。』」〔註 25〕唐・劉恂《嶺表錄異》卷下引《竹譜》作「雲丘」。晉・嵇含《南方草木狀》卷下:「雲丘竹，一節爲船，出扶南。」《紺珠集》卷 11 引佚名《談助》:「雲丘帝竹，一節爲船。」以其是員（雲）丘所產的竹，故加「竹」頭作「篔」，或作「篢」。《廣韻》:「篢，竹名。」《集韻》:「篔、篢，篔簹，竹名，或從雲。」

(7)《玉篇》:「鋃，鋃鐺，鎖也。」「鐺」是否因為「鋃」而偏旁類化，加上了金字旁，就像「摒擋」因為偏旁類化而同時加上「扌」旁？但是「鋃」的鎖義從何而來？「鋃鐺」的結構還難以索解，也許是摹音詞？（第 298 頁注）

按:「鋃鐺」的同源詞亦是「郎當」，取累贅煩重、困重不舉爲義。字亦作「琅當」、「桹檔」、「狼當」。《六書故》:「鋃，鋃鐺，長鎖也。《漢書》作『琅當』。鋃鐺之爲物，連牽而重，故俗語以困重不舉爲鋃鐺。俗謂之鏈。」戴氏早就把語源說明白了。至於「摒擋」，另詳下文。

〔註 23〕《北户錄》卷 3 引《會最》:「溱川通竹，直上，無節，空心也。」「空心直上無節」即所謂「通竹」也。

〔註 24〕方以智《通雅》卷 42，收入《方以智全書》第 1 冊，上海古籍出版社 1988 年版，第 1273 頁。引者按:「長」是動詞「生長」義。

〔註 25〕《山海經・大荒北經》:「附禺之山……衛丘方圓三百里，丘南帝俊竹林在焉，大可爲舟。」郭璞注:「言舜林中，竹一節則可以爲船也。」正文據郝懿行說依《類聚》卷 89、《初學記》卷 28、《書鈔》卷 137 引校正。郝懿行《山海經箋疏》卷 17，中國書店 1991 年版，無頁碼。

(8)「當」還有處所義，《說文》:「當，田相值也。」引申指處所……有「上黨」這個地名，意思是高處，「黨」即「當」的借字。「褲襠」指褲腿間的空隙，偏旁類化就看不出本義了。（第 300 頁）

按:「當」由本義「田相値」只能引申出對當、相當義，決引申不出處所義。(a)「當」有處所義，借爲「堂」,《禮記・檀弓上》:「吾見封之若堂者矣。」鄭注:「堂，形四方而高。」《釋名》:「堂，猶堂堂，高顯貌也。」是「堂」爲高土義。吾靖人曰「堂塊」、「這堂（音志蕩)」，猶言這個地方。1937 年《川沙縣志》:「文言『地方』，鄉人急讀爲『堂』。」〔註 26〕亦備一說。字亦作「黨」,《國語・越語上》:「上黨之國。」韋昭注:「黨，所也。上所之國，謂中國。」《釋名》:「上黨，黨，所也。在山上，其所最高，故曰上也。」作地名用的專字又作「鄌」、「鄿」,《說文》:「鄌，地名。」《龍龕手鑑》:「鄌，或作。鄿，今。地名，上鄿。」《左傳・哀公五年》:「何黨之乎？」杜預注:「黨，所也。」《史記・齊世家》:「胡黨之乎？」《集解》引服虔曰:「黨，所也。」《禮記・玉藻》:「不退，則必引而去君之黨。」王念孫曰:「黨，所也，謂君所坐之處，鄭君謂黨爲旁側，已得之矣。」〔註 27〕章太炎曰:「黨，所也，方也……今吳、越閒謂上方曰上黨，高處曰高黨。黨皆讀德挺切，陽、唐轉耕、清也（時人不曉，謂是等字，則失其韻矣)。紹興或轉如董，蘇州或轉入聲如篤，皆指此處則言之。」〔註 28〕(b) 至於「褲襠」的「襠」，確是因偏旁類化而加了「衣」旁。但「當」字取義決不是「空隙」，而應是「遮擋」。《六書故》:「襠，窮袴也。今以袴有當而旁開者爲襠，本單作當。」戴氏也早就把語源說明白了。《釋名》:「裲襠，其一當胷，其一當背也。」此指衣。《金樓子・箴戒篇》:「齊東昏侯潘妃，嘗著裲襠袴。」裲襠袴，蓋謂袴有前後襠，與衣有前後襠，其義一也〔註 29〕。

(9)「摒擋」當由「屏當」變化而來，「屏當」是收拾、清理義……「屏」

〔註 26〕轉引自許寶華、宮田一郎《漢語方言大詞典》，中華書局 1999 年版，第 5406 頁。

〔註 27〕轉引自王引之《經義述聞》卷 15，江蘇古籍出版社 1985 年版，第 359 頁。

〔註 28〕章太炎《新方言》卷 1，收入《章太炎全集（7)》，上海人民出版社 1999 年版，第 14 頁。

〔註 29〕另詳蕭旭《金樓子校補》。

由隱藏、遮蔽義引申，即有收拾、整理之義……而「當」字並無此義，只是作為後綴構成附加式複音詞「屏當」或「摒當」，偏旁類化又作「摒擋」。又作「併當」、「併譡」、「併擋」、「拼儅」、「併儅」、「拼擋」、「栟檔」……某些字書的解釋是惑於偏旁類化的書寫形式，不可信。（第 320～321 頁）

按：「摒擋」除了王氏所舉的字形，還作「摒儅」、「偋當」、「併黨」、「摒譡」、「屛擋」等。此說實本於蔣禮鴻、郭在貽的「『當』是動詞後附的語助詞」〔註 30〕。《慧琳音義》37：「摒儅，《廣雅》云：『摒，除也。』《字鏡》云：『儅者，不中儅也。今摒除之。』」考蔣斧印本《唐韻殘卷》：「儅，不中儅。」〔註 31〕《廣韻》：「儅，不中。」皆與《字鏡》合。「儅」就是今言不中用、無用的意思，也複言作「偙儅」，蔣斧印本《唐韻殘卷》：「偙，偙儅，不當貌。」〔註 32〕《集韻》卷 3「儅」條、卷 8「偙」條並釋爲「偙儅，不當也」。《龍龕手鑑》：「偙，偙儅，不當貌也。儅，不中儅也。」「偙儅」又音轉作「的當」、「雕當」。「摒」訓棄除。摒儅，摒除無用之物也，故引申有「收拾」、「打掃」、「處理」之義〔註 33〕。

（10）**《宋詩》卷 11《烏夜啼》：「遠望千里煙，隱當在歡家。」《莊子·逍遙遊》《釋文》引司馬彪曰：「言語宏大無隱當也。」**（第 321 頁）

按：王氏舉這二例，謂「當」是後附加成分。「當」同「擋」，是阻擋義。第二例司馬彪是解釋《莊子》正文「吾聞言於接輿，大而無當」的話，司馬以複音詞「隱當」釋「當」。「當」如是後附加式，正文豈不落空了？

〔註 30〕蔣禮鴻《敦煌變文字義通釋》，收入《蔣禮鴻集》卷 1，浙江教育出版社 2001 年版，第 141 頁。郭在貽《敦煌變文集校議》，收入《郭在貽文集》卷 2，中華書局 2002 年版，第 376 頁。

〔註 31〕蔣斧印本《唐韻殘卷》，收入周祖謨《唐五代韻書集存》，中華書局 1983 年版，第 674 頁。

〔註 32〕蔣斧印本《唐韻殘卷》，收入周祖謨《唐五代韻書集存》，中華書局 1983 年版，第 665 頁。

〔註 33〕參見蕭旭《敦煌寫卷〈王梵志詩〉校補》，《敦煌學研究》2008 年第 2 期，第 328～330 頁；收入《群書校補》，廣陵書社 2011 年版，第 1277～1278 頁。又參見蕭旭《「郎當」考》，《中國語學研究·開篇》第 29 卷，2010 年 9 月日本好文出版，第 59～64 頁。

《韓子・外儲說右上》:「今有千金之玉巵，通而無當，可以盛水乎？」《淮南子・說林篇》:「三寸之管而無當，天下弗能滿。」高誘注:「當，猶底也。」此二例與《莊子》同義。「當」訓底者，正取其可阻擋爲義耳。

(11) **處當：猶言處理、處置。**（第 322 頁）

按：王氏舉此例，謂「當」是後附加成分。「當」猶言處斷、判決，與「處」同義連文。

(12) **猶當，即猶，依然、仍然。**（第 339 頁）

按：王氏舉此例，謂「當」是後附加成分。當，讀爲尚〔註 34〕，與「猶」同義連文。「猶當」即「猶尚」，亦倒言作「尚猶」。

(13) **設當：假使。**（第 342 頁）

按：王氏舉此例，謂「當」是後附加成分。當，讀爲倘、儻，與「設」同義連文。王書舉證「當」是「後附加式」的例子多不確，茲不再辨駁，以省篇幅。

(14) **嘗自：即嘗，曾經。漢賈誼《新論・憫友》:「高君孟頗知律令，嘗自伏寫書……云:『我躬自寫，乃當十遍讀。』」**（第 352 頁）

按：王氏舉此例，謂「自」是後附加成分。賈誼的著作是《新書》。這條文獻出自《書鈔》卷 101、《御覽》卷 614 引《桓子新論》，是桓譚的著作。「嘗自」不成詞。「自」即下文「躬自」義。王書第 359 頁「身自」、「躬自」、「親自」，同義連文；王氏謂「自」是後附加成分，余亦不認同。

(15) **《方言》卷 3:「速、逞、搖扇，疾也。東齊海岱之間曰速，燕之外鄙朝鮮洌水之間曰搖扇，楚曰逞。」「搖扇」是個比喻，用手搖動扇子的動作表示時間的短暫和急速。**（第 367 頁）

按：《方言》見卷 2，王氏失檢。「搖扇」是動詞的並列結構，而不是動賓結構。「扇」字《說文》作「煽」，云:「蠅醜煽，搖翼也。」《爾雅》

〔註 34〕裴學海《古書虛字集釋》，中華書局 1954 年版，第 838～839 頁。

「蝙」作「扇」。《廣韻》:「蝙，蠅動翅也。」《廣雅》:「搖扇，疾也。」王念孫曰:「《方言》又云:『遙，疾行也。』《楚辭·九章》:『願搖起而橫奔兮。』搖與遙通。」〔註35〕《漢書·郊祀志》:「遙興輕舉。」王念孫曰:「遙興者，疾興也……《淮南·原道篇》曰:『疾而不搖。』搖與遙通。」〔註36〕王念孫說是也，魏·嵇康《琴賦》:「疾而不速。」即《淮南》「疾而不搖」之誼。字亦作䠀，《廣雅》:「䠀䠀，行也。」《玉篇》:「䠀，走貌。」字又作䠐，《說文》:「䠐，跳也。」《廣雅》同。王念孫曰:「䠐、遙、搖義竝相近。」〔註37〕䠐、䌛皆指疾行貌。字亦作䌛，《玉篇》:「䌛，以周切，疾行也，又音遙。」

(16) **赳虔:《國語·魯語下》:「赳虔天刑。」韋昭注:「赳，恭也。虔，敬也。」《南齊書·裴叔業傳》:「赳虔姦蠹。」**（第411～412頁）

按:二書原文皆作「糾虔」，王氏失檢，或誤排。《廣韻》:「糾，恭也。」即承韋注。然糾無恭訓，檢《三國志·武帝紀》裴松之注、《文選·冊魏公九錫文》李善注引韋昭注並作「糾，察也」。則韋注「恭」爲「察」字形誤，斷可知也〔註38〕。

(17) **「揶揄」可以有「耶廠」、「野由（冶由）」、「邪揄」、「歋廠」等多種寫法，分析其義只能從聲音入手，而其得義之由尚難分析。**（第422頁）

按:「揶揄」除了王氏所舉的字形，還作「歋瘉」、「歋歈」、「擨歈」、「擨歈」、「㒌廠」、「㒌愉」、「擨揄」、「擨廠」、「耶歈」、「耶揄」、「邪揄」、「邪歈」、「耶廠」、「椰榆」、「冶夷」等形〔註39〕。其語源蓋爲「衺揄」，《說文》:「衺，𧝎也。𧝎者，衺也。」又「揄，引也。」「邪」即「衺」

〔註35〕王念孫《廣雅疏證》，收入徐復主編《廣雅詁林》，江蘇古籍出版社1992年版，第52頁。

〔註36〕王念孫《讀書雜志》卷4，中國書店1985年版，第51頁；說又見《讀書雜志》餘編下，第62頁。

〔註37〕王念孫《廣雅疏證》，收入徐復主編《廣雅詁林》，江蘇古籍出版社1992年版，第168頁。

〔註38〕參見蕭旭《國語校補》、《〈廣韻〉校正一則》，並收入《群書校補》，廣陵書社2011年版，第111、1421頁。

〔註39〕以上參見蕭旭《淮南子校補》，花木蘭文化出版社2014年版，第677～678頁。

俗字。衺揄，謂以手斜著拉引戲弄也。《廣韻》:「歋，歋廠，手相弄人，亦作擨。」又「擨，擨歈，舉手相弄。」又「廠，歋廠，以手相弄。」《集韻》:「擨、歋、揶，擨歈，舉手相弄，或省，亦作揶，通作邪。」又「揄、撳，邪揄，手相弄，或從歈，俗作廠，非是。」《東觀漢記》卷 10:「市人皆大笑，舉手揶揄之。」《御覽》卷 498 引作「耶歈」,《後漢書・王霸傳》作「邪揄」。李賢注:「《說文》曰:『歋廠，手相笑也。』此云邪揄，語輕重不同。」《靖康緗素雜記》卷 1 引《蘇氏演義》:「耶廠者，舉手相弄之貌，即今俗謂之冶由也。」斯皆得其本義。《說文》:「歋，人相笑相歋瘉。」「人」爲「手」之誤，當據李賢引訂正。段玉裁曰:「李注引『手相笑』，恐是因文而誤。」〔註 40〕則失考矣。

(18)「趔趄」形容小步或走路歪斜、身體不穩之貌，正是「斜」的反切。「趔趄」的更早寫法是「蹀躞」。「躞蹀」與「蹀躞」同，又作「燮蹀」。(第 431 頁、又第 445 頁)

按:除最後一句，其餘余皆不信。「蹀躞」或作「蹀躍」、「蹀燮」、「蹀躡」、「蹀踥」、「捷懾」，倒言也作「踥蹀」、「躡蹀」、「懾惵」、「躍蹀」、「啑諜」、「躍蹀」、「啑諜」、「攝業」、「攝葉」、「攝僷」。攝讀爲摺，疊也。《廣雅》:「僷、疊、襵、結，詘也。」王念孫曰:「攝音之涉反，與襵通。」〔註 41〕是「攝僷(葉)」即「襵僷」，同義連文，猶言屈折也。故諸詞爲不舒展貌，又引申爲小步貌〔註 42〕。「趔趄」形容走路歪斜，決非「斜」的反切，更與「蹀躞」不同源。敦煌寫卷 P.2717《碎金》:「[illegible]:音列挈。」「[illegible]」即「奊𡗧」〔註 43〕。《廣韻》:「𡗧，奊𡗧，多節目也。」柳建鈺謂「『趔趄』與『奊𡗧』有同源關係」〔註 44〕，可取。「奊」、「𡗧」皆爲頭傾斜不正貌，同義連文。宋・黃庭堅《山

〔註 40〕段玉裁《說文解字注》，上海古籍出版社 1981 年版，第 411 頁。

〔註 41〕王念孫《廣雅疏證》，收入徐復主編《廣雅詁林》，江蘇古籍出版社 1998 年版，第 292 頁。

〔註 42〕以上參見蕭旭《〈淮南子〉古楚語舉證》，收入《淮南子校補》附錄二，花木蘭文化出版社 2014 年版，第 829～832 頁。

〔註 43〕參見黃征《敦煌俗字典》，上海教育出版社 2005 年版，第 247、327 頁。

〔註 44〕柳建鈺《〈類篇〉新收字考辨與研究》，遼寧大學出版社 2011 年版，第 226 頁。

谷別集》卷 6《論俗呼字》:「㑌（音烈）㑇（音挈），多節目也。其胸次不坦夷，舉事畫計，務出獨見以乖迕人爲賢者也。」宋・黃震《黃氏日抄》卷 65:「㑌㑇，音烈挈，務出獨見以乖迕人爲賢者也。」《說郛》卷 85 引釋適之《金壺字考》:「㑌㑇，音烈挈，胸次不坦夷，舉事務以乖忤人爲賢也。」明・田汝成《西湖遊覽志餘》卷 25《委巷叢談》:「杭人……言人胸次不坦夷，逞獨見以忤人者曰㑌㑇，音如列挈。《漢書》:『㑌㑇而無志節。』言人愚不省事者。」顧起元《客坐贅語》卷 1:「捧物不敬曰㑌㑇，音烈挈。」〔註 45〕字亦作「戾契」，《增韻》:「契，戾契，不平正貌。戾音列。」唐・韓愈《試大理評事王君墓誌銘》:「有名節，可以戾契致。」宋・方崧卿《韓集舉正》:「戾契，字本作㑌㑇，《通俗文》曰:『多節目謂之㑌㑇。』董彥遠云:『江北人謂好生事多節目爲㑌㑇。』《方言》作謰謱，故《賈誼傳》曰:『㑌謱不節。』」宋・魏仲舉《五百家注昌黎文集》引祝曰:「『戾契』與『㑌㑇』字同，《廣韻》云:『多節目也。』」皆爲不平正貌。倒言則作「契綟」，《太平廣記》卷 255 引《啓顏錄》:「毛賊翻爲墨槽，傍邊有曲錄鐵，翻爲契綟禿。」〔註 46〕「趔趄」則形容走路不正貌，趔之音捩（捩）也，扭戾也。趄亦作跙，《玉篇》:「跙，行不進也。《太玄經》云:『四馬跙跙。』」衍其音則曰「赼趄」，字亦作「次且」、「迹趑」、「欳跙」、「趀跙」、「恣睢」等，音變又作「郪胥」、「緀疋」，《易・夬》:「其行次且。」又《姤》同。馬王堆帛書皆作「郪胥」，上博楚簡（三）皆作「緀疋」。唐・柳宗元《答問》:「抵瑕陷厄，固不足以赼趄批捩而追其跡。」「赼趄批捩」即「趔趄」之衍音。

（19）拉沓，象聲詞，可形容鳥翅扇動聲。《漢詩》卷 4《思悲翁》:「梟子五，梟母六，拉沓高飛莫安宿。」又作「拉颯栖」、「颯沓」、「拉雜」，《晉詩》卷 18《京口謠》:「黃雌雞，莫作雄父啼。一旦去毛衣，衣被拉颯栖。」（第 434～435 頁）

〔註 45〕顧起元《客坐贅語》卷 1 明萬曆四十六年自刻本。

〔註 46〕此皆反切語，「毛賊」切音爲「墨」，「賊毛」切音爲「槽」，「曲鐵」切音爲「契」，「錄鉄」切音爲「綟」，「鐵曲（或『曲』）」切音爲「禿」。參見劉盼遂《六朝唐代反語考》，收入《劉盼遂文集》，北京師範大學出版社 2002 年版，第 560 頁；又參見傅定淼《諧音析字補議》、《六朝唐代反語考補證》，分別見《黔南民族師院學報》2003 年第 4 期、2005 年第 4 期，第 42、4 頁。

按：「拉颯栖」不成詞，「栖」字當刪去。「拉沓」當形容鳥飛貌。聞一多曰：「『拉沓』與『拉搭』、『獵搭』同，飛貌也。」字亦作「獵𤞲」、「翻翻」、「鸜鶍」、「獵搭」、「獵翔」等。方以智、王念孫皆作過考證。「拉颯」亦顯然不是象聲詞，雞去了毛，它就邋裏邋遢的，諸詞皆「邋遢」的同源詞〔註 47〕。

(20)《說文》：「鼓，郭也。春分之音，萬物郭皮甲而出，故謂之鼓。」「鼓」長言為「骨朵」，又稱「骨堆」，指圓而突起的墳。《五燈會元》卷 16：「拜掃事如何，骨堆上添土。」又稱「骨都」、「骨嘟」。又稱「骨貀」，泛指成疙瘩狀的硬物，如樹瘤。《太平廣記》卷 248（出《啟顏錄》）：「道邊樹有骨貀者，車撥傷。」（第 446 頁）

按：諸詞皆非「鼓」之長言，更非一源。「骨朵」、「骨都」、「骨嘟」同源，皆「果蠃」之轉語，它的中心詞義是「圓」〔註 48〕。(a)「鼓」的語源是「郭」，即「廓」、「擴」，中心詞義是「廓張」。《風俗通義・聲音》：「鼓者，郭也，春分之音也，萬物郭皮甲而出，故謂之鼓。」《釋名》：「鼓，郭也，張皮以冒之，其中空也。」《漢書・律曆志》顏師古注：「鼓者，郭也，言郭張皮而爲之。」《急就篇》卷 3 顏師古注：「鼓之言郭也，張郭皮革而爲之也。」皆與《說文》相合。(b)「骨堆」就是個名詞詞組，不是由「鼓」長言而成的連綿詞。《五燈會元》卷 12：「師曰：『平地起骨堆。』」亦同。(c) 唐・韓鄂《歲華紀麗》卷 1《春・正月・元日》：「燒骨貀，歲除夜燒骨貀，爲熙庭助陽氣。」「骨貀」亦作「榾柮」，指樹根，而不是樹瘤。《玉篇》、《廣韻》並云：「柮，榾柮，木頭。」《集韻》：「柮，榾柮，短木。」《六書故》：「今以木塊爲榾柮。」明・岳元聲《方言據》卷下：「榾柮：木之已斷而無根柯者曰柮（音獨），《音義》云：『已斷之木。』唐詩：『地鑪煨榾柮。』俗謂蠢而無能者曰木榾柮。」〔註 49〕明・陳士元《俗用雜字》：「短木樹根曰榾柮，音骨咄。」〔註 50〕

〔註 47〕以上參見蕭旭《「垃圾」考》，《中國語學研究・開篇》第 28 卷，2009 年 9 月日本好文出版；收入《群書校補》，廣陵書社 2011 年版，第 1383～1392 頁。

〔註 48〕參見程瑤田《「果蠃」轉語記》，收入《安徽叢書》第 2 期，民國 22 年版；又收入《續修四庫全書》第 191 冊，上海古籍出版社 1995 年版，第 517～524 頁。蕭旭《「果蠃」轉語補記》有補充。

〔註 49〕岳元聲《方言據》，收入《續修四庫全書》第 193 冊，上海古籍出版社 2002

明・郭一經《字學三正》：「榾柮，『骨突』，短木，又兵器。」〔註 51〕《正字通》：「柮，敦入聲。榾柮，短木也。」清・范寅《越諺》卷中：「榾柮，『骨出』。本爲樹根木頭，可炊。越音『骨粒』，杜端轂繩轉器。」〔註 52〕亦作「搰拙」，宋・劉克莊《元日七言》：「屋角微聞哢曉禽，起煨搰拙旋冠簪。」《氏族大全》卷 12 引宋・藍元威《寒詩》：「苦吟簷角玲瓏玉，閒撥爐頭搰拙灰。」亦作「榾榾」，宋・劉克莊《五和》：「爐中榾榾聊擅欒，門外爆竹任傴剝。」元・朱晞顏《滿庭芳》：「榾榾爐寒，梅花帳矮。」「骨黜」的語源是「渾沌」，中心詞義是「圓」、「渾然一團」。方以智曰：「餫飩，本渾沌之轉。鶻突，亦混沌之轉……《夢華錄》有餶飿菜，《指南》引《名物考》有骨董羹，燒樹根爲榾柮……凡渾沌、餛飩、糊塗、鶻突、榾柮，皆聲轉。」〔註 53〕焦竑曰：「短木曰榾柮，即橛之轉語也。」〔註 54〕亦備一說。《啓顏錄》是說，車子被路邊上的樹根撥傷了，決不是指「樹癰」。《五燈會元》卷 15：「煮野菜羹，燒榾柮火。」柴火當然是樹根，不會是樹癰。又作形容詞用，短而聚貌。元・李衎《竹譜》卷 10：「江廣間一種竿，如紫藤，根下臃腫榾柮，亦名木竹。」又考《玉篇》、《廣韻》並云：「䯇，䯇䮠，獸〔名〕，出北海。」〔註 55〕《集韻》：「羖，羖羜，羊名。」又「猾，猾貀，獸名。」《龍龕手鑑》：「䯇，䯇䯍，獸名也。」〔註 56〕皆與「榾柮」同源。蓋短木爲榾柮，短馬爲䯇䮠，短獸爲猾貀，短羊爲羖羜，圓形食物爲餶飿，其義一也。字亦作「骨咄」，敦煌寫卷 S.2144《韓擒虎話本》：「遂揀紬（細）馬百疋，明駝千頭，骨咄、羖羝、麋（麖）鹿、麝香，盤纏天使。」《通

年版，第 403 頁。所引唐詩，實出宋・方岳《回程直學》文，岳氏誤記耳。

〔註 50〕陳士元《俗用雜字》，附於《古俗字略》卷 7，收入《歸雲別集》卷 25，《四庫存目叢書・經部》第 190 冊，齊魯書社 1997 年版，第 164 頁。

〔註 51〕郭一經《字學三正》第 3 冊，收入《四庫未收書輯刊》第 2 輯第 14 冊，北京出版社 1997 年影印出版，第 287 頁。郭氏以「骨突」擬其音。

〔註 52〕范寅《越諺》(侯友蘭等點注)，人民出版社 2006 年版，第 239 頁。范氏以「骨出」擬其音。

〔註 53〕方以智《通雅》卷 39，收入《方以智全書》第 1 冊，上海古籍出版社 1988 年版，第 1186～1187 頁。

〔註 54〕轉引自方以智《通雅》卷 49，收入《方以智全書》第 1 冊，上海古籍出版社 1988 年版，第 1454 頁。

〔註 55〕「名」字據《集韻》、《類篇》補。

〔註 56〕此據早稻田大學藏本，高麗本、光緒壬午年樂道齋本、續古逸叢書本並倒作「䯍䯇」。

典》卷199：「俞栫（衸）國……少牛馬，多貂鼠、骨咄。」《太平寰宇記》卷198同。《新唐書·回鶻傳》：「戛黠斯國……其獸有野馬、骨咄、黃羊、羱羝。」上三例「骨咄」即「骨貀」。宋·周密《雲烟過眼錄》卷1：「伯機云：『骨咄犀，乃蛇角也。』」元·陶宗儀《輟耕錄》卷29、《說郛》卷19引史浩《兩鈔摘腴》並同，《說郛》卷27引周密《志雅堂雜抄》、周密《浩然齋視聽抄》並作「骨觰」，即「骨貀」。《遼史》卷116：「榾柮犀，千歲蛇角。」字亦作「骨掘」，《通雅》卷46引史浩《兩鈔摘腴》作「骨掘」。明·劉文卿《遊雁蕩山賦》：「大巖碕硼其四陳兮，雷骨掘而聲揚。」字亦作「骨篤」，元·劉郁《西使記》：「骨篤犀，大蛇之角也。」《本草綱目》卷43「蛇角」《釋名》：「骨咄犀，亦作骨篤。」字亦作「骨拙」，《永樂大典殘卷》卷13139引《古今事通》：「應昌侯氏，好養鴿，爲貓盡食，乃截四足而殺之。後生子，夢貓入語曰：『我生汝家。』後生子遂無雙手，人以骨拙目之。」《正字通》「犀」字條引史浩《雨（兩）鈔摘腴》作「骨拙」。

（21）**「肥沒忽」形容肥胖的樣子……敦煌遺書P.271《碎金》：「肥頼顋：音末葛。」即是「肥沒忽」。又《方言》卷2：「渾，盛也。」郭璞注：「們渾，肥滿也。」「們渾」與「沒忽」音近。**（第448～449頁）

按：此段文字皆本於蔣禮鴻說〔註57〕。敦煌寫卷的卷號是P.2717，原卷「葛」作「曷」，王氏失檢。敦煌寫卷P.2011王仁昫《刊謬補缺切韻》：「顋，許葛反，頼顋。」又「頼，頼顋，健。」P.3694V《箋注本切韻》：「頼，頼顋，健。」蔣斧印本《唐韻殘卷》：「頼，頼顋，健。」〔註58〕《鉅宋廣韻》：「顋，頼顋，健也。」

（22）**索——物色……也許「物色」就是「索」，誌此存疑。**（第451～452頁）

按：此條列於「反切產生連綿詞」項下，其疑「物色」是「索」的反切，非也。《周禮·地官·載師》：「以物地事授地職而待其政令。」鄭玄注：「物，

〔註57〕蔣禮鴻《敦煌變文字義通釋》，收入《蔣禮鴻集》卷1，浙江教育出版社2001年版，第78頁。

〔註58〕蔣斧印本《唐韻殘卷》，收入周祖謨《唐五代韻書集存》，中華書局1983年版，第700頁。

物色之。」「物」即有「物色」義，何得以反切說之？《左傳・昭公三十二年》：「物土方。」杜注：「物，相也。」即觀察義。引申之，則爲搜索也。

（23）《釋名》：「獄，又謂之牢，又謂之圜土，又謂之囹圄。」而「囹圄」是否正是「獄」的緩讀？誌此存疑。（第 454 頁）

按：「囹圄」亦作「囹圉」、「令敔」，《廣雅》：「獄，周曰囹圉。」王念孫曰：「《說文》：『囹，獄也。圄，守之也。』又云：『囹圉，所以拘罪人也。』圉與圄同。囹圄，皆守禁之名。囹之言令，圄之言敔也。卷四云：『令、敔，禁也。』或但謂之囹，張衡《周天大象賦》云『彼貫索之爲狀，寔幽囹之取則』是也。或但謂之圄，《晏子春秋・諫篇》曰『拘者滿圄，怨者滿朝』是也。《月令》正義引蔡邕《章句》曰：『囹，牢也。圄，止也。所以止出入。』《釋名》曰：『囹，領也。圄，禦也。領錄囚徒，禁禦之也。』皆誤分囹、圄爲二義。」〔註 59〕王念孫謂「囹之言令」，是矣，令亦禁也，與「敔」同義。《墨子・辭過》：「故法令不急而行。」《治要》卷 34 引作「法禁」，是其確證。《爾雅》：「禦、圉，禁也。」《釋文》：「圉，本或作御，同。」《說文》：「敔，禁也。」

（24）空——冬烘。「冬烘」謂迂腐、淺陋，《漢語大詞典》沒有探源，有人理解成冬天烤火，無所事事，也是想當然。蓋「冬烘」即「空」的緩言或反切。「頭腦冬烘」指頭腦空空。（第 454 頁）

按：宋・葉夢得《避暑錄話》卷上：「唐人言冬烘，是不了了之語……今蜀人多稱之。」《山堂肆考》卷 83：「冬烘，猶言昏眊也。」宋・周密《癸辛雜識》後集：「垢面弊衣，冬烘昏憒。」冬烘亦昏憒、糊塗也。「冬烘」乃「憧」的緩言。《廣韻》：「憧，懵憧，心亂。」字亦作童，《賈子・道術》：「反慧爲童。」《太玄・錯》：「童，無知。」本字爲僮，《說文》：「僮，未冠也。」《左傳・僖公九年》杜注：「小童者，童蒙幼穉之稱。」孔疏：「童者未冠之名，童而又小，故爲童蒙幼穉之稱……幼童於事多闇昧，是以謂之童蒙焉。」《廣雅》：「僮，癡也。」《易・蒙》《釋文》、《慧琳音義》卷 22 引作「童，癡也」。王念孫曰：

〔註 59〕王念孫《廣雅疏證》，收入徐復主編《廣雅詁林》，江蘇古籍出版社 1998 年版，第 546 頁；王說又見《讀書雜志》卷 7，中國書店 1985 年版，第 32～33 頁。

「憧、童並與僮通。」〔註 60〕

（25）洞（通）——儱侗、隆統、統統。方以智《通雅》卷 49：「直行曰儱侗，未成器曰儱侗，身不端正曰躘躵，衣寬曰襱裥。按儱侗字，唐禪師嘗用之，知是唐諺。」……那麼「儱侗」為什麼能表示直的意思呢？竊以為「儱侗」當是「通」或「洞」的緩言或反切。方以智所說諸義是引申義，然「身不端正曰躘躵」則不知何據？是否「不」為衍文？（第 455 頁）

按：方氏「直行曰儱侗，未成器曰儱侗，身不端正曰躘躵，衣寬曰襱裥」數語，焦竑《俗書刊誤》卷 11 說同，並本於明・陳士元《俗用雜字》〔註 61〕。考《論語・泰伯》：「侗而不愿。」梁・皇侃疏：「侗謂籠侗未成器之人也。」「儱侗」即「籠侗」，方氏謂唐諺，則失考矣。又考《集韻》：「躘，躘躵，身不端。」又「躵，躘躵，身不端。」是「不」字決非衍文〔註 62〕。除了方氏所引，「儱侗」亦作「儱侗」、「籠侗」、「儱統」、「儱統」、「籠統」、「籠桶」、「攏統」，皆「穹隆」之倒言，實「枸簍」、「果贏」之轉語。王念孫曰：「按岣嶁猶穹隆也，語之轉也，若車枸簍或謂之穹隆矣。」〔註 63〕其中心詞義是圓大，故又指渾淪一團，或引申爲直行，或引申爲不成器。身不端者，亦不成器者也。1935 年《蕭山縣志稿》：「物直而胖大者曰儱侗。」〔註 64〕《江南志書・太平府》：「不分別曰儱侗。」〔註 65〕今吳語猶有「不成儱侗」之

〔註 60〕王念孫《廣雅疏證》，收入徐復主編《廣雅詁林》，江蘇古籍出版社 1998 年版，第 211 頁。

〔註 61〕焦竑《俗書刊誤》卷 11《俗用雜字》，收入景印文淵閣《四庫全書》第 228 冊，臺灣商務印書館 1986 年版，第 578 頁。陳士元《俗用雜字》，附於《古俗字略》卷 7，收入《歸雲別集》卷 25，《四庫存目叢書・經部》第 190 冊，齊魯書社 1997 年版，第 160 頁。

〔註 62〕柳建鈺曰：「『躘躵』訓身不端正，恐非，當訓身端正，亦取義於直。」亦非是。柳建鈺《〈類篇〉新收字考辨與研究》，遼寧大學出版社 2011 年版，第 151 頁。

〔註 63〕王念孫《廣雅疏證》，收入徐復主編《廣雅詁林》，江蘇古籍出版社 1998 年版，第 787 頁。

〔註 64〕1935 年《蕭山縣志稿》，轉引自許寶華、宮田一郎《漢語方言大詞典》，中華書局 1999 年版，第 2724 頁。

〔註 65〕《江南志書・太平府》，《江南志書・江寧縣》同，並收入《古今圖書集成》《字學典》卷 145，中華書局民國影本。

語，即指未成器者〔註 66〕。「儱侗」非「通」或「洞」的緩言或反切。

（26）**盤——盤陁、盤陀、磻陁。「盤陁」是「盤」的音節緩讀，《漢語大詞典》解釋「盤陁」為：（a）石不平貌。（b）指不平的石塊。皆誤。其實，盤或盤陁，只是大貌，大則自然平坦了。**（第 456～457 頁）

按：「盤陀」亦作「磐陀」，《景德傳燈錄》卷 23：「師曰：『磐陀石上栽上柏。』」《禪宗頌古聯珠通集》卷 25：「仰山隨溈山遊山，到磐陀石上坐。」項楚解「盤陁石」爲「表面平坦的大石」〔註 67〕，黃征、張涌泉曰：「『磻』同『磐』，《玉篇》：『磐，大石也。』磻陁石蓋即大石。」〔註 68〕此即王說所本。諸家皆未得語源，所說非也。諸詞皆「陂陀」之音轉，《爾雅》：「陂者曰阪。」郭璞注：「陂陀不平。」《廣雅》：「陂陀，衺也。」《玉篇》：「陂，陂陀，靡迆也。」《玄應音義》卷 13：「案：陵遲，猶靡迤陂陀也，平易不陗峻者也。」又卷 15：「案：陂陀，猶靡迤也。」《廣韻》：「陀，陂陀，不平之皃。」《集韻》：「陀，《博雅》：『陂陀，衺也。』或作岮、陁。」字或作「陂陁」，《楚辭・招魂》：「文異豹飾，侍陂陀些。」王逸注：「陂陁，長陛也。陁，一作陀。」陵遲不平，故引申爲「長」也。字或作「陂阤」，《廣雅》：「陂阤，險也。」《史記・司馬相如傳》《弔二世賦》：「登陂阤之長阪兮。」字或作「陂池」，「池」、「陀」音同〔註 69〕。《文選・上林賦》：「陂池貏豸。」李善注引郭璞曰：「陂池，旁穨貌也。」《後漢書・光武帝紀》：「令所置地不過二三頃，無爲山陵陂池，裁令流水而已。」李賢注：「陂音普何反，池音徒何反。」「徒何反」即「陀」音。《御覽》卷 90 引《東觀漢記》同。《匡謬正俗》卷 5：「按陂池讀如《弔二世賦》『登陂陁之長坂』。凡陂陁者，猶言靡陁耳……今之讀者謂爲陂池令得流水，此

〔註 66〕參見蕭旭《「果贏」轉語補記》。

〔註 67〕項楚《寒山詩注》，中華書局 2000 年版，第 466 頁。

〔註 68〕黃征、張涌泉《敦煌變文校注》，中華書局 1997 年版，第 246 頁。

〔註 69〕《周禮・職方氏》《釋文》：「池，徒多反。」《禮記・禮器》：「晉人將有事於河，必先有事於惡池。」《釋文》：「池，大河反。」另參見蕭旭《〈說文〉「褫」字音義辨正》，《中國語學研究・開篇》第 31 卷，2012 年 10 月日本好文出版，第 202～203 頁。

讀非也。」〔註 70〕字或作「岥陀」、「岥㸰」，《文選．西征賦》：「覓陛殿之餘基，裁岥陀以隱嶙。」李善注：「岥陀，穨貌也。」又引司馬相如《哀二世〔賦〕》作「登岥陀之長坂」。《可洪音義》卷 25：「陂陀，平易皃，亦作岥㸰。」《文苑英華》卷 30 唐．吳融《沃焦山賦》：「岥㸰兮壓海萬里，鴻洞兮烘天一隅。」一本作「陂陁」。字或作「坡陀」，《慧琳音義》卷 83：「坡陀：上破波反，亦作陂、岥。岥陀，邪下貌也。」《大唐大慈恩寺三藏法師傳》卷 6：「祇園之路髣像猶存，王城之基坡陀尚在。」《廣弘明集》卷 24 梁．劉孝標《東陽金華山栖志》：「靡迤坡陀，下屬深渚。」《北山錄》卷 4：「厥若坡陀矣，浸微矣。」注：「坡陀，不齊貌。」字或作「陂陀」、「陂陁」，《玉篇》：「陂，音坡，陂陀，不平。」《集韻》：「陂、陂：陂陁，不平也。或从皮。」程瑤田曰：「果蠃……又轉之爲『陂陀』不平（《廣韻》云）、『陂陀』袞也（《廣雅》云）。」〔註 71〕合音則爲「和」，唐．樊綽《蠻書》卷 5：「西巖有石和城，烏蠻謂之土山坡陀者，謂此州城及太和城俱在陂陀山上故也。」宋．郭允蹈《蜀鑑》卷 10：「夷語山陂陀爲和，故謂之大和城也。」「陂陀」訓不平者，指邪下之貌，即斜坡緩延而下，非不平坦之謂也。「盤陀石」指順坡而下的石塊，與「磐石」指大石不同。

「反切字」或「緩讀」現象，古今學者有這方面的大量精彩的論述，這裏主要依據龐光華博士《論漢語上古音無複輔音聲母》中的材料〔註 72〕，揭舉其要者如下：宋．王觀國《學林》卷 8《四聲譜》，宋．陸游《老學庵筆記》卷 1，宋．洪邁《容齋三筆》卷 16《切脚語》，宋．鄭樵《通志》卷 35《論急慢聲諧》，宋．趙彥衛《雲麓漫鈔》卷 12，明．田汝成《西湖流覽志餘》卷 2《委巷瑣談》，清．顧炎武《音論》卷下《反切之始》〔註 73〕，清．惠士奇《禮說》卷 10〔註 74〕，

〔註 70〕劉曉東《匡謬正俗平議》，山東大學出版社 1999 年版，第 152 頁。

〔註 71〕程瑤田《果蠃轉語記》，收入《續修四庫全書》第 191 冊，上海古籍出版社 2002 年版，第 521 頁。

〔註 72〕龐光華《論漢語上古音無複輔音聲母》，中國文史出版社 2005 年版，第 182～202 頁。本文補列了清代以後學者著作的詳細出處，以便覆按。

〔註 73〕顧炎武《音論》卷下，收入景印文淵閣《四庫全書》第 241 冊，臺灣商務印書館 1986 年初版，第 28～30 頁。

清・惠棟《九經古義》卷 9《儀禮古義》〔註 75〕，清・俞正燮《癸巳類稿》卷 7《反切證義》〔註 76〕，清・戴震《聲韻考》卷 1《反切之始》〔註 77〕，清・郝懿行《反語考》〔註 78〕，清・劉禧延《劉氏遺著》〔註 79〕，章太炎《新方言》卷 2〔註 80〕，黃侃《論反切未行以前之證音法二》、《論反切之起源》〔註 81〕，王國維《鬼方昆夷玁狁考》〔註 82〕，劉博平《〈說文〉有合音說》〔註 83〕，沈兼士《楊雄〈方言〉中有切音》〔註 84〕，劉盼遂《〈春秋名字解詁〉補證》、《六朝唐代反語考》〔註 85〕，蔣禮鴻《義府續貂》〔註 86〕，李維琦《合音詞例》〔註 87〕，王鍈《試說「切腳語」》〔註 88〕，傅定淼《先秦兩漢反切語

〔註 74〕惠士奇《禮說》，收入《叢書集成三編》第 24 冊，新文豐出版公司 1997 年版，第 405 頁。

〔註 75〕惠棟《九經古義》卷 9，收入《叢書集成新編》第 10 冊，新文豐出版公司 1985 年版，第 190～191 頁。

〔註 76〕俞正燮《癸巳類稿》（俞氏手訂本），收入《叢書集成續編》第 18 冊，新文豐出版公司 1988 年印行，第 469～470 頁。

〔註 77〕戴震《聲韻考》，收入《戴震全書》第 3 冊，黃山書社 1994 年版，第 284 頁。

〔註 78〕郝懿行《反語考》，收入《曬書堂集》卷 7，《續修四庫全書》第 1481 冊，第 513～515 頁。

〔註 79〕劉禧延《劉氏遺著》，收入《叢書集成新編》第 14 冊，新文豐出版公司 1985 年版，第 202～203 頁。

〔註 80〕章太炎《新方言》卷 2，收入《章太炎全集（7）》，上海人民出版社 1999 年版，第 43 頁。

〔註 81〕黃侃《聲韻略說・論反切未行以前之證音法二》、《聲韻略說・論反切之起源》，並收入《黃侃國學文集》，中華書局 2006 年版，第 115～117、123～131 頁。

〔註 82〕王國維《鬼方昆夷玁狁考》，收入《觀堂集林》卷 13，河北教育出版社 2001 年版，第 376～377 頁。

〔註 83〕劉博平《小學札記・〈說文〉有合音說》，收入《劉賾小學著作二種》，上海古籍出版社 1983 年版，第 1175－1178 頁。

〔註 84〕沈兼士《楊雄〈方言〉中有切音》，收入《沈兼士學術論文集》，中華書局 1986 年版，第 315～316 頁。

〔註 85〕劉盼遂《〈春秋名字解詁〉補證》、《六朝唐代反語考》，並收入《劉盼遂文集》，北京師範大學出版社 2002 年版，第 491、496、551～561 頁。

〔註 86〕蔣禮鴻《義府續貂》，收入《蔣禮鴻集》卷 2，浙江教育出版社 2001 年版，第 10 頁。

〔註 87〕李維琦《合音詞例》，原載《古漢語論集》，湖南教育出版社 1985 年版，又收入《李維琦語言學論集》，語文出版社 2011 年版，第 13～21 頁。

〔註 88〕王鍈《試說「切腳語」》，收入《紀念王力先生百年誕辰學術論文集》，商務印書館 2002 年版，第 202～205 頁。

考》、《〈六朝唐代反語考〉補證》、《反切起源考》〔註 89〕。

（27）**零丁——伶仃。「零丁」是什麼結構？為什麼稱孤單為「零丁」？因為「零」有遺失、散落義。「丁」指人……所以「零丁」本指失群的人，即丟失的人，因而有孤獨義。可以寫作「寧丁」，《魏詩》卷 8 應璩《百一詩》：「平生居口郭，寧丁憂貧賤。」注：「缺字疑為『負』。『負郭』是貧窮的意思。」**（第 460～461 頁）

按：「零丁」不宜拘於字形，當因聲求義〔註 90〕。「零丁」、「伶仃」的語源是「長」，引申則爲孤獨義。已略見上文。音轉又作「伶俜」、「伶娉」、「令俜」、「彾𢓨」、「跉俜」、「彾俜」、「伶併」、「跉誁」、「跉跰」、「跉姘」。應璩詩缺字決不可補「負」字。「負郭」即「附郭」，猶今言近郊。

（28）**「跳梁」即跳踉，本來是聯綿詞，但後來的寫法似乎是動賓結構了。《朝野僉載》卷 6：「跳梁而前，曰……」**（第 463 頁）

按：《朝野僉載》的「跳梁」即「跳踉」，踉亦跳也（詳見下條），不是動賓結構。

（29）**有些聯綿詞無法探求本義，「強梁」、「陸梁」為連綿詞，桀驁不馴或跳躍的樣子，不知此二詞的本字該如何寫？意思之間有何聯繫？注曰：「不知『強梁』是否為『犟』的反切，但『陸梁』就更無法解釋了。」**（第 464 頁）

按：「強梁」與「陸梁」二詞不同源，「強梁」亦非「犟」的反切。（a）「強梁」亦作「彊（強）良」、「強梁」，又音轉作「據梁」，梁（梁）、良，並讀爲倞，字亦作勍，亦彊也。（b）「陸梁」亦作「陸量」、「坴梁」，是秦漢人口語詞，猶言跳行貌〔註 91〕。

（30）**《後漢書・方術傳》：「兒識父母，軒渠笑悅，欲往就之。」……**

〔註 89〕傅定淼《先秦兩漢反切語考》，《黔南民族師專學報》1999 年第 1 期，第 24～28 頁；《〈六朝唐代反語考〉補證》，《黔南民族師院學報》2005 年第 4 期，第 1～5 頁。傅定淼《反切起源考》，上海古籍出版社 2003 年版，第 2～9、104～109、128～137 頁。

〔註 90〕柳建鈺取王説，非也。柳建鈺《〈類篇〉新收字考辨與研究》，遼寧大學出版社 2011 年版，第 151 頁。

〔註 91〕參見蕭旭《古地「陸梁」名義考》。

竊以為「軒渠」為當時俗語，其本字也許是「歡愉」，或作「歡怡」、「歡咍」，結論尚不得而知。（第 464 頁）

按：「歡咍」與「歡怡」決非一詞，音尤遠隔。宋・黃朝英《靖康緗素雜記》卷 3：「蓋軒渠者，欲舉其身體以就父母之狀。……唯《世說》載『會稽王軒軒如朝霞之欲舉』，《唐史》乃用其語云『神氣軒舉舒王』，《詩義》云『僊僊，軒舉之狀』，乃爲盡善。」〔註 92〕宋・孫奕《示兒編》卷 20：「軒渠，笑貌。」〔註 93〕方以智曰：「軒然，軒渠也。《後漢・方技・薊子訓傳》：『軒渠笑自若。』《天祿閣外史》曰：『韓王軒然仰笑。』即軒渠也。軒本前昂，故借爲軒軒與軒仰也。東坡《書山谷艸書後》云：『他日黔安見之，當捧腹軒渠。』正用此字。黃朝英曰：『軒渠字義，舉體就之也。』」〔註 94〕黃朝英說可從，「渠」即「舉」之借音字。軒舉者，狀其兒飛身以就父母也。後人以「軒渠笑悅」連文，誤以爲「軒舉」爲笑貌也。宋人呂居仁著《軒渠錄》，記一時可笑之事，已誤解其義矣。朱駿聲曰；「渠，叚借爲舉。按：兩手高舉也。後儒用爲笑皃，失之。」〔註 95〕

（31）**《顏氏家訓・治家》：「至有諺云：『落索阿姑餐。』」盧文弨曰：「落索，當是語，大約冷落蕭索之意。」王利器也同意盧說。竊以為此說可以商量……「落索」猶今杭州方言「勒色」（記音字），謂骯髒，又謂垃圾。「落索阿姑餐」即弄髒阿姑餐。「落索」或「勒色」究竟是怎麼來的，還不得而知。**（第 464～465 頁）

按：「勒色」是「㩐㩼」的記音字，宋代以後音譌作「垃圾」〔註 96〕。我所知的吳方言，「勒色」不能作謂語。「落索」即「摸索（捸）」，謂動作遲

〔註 92〕黃朝英《靖康緗素雜記》，收入《叢書集成初編》第 299 冊，中華民國 24 年版，第 17 頁。

〔註 93〕孫奕《示兒編》，收入《叢書集成初編》第 207 冊，中華民國 24 年版，第 205 頁。

〔註 94〕方以智《通雅》卷 4，收入《方以智全書》第 1 冊，上海古籍出版社 1988 年版，第 202 頁。

〔註 95〕朱駿聲《說文通訓定聲》，武漢市古籍書店 1983 年版，第 429 頁。

〔註 96〕參見蕭旭《「垃圾」考》，《中國語學研究・開篇》第 28 卷，2009 年 9 月日本好文出版；收入《群書校補》，廣陵書社 2011 年版，第 1383～1392 頁。此文記音作「勒塞」。

緩、作事不果決，由「撫摸」義引申而來。《江南志書・江寧縣》：「作事之不果決曰『摸𢱧』……曰『落索』。」〔註 97〕《丹陽縣志》卷 29：「摸𢱧，手捫也，又言作事不果決。」〔註 98〕《東台縣志》卷 15：「作事不果決曰摸索，曰膔膩。」〔註 99〕今吳方言有「日不做，夜摸索」之語（日音匿），又有「摸鬼」之語，江淮官話有「摸殺」之語，東北官話有「摸故（咕）」之語，俗寫作「蘑菇」〔註 100〕，皆言作事遲緩也。「蘑菇」之語源即「摸索」。落索阿姑餐，指做阿姑的餐飯磨磨蹭蹭、慢慢吞吞也。字亦作「模索」，音轉又作「摸蘇」、「摸挲」、「摹挲」、「抹殺」、「末殺」、「末槃」、「抹摋」、「摩娑」、「摩抄」、「摩莎」、「摩沙」、「攠抄」、「抹擦」等形〔註 101〕。

（32）《諸病源候論》卷 7：「治傷寒頭痛洗洗，皆當以汗出為度。」「洗洗」是痛貌……是記音字，其本字當為「瘍瘍」，《集韻・陽韻》：「瘍，痛也，許既切。」從《諸病源候論》的行文表達方式上也可以找出根據：狀痛貌的「洗洗」等詞，在中心詞之後；而狀寒、冷、熱貌的「洗淅」等詞，均在中心詞之前。（第 473 頁）

按：《集韻・陽韻》「痛也，許既切」之字作「㾕」，不作「瘍」。《千金要方》卷 36：「肝中寒者，其人洗洗惡寒，翕翕發熱。」又卷 66：「諸浮數脉，當發熱，而反洗洗惡寒，若有痛處，當結爲癰。」「洗洗」亦作「洒洒」，《鍼灸甲乙經》卷 8：「病洒洒惡寒氣。」《千金要方》卷 24：「洒洒寒熱，頭目眩倒。」又卷 34：「洒洒寒熱，好臥不欲動。」又卷 38：「咽乾頭痛，洒洒惡寒。」字亦作「灑灑」，《千金要方》卷 52：「病苦脛寒不得臥，惡風寒灑灑。」《外臺秘要方》卷 8 作「洒洒」。皆狀寒痛之貌，實爲「淒淒」之音轉。《黃帝內經素問・刺瘧篇》：「腎瘧者，令人灑灑

〔註 97〕《江南志書・江寧縣》，收入《古今圖書集成》《字學典》卷 145，中華書局民國影本。

〔註 98〕《丹陽縣志》，光緒 11 年刊本。

〔註 99〕《東台縣志》，嘉慶 22 年刻本。

〔註 100〕參見許寶華、宮田一郎《漢語方言大詞典》，中華書局 1999 年版，第 6465～6466 頁。

〔註 101〕參見蕭旭《「抹殺」考》。

然，腰脊痛宛轉。」《諸病源候論》卷 11 同，《千金要方》卷 35 作「淒淒」，《鍼灸甲乙經》卷 7、《千金要方》卷 59 作「悽悽」。《鍼灸甲乙經》卷 9：「腰脊相引如解，實則閉癃，凄凄腰脊痛宛轉。」「悽悽」亦即「淒淒」、「凄凄」。此尤爲確證〔註 102〕。俗音相轉則爲「絲絲」，俗有「痛絲絲」之語。

（33）可知「唧唧力力」、「敕敕力力」、「側側力力」都是象聲詞，擬口中發出的歎息之類的聲音。（第 478 頁）

按：「唧唧」是鳴叫聲，亦作「節節」、「即即」、「嘟嘟」，音轉爲「敕敕」、「刺刺」（七跡切）、「側側」、「惻惻」等形〔註 103〕。

（34）襠，又稱「裲襠」，是中古時期產生的一個新詞，指坎肩、背心……「襠」或「裲襠」源於民間口語。（第 489 頁）

按：《釋名》：「裲襠，其一當胷，其一當背也。」其語源是「兩當」，「當」即「擋」，擋前擋後也。曹植《上先帝賜鎧表》：「先帝賜臣鎧黑光、明光各一領，兩當鎧一領。」《宋書·柳元景傳》：「安都怒甚，乃脫兜鍪，解所帶鎧，唯著絳衲兩當衫，馬亦去具，裝馳奔以入賊陣。」正作本字「兩當」。字或作「兩襠」，《初學記》卷 22 引曹植表、《御覽》卷 312、693 引《宋書·柳元景傳》並作「兩襠」。可指背心，亦可指袴。上舉《金樓子·箴戒篇》例，即指袴。

（35）《史記·陳涉世家》《索隱》引韋昭云：「軍皆著青帽。」（第 491 頁）

按：「帽」非中古時期新產生的單音詞。「帽」的語源就是「冃（冒）」，以其覆首，故名之爲「冒」。古字亦借「鍪」爲之，《荀子·禮論》：「薦器則冠有鍪而毋縰。」楊倞注：「鍪，冠卷如兜鍪也……鍪之言蒙也，冒也，所以冒首。」《淮南子·氾論篇》：「古者有鍪而綣領以王天下者矣。」高誘注：「鍪，頭著兜鍪帽。」古字亦借「務」爲之，《荀子·

〔註 102〕《漢語史學報》匿名審稿人指示，沈澍農《中醫古籍用字研究》已有類似的意見，學苑出版社 2007 年版，第 72～73 頁。謹致謝忱。

〔註 103〕參見蕭旭《〈木蘭詩〉「唧唧」正詁》，收入《群書校補》，廣陵書社 2011 年版，第 1370～1374 頁。

哀公》:「古之王者有務而拘領者矣。」楊倞註:「務，讀爲冒。拘，與句同，曲領也。《尚書大傳》曰:『古之人衣上有冒而句領者。』鄭康成注云:『冒，覆項也。』」方以智曰:「務、帽聲通。」又「古冒、務一聲之轉。」又「務而句領，謂冒而圓領也。」〔註 104〕郝懿行曰:「《尚書大傳》作『冒而句領』，古讀冒、務音同。」〔註 105〕朱駿聲謂鍪叚借爲冃，即今之「帽」字〔註 106〕。

(36) 篦，是後漢產生的一個新詞。(第 491 頁)

按:「篦」之言比也，古只作「比」，取密比爲義，與「疏」相對。《史記·匈奴傳》:「比余一。」《索隱》:「案《漢書》作『比疎』。小顏云:『辮髮之飾也，以金爲之。』《廣雅》云:『比，櫛也。』《蒼頡篇》云:『靡者爲比，麁者爲梳。』」今《廣雅》作「枇，櫛也」,「枇」亦後出俗字。《急就篇》卷 3:「鏡籢疏比各異工。」顏師古註:「櫛之大而麤，所以理鬢者謂之疏，言其齒稀疎也;小而細，所以去蟣蝨者謂之比，言其齒密比也。皆因其體而立名也。」字亦省作「朼」，敦煌寫卷 S.5431《開蒙要訓》:「梳朼釵隻。」字亦省作「笓」,《集韻》:「笓，櫛屬。」「梳篦」的語源是「疏比」。不得拘於字形，謂「篦」、「枇」、「笓」是後出新詞。

(37) 滬，捕魚的竹柵。唐陸龜蒙《漁具詩序》:「網罟之流，曰罛，曰罾……列竹於海澨曰滬。」六朝時，「滬」為水名。「滬」作為捕魚工具與水名當是沒有關係的。(第 494 頁)

按:「滬」作爲捕魚工具，字亦作「簄」、「楎」。《廣韻》:「簄，海中取魚竹名曰簄。」《集韻》:「簄，取魚竹罔，通作楎、滬。」其得名於「扈」，字亦省作「戶」。《小爾雅》:「戶、扈，止也。」取義於禁魚使不得出也。

(38)「掉」本是擺動、搖動義，引申有拋棄、失落義。音變作「丟」。

〔註 104〕方以智《通雅》卷首一、卷 36，收入《方以智全書》第 1 冊，上海古籍出版社 1988 年版，第 28、1091、1104 頁。

〔註 105〕郝懿行《荀子補注》卷下，收入《四庫未收書輯刊》第 6 輯第 12 冊，北京出版社 2000 年版，第 35 頁。

〔註 106〕朱駿聲《說文通訓定聲》，武漢市古籍書店 1983 年版，第 262 頁。《通典》卷 57:「古之人上有帽而勾領。」

（第 498 頁）

按：（Ⅰ）「掉」訓拋棄，其本字疑爲擐。胡文英曰：「擐，音弔上聲。《玉篇》：『擐，擿也。』案：擐，提而擲之也，吳中凡力大，於人叢中取出人物曰擐。」〔註 107〕（Ⅱ）「丟」之語源有四說：(a) 胡文英曰：「楊子《方言》：『丟，一去不還也。』案：丟，擲也，吳中謂擲却爲丟，北方以失物爲丟。丟亦通作匋，《管子》：『解匋弓弩。』」〔註 108〕今本《方言》無此文，胡氏誤引。《管子》見《輕重甲篇》，其「匋」字，王引之曰：「匋，當爲匎……匎讀與韜同。」〔註 109〕胡說非也。(b) 章太炎曰：「《說文》：『投，擿也。』度侯切，今爲丁侯切，俗書作丟。又《說文》：『盩，引擊也。』張流切，古音無舌上，盩正作丁流切，故今語自遠引而擊之亦曰盩，俗亦作丟。」〔註 110〕黃侃曰：「盩，此即今之丟字。」〔註 111〕(c) 黃侃曰：「殳，即丟之正字。說解云：『繇擊也。』繇即古遥字，《說文》無繇字。」〔註 112〕「殳」同「投」。(d) 丁惟汾曰：「遺棄謂之丟，丟字當作䰰（古音丟）。」〔註 113〕「䰰」訓棄者，《說文》作「斀（㪟）」。拋棄義的「丟」，本字當取章、黃說爲「投（殳）」。

（39）著，也有「之於」的意思。《雜譬喻經》卷下：「還語夫言：『汝自有婦，藏著瓮中，復迎我為？』」《世說新語·德行》：「長文尚小，載著車中。」（第 499 頁）

按：王氏謂「著」是「之於」的合音，非也。著，猶置也。《吳越春秋·勾踐陰謀外傳》：「從陰收著。」徐天祐注：「著，陟畧切，置也。」「收著」猶言收藏，「藏」義即由「放置」義引申而來。《世說新語·規箴》：

〔註 107〕胡文英《吳下方言考》卷 7，收入《續修四庫全書》第 195 冊，上海古籍出版社 2002 年版，第 61 頁。

〔註 108〕胡文英《吳下方言考》卷 6，收入《續修四庫全書》第 195 冊，上海古籍出版社 2002 年版，第 49 頁。

〔註 109〕王引之說轉引自王念孫《讀書雜志》卷 8，中國書店 1985 年版，第 73 頁。

〔註 110〕章太炎《新方言》卷 2，收入《章太炎全集（7）》，上海人民出版社 1999 年版，第 65 頁。

〔註 111〕黃侃《說文段注小箋》，收入《說文箋識》，中華書局 2006 年版，第 211 頁。

〔註 112〕黃侃《字通》，收入《說文箋識》，中華書局 2006 年版，第 116 頁。

〔註 113〕丁惟汾《俚語證古》，齊魯書社 1983 年版，第 321 頁。

「索美酒，得便自起瀉著梁柱間地。」《白帖》卷 71 引作「置」，《晉書・陸玩傳》亦作「置」。《世說新語・紕漏》：「因倒著水中而飲之。」《太平廣記》卷 236 引作「置」。《世說新語・賢媛篇》：「桓宣武平蜀，以李勢妹爲妾，甚有寵，常著齋後。」此例「著」前無動詞，自當訓置。《陀羅尼集經》卷 4：「即取壇內五椀中水及其盤食，寫著瓮中。」《百喻經》卷 3：「而彼仙人尋即取米及胡麻子，口中含嚼，吐著掌中。」皆其例。著猶置，因之引申而作介詞「於」用。字亦作「署」，《廣雅》、《玉篇》並云：「署，置也。」字亦作「暑」，《論衡・變動》：「災氣暑垂於天。」孫詒讓謂「暑」爲「著」之誤〔註 114〕，未得。敦煌寫卷 P.3697《捉季布傳文》：「良久搖鞭相嘆羨，看他書札暑功勳。」P.3197、S.5440「暑」作「置」，此例猶言立也。P.2324《難陀出家緣起》：「我今發心求剃度，師兄緣甚暑艱難？」《校注》：「暑，當作『置』，二字多相亂。」〔註 115〕實則「暑」自有「置」義。楊雄謂「暑」當作「數」〔註 116〕，亦非。「暑」、「署」皆从者得聲，是「著」字的音變異寫。俗字亦作「擆」、「擈」、「措」，《廣韻》：「擈，置也。」《龍龕手鏡》：「措：俗。擆：正。張略反，置也。」《正字通》：「擆，職略切，音酌，置也。」又「擆，俗作措、擈，非。」張氏以「措、擈」爲誤，則亦拘矣。字亦作「着」，S.6836《葉淨能詩》：「作法書符一道，抛着盆中。」

（40）《說文》：「髑髏，頂也。」朱駿聲曰：「髑髏疊韻連語，髑髏之合音為頭字。」其實應當倒過來說，「髑髏」為「頭」的反切。因為先有「頭」而後才分解出「髑髏」。（第 500 頁）

按：「髑髏」爲「果蠃」轉語，因爲頭骨圓形，故稱爲「髑髏」。又音轉作「頊顱」，《廣雅》：「頊顱謂之髑髏。」《六書故》：「頊顱，頭骨也，又作髑髏，亦稱頭盧，髑髏之急言爲頭，皆一聲之轉也。」王念孫曰：「此疊韻之轉也，急言之則曰頭，徐言之則曰髑髏，轉之則曰頊顱。《說文》：『頊顱，首骨也。』或但謂之顱。《秦策》云：『頭顱僵仆，相望於境。』船頭謂之艫，義亦同也。《說文》：『髑髏，頂也。』」〔註 117〕又音轉作

〔註 114〕孫詒讓《札迻》，中華書局 1989 年版，第 287 頁。
〔註 115〕黃征、張涌泉《敦煌變文校注》，中華書局 1997 年版，第 599 頁。
〔註 116〕楊雄《敦煌變文四篇補校》，《敦煌研究》1989 年第 1 期，第 93 頁。
〔註 117〕王念孫《廣雅疏證》，收入徐復主編《廣雅詁林》，江蘇古籍出版社 1998 年版，

「髏顱」、「骷髏」、「壺盧」等形，《玉篇》:「髏，髏顱也，謂髑髏也。髗，頭髗也。」《御覽》卷 399 引《述異記》:「骷髏草生眼中。」《御覽》卷 479、《太平廣記》卷 276、《古今事文類聚》後集卷 20 引作「髑髏」。《御覽》卷 754 引《秦記》:「戲弄羅什，或共碁博，及殺子，云:『斫壺盧頭。』」沈兼士曰:「盧聲字多有黑義……其他如頭顱之顱，鬑鬣之鬣，皆指毛髮之色而言。」〔註 118〕沈氏以「頭顱」取義於髮黑，未得語源。

（41）**弄，有把玩等義……後來又作里弄、巷子解……事實上，這屬於一種本無其字的假借。其不同之處是，有時候讀音發生一點變化，以示區別……作為巷、里弄解的「弄」就是六朝、唐宋時期的新詞。**（第 529 頁）

按：作里弄、巷子解的「弄」是「䢽（巷）」的南音之變，與「玩弄」義的「弄」是同形異字。《說文》:「䢽，里中道也。巷，篆文，从郒省。」字也作「巷」、「衖」、「閧」，《玉篇》:「鄉，門外道也，與巷同。」《廣韻》:「巷，街巷。衖，上同，亦作鄉。」《集韻》:「鄉，《說文》:『里中道也。』或作巷、衖、䢽、閧。」翟灝曰:「《爾雅》:『衖門謂之閎。』《博雅》:『閤謂之衖。』《楚辭》:『用失乎家衖。』《說文》變體作『鄉』，訓云『里中道』。衖實古字，非俗書，特其音義皆與巷通，爲與今別耳。《元經世大典》有所謂『火衖』者，注:『衖，音弄。』蓋今音乃自元起。」〔註 119〕「巷」字緩言，即「胡洞」，音轉作「胡同」、「衚衕」等形，明・楊慎曰:「今之巷道，名爲胡洞，字書不載，或作衚衕，又作㗇㣚，皆無據也。《南齊書》:『蕭鸞弒其君昭於西弄。』注:『弄，巷也。』南方曰弄，北〔方〕曰㗇㣚。弄之反切爲㗇㣚也。蓋方言耳。」〔註 120〕明・顧起元說同〔註 121〕，蓋即襲自楊說。明・謝

第 509～510 頁。

〔註 118〕沈兼士《「盧」之字族與義類》，收入《沈兼士學術論文集》，中華書局 1986 年版，第 307～309 頁。

〔註 119〕翟灝《通俗編》卷 24，收入《續修四庫全書》第 194 冊，上海古籍出版社 2002 年版，第 519 頁。

〔註 120〕楊慎《丹鉛總錄》卷 26，收入景印文淵閣《四庫全書》第 855 冊，臺灣商務印書館 1986 年初版，第 657 頁。

〔註 121〕顧起元《說略》卷 20，收入景印文淵閣《四庫全書》第 964 冊，臺灣商務印書館 1986 年初版，第 709 頁。

肇淛曰：「閩中方言：『家中小巷謂之弄。』《南史》：『東昏侯遇弒於西弄。』弄即巷也。《元經世大典》謂之『火衖』，今京師訛為衚衕。」〔註 122〕顧炎武曰：「今京師人謂巷為衚衕，乃二合之音……『弄』者蓋『衖』字之轉音耳，今江南人猶謂之弄。」〔註 123〕俞正燮曰：「蓋兩合讀法，緩呼之則二字，急呼則一字也……衖為衚衕。」〔註 124〕徐鼒曰：「《楚詞》巷字，亦作衖。今京師謂巷為衚衕，乃二合之音。……按：弄，衖之轉音也。衚衕又弄、衖之轉音也。」〔註 125〕王筠曰：「南方曰弄，北方曰衚衕。」〔註 126〕劉禧延曰：「衚衕為衖。衖即巷字，古音巷如鬨，俗音誤衖為弄矣。」〔註 127〕朱駿聲曰：「衕，通街也。《倉頡篇》作衚。今京師評巷曰胡同，胡同合音為巷也。」〔註 128〕黃侃曰：「北京稱巷曰胡同，即巷字古音之切語也。」〔註 129〕丁惟汾曰：「巷子謂之衚衕，衚衕合聲為巷（古音讀虹）。」〔註 130〕諸說皆是也。明・張萱曰：「今京師呼巷為衚衕，蓋胡語也。」〔註 131〕沈自南從其說〔註 132〕；今人張清常謂「胡同」是蒙古語「水井」的譯音〔註 133〕。其說皆非也〔註 134〕。

〔註 122〕謝肇淛《五雜組》卷 3，收入《續修四庫全書》第 1130 冊，上海古籍出版社 2002 年版，第 399 頁。

〔註 123〕顧炎武《唐韻正》卷 11，收入景印文淵閣《四庫全書》第 241 冊，臺灣商務印書館 1986 年初版，第 335 頁。

〔註 124〕俞正燮《癸巳類稿》（俞氏手訂本），收入《叢書集成續編》第 18 冊，新文豐出版公司 1988 年印行，第 369 頁。

〔註 125〕徐鼒《讀書雜釋》卷 12，收入《續修四庫全書》第 1161 冊，上海古籍出版社 2002 年版，第 550 頁。

〔註 126〕王筠《說文解字句讀》，中華書局 1988 年版，第 67 頁。

〔註 127〕劉禧延《劉氏遺著》，收入《叢書集成新編》第 14 冊，新文豐出版公司 1985 年版，第 203 頁。

〔註 128〕朱駿聲《說文通訓定聲》，武漢市古籍書店 1983 年版，第 35 頁。

〔註 129〕黃侃《說文段注小箋》，收入《說文箋識》，中華書局 2006 年版，第 194 頁。

〔註 130〕丁惟汾《俚語證古》，齊魯書社 1983 年版，第 183 頁。

〔註 131〕張萱《疑耀》卷 3，收入景印文淵閣《四庫全書》第 856 冊，臺灣商務印書館 1986 年初版，第 215 頁。

〔註 132〕沈自南《藝林彙考・棟宇篇》卷 10，收入景印文淵閣《四庫全書》第 859 冊，臺灣商務印書館 1986 年初版，第 99 頁。

〔註 133〕張清常《胡同與水井》、《「衚」字晚出說》、《釋「胡同」》、《再說「胡同」》，並收入《語言學論文集》，商務印書館 1993 年版，第 361～397 頁。

〔註 134〕參見任繼昉《「胡同」：譜系關係新視野》，《中國語文》2006 年第 5 期，第 462～467 頁；又王越《「胡同」一名源於漢代的「巷」》，《北京聯合大學學報》

（42）騃，本狀馬行勇壯貌……到了漢魏時期，「騃」借用來表示呆傻、愚蠢義，讀音也發生了變化。（第 529 頁）

按：「騃」的愚蠢義，本字爲「佁」，字亦作「嬯」，俗字亦作「懛」、「儓」、「呆」等形〔註 135〕。《說文》：「佁，癡皃。」又「嬯，遲鈍也。」

（43）婆，《詩·東門之枌》毛傳：「婆娑，舞也。」到了六朝時期，單用一「婆」字指母親或年長女性。（第 532～533 頁）

按：「婆」指年長女性，當是「皤（顲）」字之借，與「婆娑」的「婆」也是同形異字。《說文》：「皤，老人白也。顲，皤或從頁。」〔註 136〕《集韻》：「顲，老貌。」古從「番」之字多有「白」義〔註 137〕。白髮亦偁皤（顲），故代指老人。《文選·東都賦·辟雍詩》：「皤皤國老，乃父乃兄。」因指女性，故借用从「女」旁的同音字「婆」。《慧琳音義》卷 95：「皤，音婆。」《鉅宋廣韻》：「皤，老人白皃，又音婆。」字亦作「嫛」，《集韻》：「嫛、婆：一曰女老稱，或從波。」俗字亦作「婁」，《字彙補》：「婁，與婆同。」李實《蜀語》：「主父曰使長公，主母曰使長婁。」〔註 138〕《臨朐縣志》卷 1：「孟坡山在縣西南十五里，上有孤石如婦人冠，俗呼爲孟婁髻。」〔註 139〕《乾隆潮州府志》卷 42 黃錦《黃岡竹枝詞》自注：「土人相傳，九月潮爲潮婁，十月爲潮公。」〔註 140〕指男性長者則作「波」，去「女」旁，詳下文。男老稱爲波，女老稱爲婆（嫛、婁），固同源也。

（44）差，作副詞，有稍微義。《漢書·西域傳》：「元始中，車師後王

2009 年第 2 期，第 38～44 頁。但王文謂「胡」爲咽喉義，亦非也。以上所引材料，多二氏未曾措意者，故詳引之，以備參證焉。

〔註 135〕參見蕭旭《〈越絕書〉古吳越語例釋》。

〔註 136〕白，《玉篇》、《繫傳》、《廣韻》、《集韻》、《篆隸萬象名義》、《慧琳音義》卷 98 引同，《易·賁》《釋文》、《文選·東都賦》李善注、《後漢書·班固傳》李賢注引並作「貌」。

〔註 137〕參見王引之《經義述聞》卷 15，江蘇古籍出版社 1985 年版，第 360～361 頁。又參見沈兼士《右文說在訓詁學上之沿革及其推闡》，收入《沈兼士學術論文集》，中華書局 1986 年版，第 119、160～161 頁。

〔註 138〕李實《蜀語》，收入《叢書集成初編》第 1182 冊，中華書局 1985 年影印，第 19 頁。

〔註 139〕《臨朐縣志》，明嘉靖刻本。

〔註 140〕《乾隆潮州府志》，清光緒刻本。

國有新道，出五船北，通玉門關，往來差近。」（第 549 頁）

按：《漢書‧匈奴傳》：「從塞以南，徑深山谷，往來差難。」二例同義。差，猶言甚也，頗也。楊樹達訓略、較〔註 141〕，此即承楊說而誤。王書第 575 頁引《匈奴傳》解為「甚、頗、很」，則得之。

（45）**坺，與「培」、「撥」近是。《顏氏家訓‧涉務》：「未嘗目觀起一墢土，耘一株苗。」**（第 636 頁）

按：《說文》：「坺，一臿土謂之坺。」〔註 142〕段玉裁曰：「一臿所起之土謂之坺，今人云坺頭是也。」王筠曰：「《厽部》云『絫坺土為牆壁』，即此義。一臿土者，吾鄉之莎墼也。沮洳生莎之處，以臿裁其泥，為正方，發而乾之，可以絫牆。其廣之度，如臿之廣，故曰一臿土。」朱駿聲曰：「今蘇俗有所謂草皮泥者，築壙用，以起冢。以臿取之，一臿為一凷，形如土墼，惟不剛堅耳。」〔註 143〕今吳語尚謂一臿所起之土為「坺頭」，亦謂之「方坺」，以前亦以之絫牆、墊豬圈。字亦作墢、撥，《玉篇》：「墢，與坺同，亦耕土也。」《玄應音義》卷 19：「土墢：又作坺，同。墢之言發也。《說文》：『一臿土謂之墢。』」《集韻》：「墢、坺：發土也。《國語》：『王耕一墢。』或从犮。」《國語》見《周語上》，宋庠《國語補音》本作「撥」，《初學記》卷 14、《白帖》卷 36 引亦作「撥」。字又作垡、坺、伐，《集韻》：「垡、墢：耕起土也，或從發，亦書作垘，通作伐、坺。」其語源義就是玄應所說的「發」，《呂氏春秋‧上農篇》、《孟春紀》高誘注二引《國語》正作「發」，《詩‧載芟》孔疏引亦作「發」。黃丕烈曰：「發、墢字同。」〔註 144〕汪遠孫曰：「案『發』是也，『墢』俗字。」〔註 145〕

〔註 141〕參見蕭旭《古書虛詞旁釋》，廣陵書社 2007 年版，第 390～391 頁。

〔註 142〕原本「一」下有「臿」字，段玉裁依《玄應音義》卷 19（段氏誤作卷 20）、《廣韻》引刪，是也。

〔註 143〕段玉裁《說文解字注》，上海古籍出版社 1981 年版，第 684 頁。王筠《說文解字句讀》，中華書局 1988 年版，第 547 頁。朱駿聲《說文通訓定聲》，武漢市古籍書店 1983 年版，第 684 頁。

〔註 144〕黃丕烈《國語明道本札記》，《國學基本叢書》本《國語》附錄，商務印書館 1958 年版，第 242 頁。

〔註 145〕汪遠孫《國語明道本攷異》，《國學基本叢書》本《國語》附錄，商務印書館 1958 年版，第 269 頁。

（46）《琵琶記・杏園春宴》：「休靜辦，若借馬與我騎，便索死。」「靜密」、「靜便」、「靜辦」、「靜扮」都是方音的記錄，當是「靜謐」的音變。更早的寫法有「靜漠」等。所以「密」、「便」、「辦」、「扮」等是「謐」或「漠」的音變。（第 666 頁）

按：汲古閣本《六十種曲》作「你靜辦」，王氏失檢，或誤排。唐・周太祖《令州縣軍鎮各守職分勑》：「庶期靜辦，無使煩勞。」此爲較早用例。說「靜密」爲「靜謐」的音變，是也，餘說皆非。《說文》：「便，安也。」「辦」、「扮」乃「便」的音轉。吾靖音轉作「靜慢」。顧學頡、王學奇曰：「辦、扮爲助詞，無意。」〔註 146〕亦非是。

（47）《愛日齋叢抄》卷 5：「林謙之詩：『驚起何波理殘夢。』自註：『述夢中所見何使君，蜀人以波呼之，猶文人也。』范氏《吳船錄》：『蜀中稱尊老者為波。』」很可能「波」即「伯」，表示長者。（第 672 頁）

按：原書「文人」作「丈人」，王氏失檢，或誤排。後蜀・何光遠《鑒誡錄》卷 2：「西川高相公駢版築羅城日，遣諸指揮分擘地界，開掘古塚，取塼甃城，獨滄州守禦指揮使姜知古卓旗占得西南肖波塊，其塊即趙畚相公墳也。」自注：「蜀人呼老弱爲波，墳塚爲塊。」「波」即「皤」字借音，此指男性長者，與「婆」指女性長者同源。已詳上文。《易・賁》：「賁如皤如。」《釋文》：「皤，荀作波。」宋・宋祁《宋景文筆記》卷上：「蜀人謂老爲皤（音波），取皤皤黃髮義。後有蠻王小皤作亂，今《國史》乃作小波，非是。」宋氏正以「皤」爲本字。《愛日齋叢抄》卷 5、《吳船錄》卷上俱引宋祁之說，二書且云：「宋景文嘗辨之，謂當作皤字，魯直貶涪州別駕，自號涪皤，或其俗云。」

（48）「阿邑」可以看作「阿意」的音變，也可以看作「阿諛」的音變……「下意」、「阿意」、「阿邑」、「阿諛」，結構不同，含義相同，語音相近。（第 678～679 頁）

按：「邑」音烏合切，而非於汲切。「阿邑」是「阿匼」的音轉，焦竑曰：「阿邑：邑，烏合切。《酷吏傳》：『張湯以智阿邑人主，與俱上下。』又《唐

〔註 146〕顧學頡、王學奇《元曲釋詞（二）》，中國社會科學出版社 1984 年版，第 206 頁。

書・蕭復傳》:『盧杞諂諛阿匼。』即此音義耳。」〔註 147〕方以智曰:「阿匼即阿邑。」〔註 148〕亦倒言作「婠娿」、「婠阿」、「婠婀」、「譃阿」、「婠妸」等形〔註 149〕。徐復謂「阿邑」是「阿色」之誤〔註 150〕,亦失之〔註 151〕。

(49)**「欺」與「抵」、「敵」音近義同。**(第 679 頁)

按:此非音近,無足辨者。

(50)**「模棱兩可」實即「莫棱兩可」,「莫」是「沒」、「無」的意思……沒有棱角,沒有邊界,正是「兩可」的形象說法。《舊唐書・蘇味道傳》:「嘗謂人曰:『處事不欲決斷明白,若有錯誤,必貽咎譴,但模棱以持兩端可矣。』時人由是號為蘇模棱。」……「莫棱兩可」根據偏旁類化的規則寫為「模棱兩可」,人們又根據形象化的書寫規則寫為「摸棱兩可」,表示手摸的意思。**(第 688～689 頁)

按:「模棱兩可」典出蘇味道爲相事,《舊唐書》、《新唐書》、《通鑑》卷 206、《通鑑總類》卷 7 皆从「手」旁作「摸稜」。《新唐書》末句作「故世號摸稜手」。《紺珠集》卷 3 引唐・張鷟《朝野僉載》:「蘇味道爲相,或問其燮和之道,無言,但以手摸床稜。時謂摸稜宰相。」《太平廣記》卷 259 引《盧氏雜記》:「唐蘇味道初拜相,有門人問曰:『天下方事之殷,相公何以燮和?』味道無言,但以手摸牀稜而已。時謂摸稜宰相也。」《唐語林》卷 5 同,末句作「時謂摸牀稜宰相」。是「模棱」指手摸牀稜,此固唐、宋人舊說也。本當作「摸」字,類化而改作「模」也。黃侃謂「模棱」即「懡㦬、莽鹵、孟浪、枚雷」音轉〔註 152〕,蔣禮鴻謂

〔註 147〕焦竑《俗書刊誤》卷 6,收入景印文淵閣《四庫全書》第 228 冊,臺灣商務印書館 1986 年初版,第 568 頁。

〔註 148〕方以智《通雅》卷 7,收入《方以智全書》第 1 冊,上海古籍出版社 1988 年版,第 280 頁。

〔註 149〕參見蕭旭《敦煌寫卷〈碎金〉補箋》,收入《群書校補》,廣陵書社 2011 年版,第 1320 頁。

〔註 150〕徐復《漢書臆解》,收入《語言文字學叢稿》,江蘇古籍出版社 1990 年版,第 146 頁;又題作《漢書雜志》,收入《後讀書雜志》,上海古籍出版社 1996 年版,第 45 頁。

〔註 151〕參見蕭旭《漢書校補》,收入《群書校補》,廣陵書社 2011 年版,第 399 頁。

〔註 152〕黃侃《字通》,收入《說文箋識》,中華書局 2006 年版,第 117 頁。

「摸稜」即「無慮、孟浪、末略、莫絡、摹略」音轉〔註 153〕，亦皆失之。

（51）為什麼吳人用「傖」來稱呼南楚（或中原）一帶人，表示輕蔑、鄙視的意味？因為「倉」有倉促、倉猝、倉忙、倉慌、倉皇、倉遽等義，加上人旁作「傖」，也有忙亂之義。《漢書・賈誼傳》：「國制搶攘。」晉灼曰：「搶，音傖。吳人罵楚人曰傖。傖攘，亂貌也。」引申有粗俗、鄙陋義。（第 868 頁）

按：章太炎曰：「尋《方言》壯、將皆訓大。將、倉聲通，是傖人猶言壯夫耳。昔陸機謂左思爲傖父，蓋謂其粗勇也。今自鎮江而下至於海濱，無賴相呼曰老傖。」〔註 154〕余嘉錫駁章說，引《漢書》晉灼注，謂得名於「傖攘」〔註 155〕。王說當即本於余嘉錫說。傖攘訓亂貌，亦作「傖囊」、「愴囊」、「獊囊」、「槍攘」、「戕囊」、「搶攘」、「傖攘」、「傖儴」、「搶壤」等形，「倉」非取倉促、倉猝爲義也。《宋書・劉劭傳》：「傖荒遠人，多干國議。」又《杜驥傳》：「晚渡北人，朝廷常以傖荒遇之。」《通鑑》卷 124 同，胡三省註：「傖，南人呼北人爲傖。荒，言其自荒外來也。」吳人罵北人、楚人曰「傖」，當取「傖荒」、「鄙遠」義〔註 156〕。

（52）究竟是後來用漢語固有同音詞「嵐」（表示山中霧氣）代替了佛經音譯詞「藍」（表示大風），成為會意字，還是專為佛經音譯詞「藍」新造了會意字「嵐」，而中土文獻用來表示山中霧氣？孰先孰後，尚難下斷語。（第 873 頁）

按：中土會意字「嵐」與佛經音譯詞表示大風的「藍」本無關係。「嵐」、「楓（梵）」是因「葻」而製的後出俗分別字，山得風爲嵐，林木得風爲楓（梵），鳥得風爲鳳，艸得風爲葻，其源皆一也〔註 157〕。

〔註 153〕蔣禮鴻《義府續貂》，收入《蔣禮鴻集》卷 2，浙江教育出版社 2001 年版，第 211 頁。

〔註 154〕章太炎《新方言》卷 2，收入《章太炎全集（七）》，上海人民出版社 1999 年版，第 42 頁。

〔註 155〕余嘉錫《世說新語箋疏》，上海古籍出版社 1993 年版，第 360～361 頁。

〔註 156〕參見蕭旭《〈世說新語〉吳方言例釋》，收入《群書校補》，廣陵書社 2011 年版，第 1378～1379 頁。

〔註 157〕參見蕭旭《「風曰孛纜」再考》。

（53）唵，謂以手掌向口中進食……現在東北方言仍有此說法。由此說明佛典對近、現代漢語口語詞有直接影響。（第 877～878 頁）

按：「唵」非外來詞。「唵」的語源是「掩」，指手進食，故專字改從「口」旁作「唵」也。字亦作「揞」，《廣韻》：「揞，手覆。」指用手按覆食物也，今吳語猶然。

（54）《齊民要術》卷 6：「或勞戲不看，則有狼犬之害。」隋薛道衡《和許給事善心戲場轉韻》：「王孫猶勞戲，公子未歸來。」「勞戲」本字當為「遨戲」。又《廣韻》：「嫽，相嫽戲也。」「勞」與「嫽」聲韻更近。（第 999～1000 頁）

按：王氏舊說亦謂「敖（或作『傲』、『遨』）有嬉戲義，寫作『勞』是其假借字」〔註 158〕，汪維輝已指出：「（勞、遨）聲母並不相近……仍不能使人無疑。『勞』的確詁及其得義之由尚待進一步研究。」〔註 159〕勞當讀爲嫽，《廣雅》：「嫽、嬈，戲也。」《篆隸萬象名義》：「嫽，嬈。」「嬈」即戲弄義。《玄應音義》卷 20：「嫽，亦嫽弄之也。」敦煌寫卷 P.2011 王仁昫《刊謬補缺切韻》：「嫽，相戲。」S.617《俗務要名林》：「嫽咔（哢）：上郎彫反，下郎貢反。」「嫽哢」即「嫽弄」。P.3906、S.6204《碎金》：「相嫽妭：音寮，下鉢。」P.2058《碎金》：「相嫽妭：音寮鉢。」S.619《碎金》：「相嫽妭：音寮鉢。」Дx5260V《碎金》：「相嫽妭：音寮，下〔鉢〕。」「嫽妭」即「撩撥」。字亦作僚，《集韻》：「僚，一曰戲也，或作嫽。」〔註 160〕本字爲撩，《說文》：「撩，理也。」《可洪音義》卷 25：「撩挑擿，上力條反，相撩戲弄也。」《字彙》：「撩，挑弄也。」《通鑑》卷 56：「撩虺蛇之頭，踐虎狼之尾。」史炤《釋文》卷 6：「撩，理也，謂嫽戲。」〔註 161〕《通鑑》卷 210：「汝能撩李日

〔註 158〕王雲路《詞匯訓詁論稿》，北京語言文化大學出版社 2002 年版，第 91～92 頁。

〔註 159〕汪維輝《〈齊民要術〉詞匯研究》，上海教育出版社 2007 年版，第 57 頁。

〔註 160〕以上參見蕭旭《〈齊民要術〉校補》，收入《群書校補》，廣陵書社 2011 年版，第 1410 頁。這裏有所補充。蔣禮鴻早已論及「撩、料、嫽」有誘引挑逗義，當時失檢，謹誌於此。蔣禮鴻《義府續貂》，收入《蔣禮鴻集》卷 2，浙江教育出版社 2001 年版，第 123 頁。董志翹、趙家棟亦指出「勞」讀爲「嫽」，見二氏《中古漢語詞義探索（二則）》一文，《江蘇大學學報》2011 年第 3 期，第 44～45 頁。

〔註 161〕史炤《資治通鑑釋文》，收入《叢書集成初編》第 3484 冊，中華書局 1985

知嗔。」胡三省《通鑑釋文辯誤》卷 10：「今人謂相挑發為相撩撥。」唐・鄭谷《小桃》：「撩弄春風柰寒冷，到頭贏得杏花嬌。」字亦借「料」為之，《莊子・盜跖》：「料虎頭，編虎須。」馬敘倫曰：「料借為撩，《說文》：『撩，理之也。』」王叔岷說同〔註 162〕。《古今事文類聚》後集卷 36、《記纂淵海》卷 98 引《莊子》正作「撩」。S.1441《鳳歸雲》：「東鄰有女，相料實難過。」張文冠博士力申師說，張君從語音轉展相通，謂「勞」可讀為「遨」〔註 163〕，這只是有通轉的可能，而非必然。張君終究未能舉出哪怕一條文獻中「勞」、「遨」相通的直接用例。至於張君謂「嫽之戲義並非遊戲、嬉戲，而是戲弄、挑逗，二者並非同一義位」，又云：「『勞戲不看』謂放牧者四處閒逛，不看守羊群。『王孫猶勞戲』義謂王孫尚在外遊蕩、遊玩。兩例中的『勞戲』並未含有任何『戲弄、調戲』的語義因素。」此皆不足以駁倒「勞」讀為「嫽」說，「嫽戲」就是「打鬧」，吳語謂之「調興」。「勞戲」即「嫽戲」，《廣韻》：「嫽，嫽戲，又音僚。」《龍龕手鑑》：「嫽，音聊，相嫽戲也。」二例「勞戲」都是指相互打鬧嬉戲，文義也很通暢。張君說「『戲弄、挑逗』這一動作必須有受事者」，未必然也。

（此文的一部分刊於《漢語史學報》第 13 輯，2013 年出版，這裏是未刪之原稿）

年影印，第 135 頁。

〔註 162〕馬敘倫《莊子義證》卷 29，收入《民國叢書》第 5 編，商務印書館中華民國 19 年版，第 9 頁。王叔岷《莊子校詮》，中華書局 2007 年版，第 1191 頁。

〔註 163〕張文冠《「勞戲」補箋》，提交中國訓詁學會 2012 年年會論文。

《敦煌佛典語詞和俗字研究》舉正

于淑健君著《敦煌佛典語詞和俗字研究》〔註1〕，考訂敦煌佛典語詞和俗字近 300 個，今觀其書，皆比例文句，歸納而得其義，於語源尚隔。考釋詞義，有「演繹」、「歸納」二翼，二者當並用之，斯爲善法。但取一端，則失之也偏。300 個詞語中，疑難者並不多。今舉于君書中可商榷者作訂補。隨文標示于書頁碼，以便覆按。

（1）P.2004《老子化胡經玄歌》:「侵境暴秏買育人，男子守塞憂婆夷。」S.2146《布文薩等・行軍轉經文》:「抄劫人畜，暴秏田畝。」

于淑健曰:「秏」乃「秏」之損筆俗體，與「耗」同。「耗」有「損」義。「暴」有「侵害」義。張小豔釋「暴耗」爲「侵損、損害」〔註2〕，得之。「侵」、「暴」乃同義連文，故「暴耗」又作「侵耗」。（P135～136）

按：張、于二君皆拘於字形，未得語源。（a）「暴」當音薄報切（bào）或北角切（bó），今吳語讀前一音。《周禮・考工記・旊人》:「凡陶旊之事，髻墾薜暴不入市。」鄭玄注:「鄭司農云:『薜讀爲藥黃蘗之蘗，暴讀爲剝。』玄謂:『薜，破裂也。暴，墳起不堅致也。』」《釋文》:「薜，卜革反，劉薄駮反，破裂也。暴，音剝，又音雹，或蒲到反，墳起也。」「暴」亦作曓，《山海經・西山經》:「可以已曓。」郭璞注:「謂皮皴起也。」《廣韻》:「曓，皮破。」《集韻》:「曓，皮破起。」

〔註1〕 于淑健《敦煌佛典語詞和俗字研究》，上海古籍出版社 2012 年版。

〔註2〕 所引張小豔說見《敦煌社會經濟文書語詞輯考》，《出土文獻與古文字研究》第 1 輯，復旦大學出版社 2006 年 12 月第 1 版，第 278 頁。

字又作爆，《玄應音義》卷 2：「振爆：《聲類》：『爆，熿（墳）起也。』謂皮散（散）起也。」〔註 3〕字又作皺、皰、曝，《廣韻》：「皺，皺皰，皮起。」《集韻》：「皺、皰、膘、暴：墳起也，或從勹、從肉，亦省。」《慧琳音義》卷 54：「古文作皺、曝二形，同。」（b）「秏（耗）」亦作蒿、槁，今吳語讀翹（去聲）。《六書故》：「蒿，呼高、呼報二切，木不理孫蒿剝也。《考工記》曰：『以火養其陰而齊諸其陽，則轂雖敝不蒿。』亦借用槁字，《荀子》曰：『木揉以爲輪，其曲中規，雖有槁暴，不復挺者。』」所引《考工記》，見《輪人》。鄭玄注：「鄭司農云：『蒿，當作秏。』玄謂：『蒿，蒿暴。陰柔後必橈減，幬革暴起。』」《御覽》卷 776 引注：「蒿，音耗。」《集韻》：「蒿，蒿暴，木器乾而橈減也。」又「暴，蒿暴，乾橈也。」據先鄭說，「蒿」、「秏」同音借字。所引《荀子》，見《勸學》，《晏子春秋・內篇襍上》亦作「槁暴」，《大戴禮記・勸學》作「枯暴」，則字之脫誤〔註 4〕。P.2011 王仁昫《刊謬補缺切韻》：「秏，減，亦作蒿。」段玉裁曰：「蒿暴，按此荀卿及漢人所謂槁暴也，橈減爲槁木之槁，與革之暴相因而致，木歉則革盈……先鄭謂蒿當是秏字之誤，後鄭謂蒿爲槁之假借，其義則通。不言蒿讀爲槁者，從先鄭作秏亦得也。」〔註 5〕朱珔曰：「蒿爲秏之假借。」〔註 6〕桂馥曰：「槁借字，當爲蒿。」〔註 7〕章太炎曰：「今謂物不妥帖，偏頗暴起爲蒿，音如喬。」〔註 8〕王繼如從盧文弨說，以「槁暴」即「蒿暴」，曰：「『蒿』指陰柔處木質瘦減，『暴』指蒙在上面的皮革因木質的瘦減而變得寬鬆暴起。」〔註 9〕皆得其誼矣。《荀子》楊倞注：「槁，枯。暴，乾。」此望文生訓。段玉裁又曰：「司農謂蒿者聲之誤也，故改爲秏。鄭君申其意曰『秏，秏暴』也，今本作

〔註 3〕蔣禮鴻曰：「熿當作墳，散當作散。」蔣禮鴻《玄應〈一切經音義〉校錄》，收入《蔣禮鴻集》卷 3，浙江教育出版社 2001 年版，第 160 頁。

〔註 4〕參見朱起鳳《辭通》，上海古籍出版社 1982 年版，第 2312 頁。

〔註 5〕段玉裁《說文解字注》，上海古籍出版社 1981 年版，第 39 頁。

〔註 6〕朱珔《說文假借義證》，黃山書社 1997 年版，第 52 頁。

〔註 7〕桂馥《札樸》卷 4，中華書局 1992 年版，第 144 頁。

〔註 8〕章太炎《新方言》卷 2，收入《章太炎全集（7）》，上海人民出版社 1999 年版，第 29 頁。

〔註 9〕王繼如《釋「雖有槁暴，不復挺者」》，收入《訓詁問學叢稿》，江蘇古籍出版社 2001 年版，第 315 頁。

『㪉，㪉暴』，蓋轉寫之誤。陰柔後必橈減，所謂秏也。幬革暴起，所謂暴也。……荀卿書謂之槁暴。」〔註 10〕段氏以「㪉」爲誤，則失之。(c)「暴秏」即「槁暴」、「㪉暴」之倒言，取木頭暴起皮破爲喻，因有「損弊」之義。又用爲象聲詞，作「嗃謈」，指暴起之聲，引申則爲大呼聲，憤恚聲，呼痛聲。P.2717《碎金》:「言嗃謈：俟角反，下剝。」P.2011 王仁昫《刊謬補缺切韻》:「謈，嗃謈。」蔣斧印本《唐韻殘卷》:「謈，嗃謈，大呼。」《廣韻》:「嗃，嗃謈，恚也。」音轉又爲「呼服」、「謼服」、「呼㕮」、「呼謈」〔註 11〕。皆是同源詞。

（2）上圖 001《妙法蓮花經》卷 2:「覆苫亂墜，椽梠差脫。」

于淑健曰:「脫」有脫漏義。「差脫」乃同義連文，指缺失，不足。「椽梠差脫」即椽梠因朽壞而缺失。(P143)

按:《慧琳音義》卷 27:「差脫：上音楚解、楚宜、楚佳反，今從後二。下徒活反，又吐活反。」「脫」讀爲挩，爲脫落、脫開義。「差」爲不齊義，今吳語讀去聲，楚嫁切。《說文》:「差，貣也，差不相值也。」段玉裁改作「差，貳也，左不相値也」〔註 12〕。段氏改作「貳」是，改作「左」未必確。段玉裁又改作「差，貣也，差貣不相值也」〔註 13〕，近之。「差」從「左」得其音義，故籀文從二左作「𢀩」，即參差義，歧出不齊，故云差而不相值也。不相値謂不相當，俗言對不準也。《淮南子·本經篇》:「衣無隅差之削。」高注:「差，邪也。」又《原道篇》:「偶睉智故。」「睉」即「差」之增旁字。字亦作蹉。足差爲蹉，亦「差」之增旁字，俗作「叉」、「跤」。《妙法蓮華經文句》卷 6:「筋骨老弱，支節不援，如椽梠差脫。」「差脫」即不援義，謂不相攀援也。「椽梠差脫」謂椽梠岔出、脫落也。

〔註 10〕段玉裁《周禮漢讀考》，收入《皇清經解》卷 639，上海書店 1988 年版，第 4 冊，第 218 頁。

〔註 11〕參見段玉裁《說文解字注》，上海古籍出版社 1981 年版，第 99 頁；又參見徐復《變音疊韻字纂例》，收入《徐復語言文字學叢稿》，江蘇古籍出版社 1990 年版，第 118 頁；又參見張金泉《敦煌遺書〈字寶〉與唐口語詞》，《古漢語研究》1997 年第 4 期，第 58～59 頁。

〔註 12〕段玉裁《說文解字注》，上海古籍出版社 1981 年版，第 200 頁。

〔註 13〕段玉裁《古文尚書撰異》卷 13，收入阮元《清經解》卷 580，上海書店 1988 年版，第 4 冊，第 75 頁。

（3）S.2688《維摩經疏》:「『蓋』謂五蓋，貪欲、嗔恚、睡眠、悼悔及疑是也。」

于淑健曰:「悼」有「悔」義。「悼悔」爲同義複詞。（P160）

按:《可洪音義》卷 10、12、30「悼悔」條並云:「上正作掉。」《法苑珠林》卷 71:「一貪欲蓋，二瞋恚蓋，三睡眠蓋，四掉悔蓋，五疑蓋。」《長阿含經》卷 8、9、12 並有「掉戲蓋」語，宋、明本「掉」皆作「調」。《增壹阿含經》卷 5、《出曜經》卷 9 並有「調戲蓋」語，元、明本「調」皆作「掉」。「調」亦「掉」借字。「掉」謂掉舉，佛家指浮動不安之心理狀態，爲「惛沈」之對語。《佛學大詞典》:「悼悔，掉舉與追悔之心，共爲不使心安靜之煩惱也。」「掉」取振動、搖動爲義，參見《慧琳音義》卷 1、4、51、66、69「掉舉」條。

（4）北大 D122《千手千眼觀世音菩薩廣大圓滿無礙大悲心陀羅尼經》:「若患傳屍鬼氣伏連病者，取拙具羅香……吞即差。」

于淑健曰:「伏連」乃時人以爲由鬼魅作用於人身所致的一種疾病。然「伏連」病的發病症狀究竟如何，尚需進一步考證。（P174～175）

按:「伏連」是一種羸瘦而少力之病。唐・王燾《外臺秘要方》卷 13:「骨蒸病者，亦名傳屍，亦謂殗殜，亦稱伏連，亦曰無辜。丈夫以癖氣爲根，婦人以血氣爲本……其爲狀也，髮乾而聳，或聚或分，或腹中有塊，或腦後近下兩邊有小結，多者乃至五六，或夜臥盜汗，夢與鬼交通，雖目視分明，而四肢無力，或上氣食少，漸就沈羸，縱延時日，終於溘盡。」又「傳屍，亦名轉注……骨髓中熱，稱爲骨蒸，內傳五藏，名之伏連。」又「文仲療伏連病，本緣極熱氣相易相連不斷，遂名伏連，亦名骨蒸、傳屍。」於其症狀、名義，皆解說詳明，並附「伏連方五首」。

（5）P.2922《佛說善惡因果經》:「有兄弟乖恪，鬪諍交至。」

于淑健曰:「恪」字日本續藏經《佛說善惡因果經》作「各」，「恪」當爲「各」之增旁俗字，「乖恪」當即「乖各」。「乖」有背離、違背義，「各」亦有各別義。（P180）

按：于君謂「『各』亦有各別義」，非也。《廣弘明集》卷 27:「亦羞言其乖咎。」宋、元、明本作「乖各」，是也，「咎」爲形譌。「乖各」當是「乖角」的借音詞，今吳語「角」、「各」尙同音。《廣弘明集》卷 9 引《文始傳》:「何太乖各。」元、明本作「乖角」。《涅槃經疏私記》卷 7:「其品目乖各者，乖角亦得。」「乖角」是藏經習語。《仁王經合疏》卷 1:「妄語之人，乖角兩頭，不契中正。」《高僧傳》卷 1:「或由傳者紕繆，致成乖角。」中土典籍亦用之，《魏書・李崇傳》:「朝廷以諸將乖角，不相順赴，乃以尙書李平兼右僕射，持節節度之。」是其例也。宋・朱彧《萍洲可談》卷 1:「都下市井輩謂不循理者爲乖角。」元・李治《敬齋古今黈》卷 7:「乖角，猶言乖張，蓋俗語也，然唐人詩有之（例略）。」明・方以智《通雅》卷 49:「東方朔謂吾強乖剌而無當，杜預謂陛下無乖剌之心。剌音盧達切。王楙曰:『今人有此語。』余鄉罵人㗇剌，亦乖剌之轉。宋子京謂俗以不循理曰乖角。」皆得其誼。至其語源，有三說:（a）《首楞嚴經義海》卷 7 引孤山曰:「乖角者，角謂隅也，物在隅，則不相對。」（b）宋・陳叔方《潁川語小》卷下:「俗言三平二滿，蓋三遇平，二遇滿，皆平穩得過之日。五角六張者，五遇角，六遇張，其日不穩，多乖，故云『乖角』、『乖張』也。」宋・吳箕《常談》:「五角六張，謂五日遇角宿，六日遇張宿，此兩日作事多不成，一年之中不過三四日耳。」〔註 14〕宋人以「角、張」爲星宿名，臆說不足信也。「五角六張」即「角張」，插入數字「五、六」，擴展而成四字式，「五顏六色」、「五心六意」、「五冬六夏」、「五搶六奪」、「五積六受」、「五親六眷」都是這一結構。「角張」即「䀹張」，本指瞪大眼睛，引申爲違戾不從。「角（䀹）」之瞪目義，另詳下文。《玄應音義》卷 20:「角張：違戾不順也。經文從目作䀹，非也。」《可洪音義》卷 21:「䀹張：上音角，目不正也。又或作䀡，同，古屋反，大目也。」玄應說的是引申義，可洪說的是本義，而二氏各有小失，作「䀹」不誤，解「角」爲「目不正」亦未得。《異苑》卷 8:「因語曰:『汝看我面。』乃見眼目角張，身有黃班，便豎一足徑出門去。」《摩訶僧衹律》卷 36:「此比丘尼眼目角張，或能作惡。」《菩薩本緣經》卷 2:「口如赤銅，銜脣切齒，揮攉角張。」此三例用本義。《量處輕重儀》卷 2:「何角張於正教，自負罪於將來。」此一例用引申義。（c）章太炎曰:「《說文》:『𦍌，羊角也。』

〔註 14〕宋・馬永卿《嬾眞子》卷 1 同。

工瓦切。今人謂街巷曲折之處爲『丫角』，『圭角』、『乖角』亦一語也，俗書作『拐角』。」〔註 15〕余謂「乖角」言乖戾抵觸。《說文》：「乖，戾也。」角者，觸也。明·葉盛《水東日記》卷 10：「世稱警悟有局幹人曰乖覺，於兵部奏內常用之，然未見所出。韓退之云：『親朋頓乖角。』羅隱詩云：『祖龍筭事渾乖角。』宋儒語錄亦有乖角，似與今用乖覺意相反云。」胡震亨《唐音癸籤》卷 24：「乖角，猶言乖張也，唐人《詠焚書坑詩》：『祖龍算事渾乖角，將爲詩書活得人。』或云乖角，猶乖覺，蓋反言之。」二氏以「乖覺」同「乖角」，義相反而實相因。「乖覺」又音轉爲「乖巧」，「乖」或作「譎（謌）」，《集韻》：「謌，黠也，或作譎。」語源是「竵」、「咼」，《說文》：「竵，不正也。」又「咼，口戾不正也。」言不正，故從言作「譎（謌）」，引申則爲狡黠、聰明義。周·庾信《示封中錄》：「葛巾久乖角，菊徑簡經過。」此用東漢郭泰折巾一角的典故，乃同形異詞。

（6）S.4000《佛說智慧海藏經》卷下：「僥倖絞假，多詐少實。」S.2169《佛性海藏智慧解脫破心相經》：「絞假相恃護，真身被愚吞。」

于淑健曰：「絞」當爲「狡」之記音字，「絞假」即「狡假」。「多詐」實即「絞（狡）」，「少實」實即「假」。（P195）

按：「狡假」不辭。絞，讀爲矯。「矯假」猶言說謊。《玉篇》：「矯，詐也。」《南齊書·王奐傳》載孔稚珪《奏彈王奐》：「推理檢跡，灼然矯假。」〔註 16〕也複言作「矯詐」，《魏書·劉仁之傳》：「（劉）仁之外示長者，內懷矯詐。」

（7）P.2042V《佛說罪業報應教化地獄經》：「以前世時為人疽尅，行道安鏘，或施射戈，陷墮眾生，前後非一，故獲斯罪。」

于淑健曰：《佛說罪業應報教化地獄經》卷 1、《慈悲道場懺法》卷 3 作「憯剋」。是故「疽尅」義同「憯剋」。「憯」可與「慘」通，有慘毒、殘酷義。「剋」與「刻」通，有刻薄義。（P202～203）

〔註 15〕章太炎《新方言》卷 2，收入《章太炎全集（7）》，上海人民出版社 1999 年版，第 27 頁。「丫」作「丫」，隸變。

〔註 16〕參見趙家棟《敦煌文獻疑難字詞研究》，南京師範大學 2011 年博士學位論文，第 170～171 頁。

按：P.2042V 經名「《大佛名經內略出懺悔及經一卷》」，于君誤植。《佛說佛名經》卷 30 亦作「疸尅」。「疸尅」不辭，「疸」當從「旦」作「疸」，讀爲怛（悬），義同「憯」、「慘」。《說文》：「怛，憯也。悬，或從心，在旦下。」《法苑珠林》卷 67 引《地獄經》作「野田」，《諸經要集》卷 18 引亦作「野田」，元、明本作「野畂」，蓋臆改。尅，讀爲恔〔註 17〕。《說文》：「恔，苦也。」《玄應音義》卷 12 引《通俗文》：「患愁曰恔。」《廣雅》：「恔，痛也。」

（8）S.2499《究竟大悲經》卷 3：「誰知貪佛為毒纏，苦尅不當大殃禍。」

于淑健曰：「苦」爲甚詞，有「極」、「甚」義。《廣韻》：「尅，急也。」（P207）

按：「苦」非甚詞。《廣雅》：「苦，急也。」尅亦讀爲恔。

（9）北 8300《佛說孝順子修行成佛經》：「二后聞之，甚大歡喜，狼傍皆起。」

于淑健曰：「狼傍」即「狼傍」，匆忙貌。同卷下文：「狼傍下地。」（P211）

按：「狼傍」、「狼傍」皆「踉蹡」記音字。《玉篇》：「踉，踉蹡，欲行皃。蹡，踉蹡。」P.2011 王仁昫《刊謬補缺切韻》：「踉，踉蹡。」《廣韻》：「踉，踉蹡，行皃。蹡，踉蹡，急行。」字亦作「俍傍」、「踉傍」、「狼蹡」，又音轉爲「踉蹡」、「踉蹌」、「浪蹌」、「狼搶」等形〔註 18〕。

（10）甘圖 006《瑜伽師地論》卷 23：「耽嗜饕餮，迷悶堅執，湎著受用。」

于淑健曰：「湎」本指沉迷於酒。引申爲沉溺。「著」有附著義。（P229）

按：著，貪戀、迷戀，字亦作「着」〔註 19〕。

〔註 17〕此趙家棟博士說。

〔註 18〕參見蕭旭《「狼抗」轉語記》。

〔註 19〕參見張相《詩詞曲語辭匯釋》，中華書局 1979 年版，第 301～302 頁；又參見蔣禮鴻《敦煌變文字義通釋》，收入《蔣禮鴻集》卷 1，浙江教育出版社 2001 年版，第 280～283 頁。張永言謂「著（着）」字二漢時已有此義，張永言《讀〈敦煌變文字義通釋〉識小》，《中國語文》1964 年第 3 期，收入《語文學論集》，語文出版社 1992 年版，第 199～201 頁。

（11）P.2299《太子成道經》：「謀悶之次，便乃睡著。」又「宮中謀悶，所以不樂。」

于淑健曰：「謀悶」義同「迷悶」。（P232）

按：郭在貽讀謀爲迷〔註 20〕，黃征讀謀爲瞀〔註 21〕。于君失引。

（12）S.1635《泉州千佛新著諸祖師頌》：「父母淪亡，東西盤泊。」

于淑健曰：「盤泊」乃「流浪」義。《宗鏡錄》卷 35：「四生盤泊，並是惑心。」亦用其義。又有「盤踞」義，《景德傳燈錄》卷 30：「盤泊輪朝日，玲瓏映曉星。」進一部（步）引申爲「滯留」，宋林逋《池陽山居》詩：「時閑盤泊心猶戀，日後尋思興必狂。」《大詞典》此詞條「流浪」義漏載。（P233）

按：于君隨文釋義，而至責《大詞典》漏載「流浪」義。「盤泊」即「般（槃）礴」，《莊子・田子方》：「公使人視之，則解衣般礴臝。」《釋文》：「般，字又作槃。司馬云：『般礴，謂箕坐也。』」又作「盤魄」，周・庾信《枯樹賦》：「根柢盤魄，山崖表裏。」字亦作「盤薄」、「盤礴」、「槃薄」、「磐礴」，音轉又作「磻礴」、「蟠薄」、「傍薄」、「旁泊」、「旁魄」、「磅礴」、「旁礴」、「滂薄」〔註 22〕，又轉爲「彭薄」，《御覽》卷 8 引《淮南子》：「周雲之巃嵸，寮摷彭薄而爲雨。」其語源是「旁薄」、「廣薄」，猶言布衍、廣大〔註 23〕。于君所引《景德傳燈錄》「盤泊輪朝日，玲瓏映曉星」，此例「盤泊」，《佛祖歷代通載》卷 16、《隆興編年通論》卷 24 作「槃礴」，就是「磅礴」，與「玲瓏」分別描寫「朝日」與「曉星」，決不是「盤踞」義。

（13）中村不折 144 號《佛說波（決）罪福經》：「爾時四部弟子慄繞穢

〔註 20〕郭在貽《敦煌變文校勘拾遺續補》，收入《郭在貽文集》卷 3，中華書局 2002 年版，第 215 頁。

〔註 21〕黃征《敦煌變文俗語詞校釋》，收入《敦煌語言文字學研究》，甘肅教育出版社 2002 年版，第 176～177 頁。

〔註 22〕參見吳玉搢《別雅》卷 1，莊履豐、莊鼎鉉《古音駢字續編》卷 5，分別收入景印文淵閣《四庫全書》第 222、228 冊，臺灣商務印書館 1986 年初版，第 638、530 頁；又參見朱起鳳《辭通》，上海古籍出版社 1982 年版，第 2541～2542 頁。

〔註 23〕參見蕭旭《「蓬勃」考》。

濁，濁翳不聰。」

于淑健曰：「繞」當爲「擾」之借字。（P252）

按：繞，讀爲嬈。《說文》：「嬈，一曰擾，戲弄也。」《淮南子・原道篇》：「其魂不躁，其神不嬈。」高誘注：「躁，狡。嬈，煩嬈也。言精神定也。」「懆繞」即「躁嬈」。《雜寶藏經》卷 1：「其躁擾者，當知是雄。」宋、元本作「躁嬈」，《法苑珠林》卷 49 引同。

（14）BD00400《佛名經》卷 12：「其山崦⿰山曇，幽冥高峻。」

于淑健曰：「崦⿰山曇」當爲「奄曇」涉上「山」字類化的增旁俗體。「奄」有昏暗義，後作「晻」。「曇」本指密佈的雲氣，引申則指陰暗，天陰。故「崦⿰山曇」即「奄曇」，乃同義複詞，指陰沉、昏暗。（P302～303）

按：《佛說佛名經》卷 1、《圓覺經道場修證儀》卷 6 並同此作「崦⿰山曇」，係疊韻連綿詞，與「暗淡」同源。《廣韻》：「醰，醃醰，香氣。」《集韻》：「啖，喑啖，少味。」又「喑，喑啖，少味。」亦同。山色暗淡爲崦⿰山曇，氣味暗淡爲醃醰、喑（喑）啖，其義一也。字或作「晻（黯）淡（澹）」、「晻（黯）黮」、「黭黮」等形，倒言作「黮闇」、「黮黭」等形，本字形當爲「黯黵」〔註 24〕。

（15）上博 13838《佛說長阿含第四分世記經》：「其水洋順，無有卒暴。」

于淑健曰：「洋」有盛大貌。「洋順」指水勢浩大而平緩。（P303）

按：《長阿含經》卷 18 亦作「洋順」。《可洪音義》卷 12：「洋⿰忄頁：上音羊，下音順。」《紹興重雕大藏音》卷 1、2、4、8、11、12、13、14、17、18、20 並謂「⿰忄頁」音順。「⿰忄頁」當是「愼」的俗字，讀爲順。「洋」非盛大義，當讀爲祥，字亦作詳，和順也。《淮南子・氾論篇》：「順於天地，祥於鬼神。」《文子・上義》「祥」作「詳」。高誘注：「祥，順也。」「祥」、「順」對舉同義。字又省作「羊」，馬王堆帛書《十六經・前道》：「順于民〔理〕，羊於鬼神。」《漢書・食貨志》：「將甚不詳。」《賈子・鑄錢》作「祥」。顏師古注：「詳，平也。」《管子・五輔》：「天時不祥，則有水旱。地道不宜，則有饑饉。」考《六韜・犬韜・武鋒》：「天時

〔註 24〕參見蕭旭《「暗淡」考》。

不順可擊，地形未得可擊。」「天時不祥」即謂「天時不順」也。「洋順」即「祥順」，猶言安舒、緩慢。《最勝問菩薩十住除垢斷結經》卷2：「出入安祥，無有卒暴。」元、明本作「安詳」。《起世經》卷1：「其水平順，直流無曲，不急不緩，無有波浪，奔逸衝擊。」「洋順」即「安祥」、「平順」義。《論衡·狀留》：「恬水，沙石不轉；洋風，毛芥不動。」黃暉曰：「洋風，和風也。趙注《孟子》：『洋洋，舒緩貌。』」〔註25〕《漢語大詞典》：「洋風，和風。洋，通『祥』。」〔註26〕

（16）S.2499《究竟大悲經》卷3：「無量質礙不能遮，何苦能牽入鼎鑊。」

于淑健曰：「質礙」義即「障礙、阻礙」。（P322）

按：「質」是「躓」省借。《廣韻》：「躓，礙也。」「躓礙」爲藏經習語。《玄應音義》卷4、5「躓礙」條並引《通俗文》：「事不利曰躓，限至曰礙。」《慧琳音義》卷19、75「躓礙」條並引顧野王曰：「躓猶頓也。」又卷54引《考聲》：「躓礙，不進也。」《大哀經》卷2：「誼無質礙。」《阿差末菩薩經》卷7：「通達如水，無一質礙。」二例「質礙」，宋、元、明本作「躓礙」。于君已引下例，而未注意異文，失之交臂。

（17）S.4103《佛說智慧海藏經》卷下：「譬如春月，地出殞氣，[月+愛][雨+隊]垂布，如可承攬。」

于淑健曰：S.4000《佛說智慧海藏經》卷下略同，《大正藏》本作「靉靆」。因形容月色暗淡，故「靉」字亦可換旁從月作「[月+愛]」。「[雨+隊]」則當爲「靆」字訛俗字。（P327）

按：「[雨+隊]」非「靆」訛俗字。「靆」字聲符可換作「隊」，也可換作「對」。《集韻》：「[黑+逮]、[黑+隊]：[黑+愛][黑+逮]，黑也，或從隊。」又「霴、[雨+隊]：靉霴，雲貌，或從隊。」是其證。《撰集百緣經》卷1：「令此香煙靉靆垂布，遍覆祇桓。」又卷3：「令此香雲靉靆垂布，遍王舍城。」二文聖本並作「[雲+愛][雲+逮]」。《慧琳音義》卷38：「靉靆：《廣蒼》或從日作『曖曃』。」又卷98：「靉靆：集從黑作『[黑+愛][黑+逮]』。」《可洪音義》卷21：「[雲+愛][雲+逮]，正作『靉

〔註25〕黃暉《論衡校釋》，中華書局1990年版，第623頁。
〔註26〕《漢語大詞典》（縮印本），漢語大詞典出版社1997年版，第3235頁。

𩃙』也。」《古文苑》卷 5 班固《終南山賦》:「曖䁲晻靄，若鬼若神。」章樵註:「曖䁲，音愛逮，雲霧吐呑，障蔽天日，變化殊形。」《說文》:「䁲，埃䁲，日無光也。」《繫傳》:「埃䁲，猶今人言靉𩃙，此古語，今所不行也。」皆同一詞。

（18）日本續藏經《佛說善惡因果經》:「今身眼目䚥睞者從邪看他婦女中來。」

于淑健曰:「䚥」字當係涉下「睞」字而成的「角」之增旁俗字，中村不折 074 號作「角」。「眼目角睞」，指瞳子不正，只能用眼角斜視。（P347～348）

按：于君以「角」爲正字，解爲「眼角」，非也。「角」爲「䚥」省借，藏經中言「角目」、「角眼」、「角睛」皆同，猶言瞪眼。《廣韻》:「䚥，動目。」字或作睔，《玉篇》:「睔，目開也。」《廣韻》:「睔，大目。」《集韻》:「䚥、睔：目動也，或從谷。」字或作𥈠，《廣韻》:「𥈠，瞋目。」〔註 27〕䚥睞，瞪目斜視。俗語尚謂張目四顧曰「睔睩睩」。

〔註 27〕以上參見蕭旭《敦煌寫卷〈王梵志詩〉校補》，收入《群書校補》，廣陵書社 2011 年版，第 1279 頁。

附　錄

作者著述目錄

一、論　文

（1）《詩經》「言」「薄」「薄言」釋義探討，《古漢語研究》1992 年 3 期。

（2）也釋「廢」，《中國語文》1992 年 2 期。

（3）讀《「何遽」辨》，《古漢語研究》1996 年 1 期。

（4）也釋「搜牢」，《中國語文》1997 年 4 期。

（5）古漢語中兩個特殊的「莫之 V」句式，《中國文學研究》1997 年增刊。

（6）也談「自」和「復」，《中國語文》1998 年 4 期。

（7）《說苑校證》訂補，《古籍整理研究學刊》1999 年 1 期。

（8）《商君書》訂補，《語言研究》1999 年增刊。

（9）上古漢語「N 是 V」結構再研究，《語言研究集刊》第 6 輯，江蘇教育出版社 1999 年版。

（10）《左傳》楊注商補，《古漢語研究》2000 年 3 期。

（11）《素問》「不時御神」解，《古漢語研究》2000 年 4 期。

（12）《詩經》「于 V」式研究，《文史》2000 年 4 期。

（13）《吳越春秋》補注，《古籍整理研究學刊》2000 年 4 期。

（14）《說苑校證》校補，《江海學刊》2000 年 3 期至 2001 年 1 期。

（15）《新語校注》商補，《古籍整理研究學刊》2000 年古文獻與古文化研究專刊。

（16）《「屋成加措」解》，《古籍整理研究學刊》2000 年古文獻與古文化研究專刊。

(17)《賈子》札記，收入方向東《賈誼集匯校集解》，河海大學出版社 2000 年版。
(18)《韓詩外傳》補箋，《文史》2001 年 4 期。
(19)《魏晉文學要》札記，《古漢語研究》2001 年 4 期。
(20)《越絕書》補注，《古籍整理研究學刊》2001 年古文獻與古文化研究專刊。
(21)《左傳》楊注商兌，《江海學刊》2001 年 3 期至 2002 年 1 期。
(22)《淮南鴻烈集解》補正四則，《古漢語研究》2002 年 3 期。
(23)《〈敦煌詩歌導論〉札記》，《敦煌學研究》2007 年第 1 期，總第 3 輯，2007 年出版。
(24)《敦煌賦》校補（上），《敦煌學研究》2007 年第 2 期，總第 4 輯，2007 年出版。
(25)《〈過秦論〉校札》，《唐山師範學院學報》2007 年第 2 期。
(26)《敦煌詩集殘卷輯考》校補，《東亞文獻研究》總第 1 輯（創刊號），2007 年出版。
(27)《敦煌賦》校補（下），《敦煌學研究》2008 年第 1 期，總第 5 輯，2008 年出版。
(28)《兒郎偉》校補（合作），《東亞文獻研究》總第 2 輯，2008 年出版。
(29)《國語》校補（一），《東亞文獻研究》總第 2 輯，2008 年出版。
(30)《國語》校補（二），《東亞文獻研究》總第 3 輯，2008 年出版。
(31)《伍子胥變文》校補（合作），《東亞文獻研究》總第 3 輯，2008 年出版。
(32) 敦煌寫本《王梵志詩》校補（上），《敦煌學研究》2008 年第 2 期，總第 6 輯，2009 年出版。
(33)《捉季布傳文》校補（合作），《中國語學研究・開篇》第 28 卷，2009 年出版。
(34)《「垃圾」考》，《中國語學研究・開篇》第 28 卷，2009 年出版。
(35) 敦煌寫本《王梵志詩》校補（下），《敦煌學研究》2009 年第 1 期，總第 7 輯，2010 年出版。
(36) 敦煌寫卷 S.1380《應機抄》補箋，《敦煌學研究》2009 年第 2 期，總第 8 輯，2010 年出版。

（37）《禪門秘要訣》校正（合作），《敦煌學輯刊》2009年第1期。
（38）《孟子》「觳觫」正詁（合作），《唐山師範學院學報》2009年第1期。
（39）敦煌寫卷《碎金》補箋，《東亞文獻研究》總第4輯，2009年出版。
（40）《國語》校補（三），《東亞文獻研究》總第5輯，2009年出版。
（41）張家山漢簡《奏讞書》《蓋廬》校補，《湖南省博物館館刊》第5辑，2009年出版。
（42）銀雀山漢簡《十陳》「鉤行之陳」正詁，《古籍研究》2009年〔上、下卷合刊〕，2010年出版。
（43）《淮南子》古楚語舉證，《東亞文獻研究》總第6輯，2010年出版。
（44）「郎當」考，《中國語學研究・開篇》第29卷，2010年出版。
（45）《戰國縱横家書》校補，《湖南省博物館館刊》第6辑，2010年出版。
（46）《淮南子・俶眞篇》校補，《書目季刊》第44卷第2期，2010年出版。
（47）《淮南子・天文篇》、《地形篇》校補，《人文論叢》2010年卷，2011年出版。
（48）《〈敦煌願文集〉校錄訂補（上）》訂補，《東亞文獻研究》總第7輯，2011年出版。
（49）《〈敦煌願文集〉校錄訂補（下）》訂補，《東亞文獻研究》總第8輯，2011年出版。
（50）《莊子拾詁》，《中國語學研究・開篇》第30卷，2011年出版。
（51）《大戴禮記》拾詁，《澳門文獻信息學刊》第5期，2011年出版。
（52）銀雀山漢簡《六韜》校補，《文津學誌》第4輯，2011年出版。
（53）唐五代佛經音義書同源詞例考，收入《第二屆佛經音義研究國際學術研討會論文集》，鳳凰出版社2011年出版。
（54）馬王堆帛書《九主》《明君》《德聖》校補，《湖南省博物館館刊》第8輯，2012年出版。
（55）《說文》「褫」字音義辨正，《中國語學研究・開篇》第31卷，2012年出版。
（56）《淮南子・要略篇》校補，《文津學誌》第5輯，2012年版。
（57）《史記・陳涉世家》「沈沈」疏證，《澳門文獻信息學刊》第7期，

2012 年出版。

（58）《玉篇》「浰，清浰」疏證，《傳統中國研究集刊》第 9、10 合輯，2012 年出版。

（59）《「揞」、「嗛」二字音義考》，《中國文字研究》第 16 輯，2012 年出版。

（60）俄藏敦煌寫卷Φ367《妙法蓮華經音義》校補，《書目季刊》第 46 卷第 2 期，2012 年出版。

（61）敦煌寫卷 P.5001《俗務要名林》「了⺃□」考辨，《古籍研究》總第 57～58 卷合刊，2013 年出版。

（62）《銀雀山漢墓竹簡〔貳〕》校補（之一），《湖南省博物館館刊》第 9 輯，2013 年出版。

（63）《中古漢語詞匯史》補正，《漢語史學報》第 13 輯，2013 年出版。

（64）《商子校補》，《東亞文獻研究》總第 10 輯，2013 年出版。

（65）漢譯佛經語詞語源例考，《東亞文獻研究》總第 11 輯，2013 年出版。

（66）《列女傳》校補，《東亞文獻研究》總第 12 輯，2013 年出版。

（67）敦煌寫卷 P.5034V《春秋後語》校補，《敦煌吐魯番研究》第 13 卷，2013 年出版。

（68）《破魔變》校補，《文津學誌》第 6 輯，2013 年出版。

（69）《說文》「偹，眣也」音義考，《澳門文獻信息學刊》第 9 期，2013 年出版。

（70）《玉篇》「黯」字音義考，《中國文字研究》第 18 輯，2013 年出版。

（71）「兒郎偉」命名考，《澳門文獻信息學刊》第 11 期，2014 年出版。

（72）馬王堆漢簡《天下至道談》校補，《湖南省博物館館刊》第 10 輯，2014 年出版。

（73）敦煌變文校正舉例，《敦煌研究》2014 年第 2 期。

（74）《世說新語》「窟窟」正詁，《漢語史學報》第 14 輯。

（75）《降龍變文》校補（合作），《東亞文獻研究》總第 13 輯，2014 年出版。

（76）《史記》校札，《中國語學研究・開篇》第 33 卷，2014 年日本好文出版。

（77）中村不折藏敦煌寫卷《莊子》校補（合作），《中國語學研究·開篇》第34卷，2015年日本好文出版。

二、著　作

（1）《古書虛詞旁釋》（40萬字），廣陵書社2007年版。

（2）《群書校補》（全4冊，116萬字），廣陵書社2011年版。

（3）《淮南子校補》（全4冊，65萬字），花木蘭文化出版社2014年版。

《群書校補（續）》後記

2008 年底，《群書校補》交稿後，至今已歷四個寒暑，一千多個日日夜夜啊。浮生歲月如流水，世露光陰似落花。花自飄零，水自東流。時光無情如水，紅塵任它淒涼。俯仰前塵，把卷泫然。

張舜徽先生云：「美成在久，日進無疆。」那年底，我定下了「日著千字」的目標。2011 年夏，交出《淮南子校補》的書稿，這裏又奉出《群書校補》的續編，也算不自食言，差可自慰矣。黃季剛先生云：「漢學之所以可畏者，在不放鬆一字。」此我等著作文字，所當時刻銘記在心者也。

治學又談何容易啊，我學無師承，歪門邪道，即使歪打正著說對兩條，也只是拾遺補闕罷了。昔日清儒戴東原論學，曾道：「學有三難：淹博難，識斷難，精審難。」我以「二歪」，面對「三難」，其難度可想而知了。淮南王安云：「精搖靡覽，砥礪摩礛。」爲學之艱辛，爲學之喜悅，又豈是局外人所得知聞？

我校讀敦煌文獻，發現這個領域混沌一片。蔣禮鴻等前輩學者治學謹嚴，於所引用，必注出處。如今一些教授，雖已名滿天下，却相互剿襲，不避師長，拿來即是自己的，這種情況所在多有。名利之害人，有如此者。我作文時，前面還隱忍不發，後面則無可再忍，便隨文指出了一些，以爲後學者戒。我一外道，雖友朋間書信往來，手機短訊，QQ 聊天，但凡別人的意見，如有所取用，也必注明出自某人，致以感謝。眞不知這些人，如今又是怎樣教導自己學生的。難怪當下學風不正，所來有自矣。

我不懂古音學，作文每據音例以說音理，於所疑問，常求教於龐光華博士，此當誌謝者也；這二年的文字，每一篇成，輒發給趙家棟博士，於是便在 QQ 上討論相關疑難，得趙君啓發良多，此亦當誌謝者也。梁曉虹教授、蘇芃博士代爲複印相關資料，謹致謝忱。

衷心感謝虞萬里教授、曾良教授爲本著賜序。

三秋一瞬，百年都夢。王國維先生有句云：「人生過處唯存悔，知識增時只益疑。」悔疑存心，耕讀度日。生死託乎文字間，毀譽都付笑談中。續編既成，躊躇四顧。知我罪我，所不顧也。

蕭　旭

2014.3.5 謹記於三餘齋